中止犯研究

程 红 著

中国人民公安大学出版社
·北 京·

图书在版编目（CIP）数据

中止犯研究/程红著．—北京：中国人民公安大学出版社，2015.7
ISBN 978－7－5653－2307－2

Ⅰ.①中…　Ⅱ.①程…　Ⅲ.①中止—刑事犯罪—研究—中国
Ⅳ.①D924.114

中国版本图书馆 CIP 数据核字（2015）第 178045 号

中止犯研究

程　红　著

出版发行：中国人民公安大学出版社
地　　址：北京市西城区木樨地南里
邮政编码：100038
经　　销：新华书店
印　　刷：北京兴华昌盛印刷有限公司

版　　次：2015 年 7 月第 1 版
印　　次：2015 年 7 月第 1 次
印　　张：11
开　　本：880 毫米×1230 毫米　1/32
字　　数：297 千字

书　　号：ISBN 978－7－5653－2307－2
定　　价：40.00 元

网　　址：www.cppsup.com.cn　www.porclub.com.cn
电子邮箱：zbs@cppsup.com　zbs@cppsu.edu.cn

营销中心电话：010－83903254
读者服务部电话（门市）：010－83903257
警官读者俱乐部电话（网购、邮购）：010－83903253
法律图书分社电话：010－83905745

目　录

引 言

“中止犯”一词通常有两种意义：一是指犯罪的中止形态；二是指犯罪人，即中止者。在刑法理论中，中止犯理论属于三级选题，对中止犯的研究涉及的领域非常广泛，可以说贯穿整个刑法理论体系，因此它也是问题最多的研究领域之一。

以德、日为代表的大陆法系国家多在刑法典中设立了中止犯的规定。其中有的国家，如德国、奥地利将中止犯与未遂犯分别规定，中止犯不属于未遂犯的一种类型；有的国家，如日本则将中止犯规定为未遂犯的一种类型，与障碍未遂相并列。但无论采取哪种立法例，大陆法系国家的刑法理论均认为中止犯与未遂犯具有密切的联系。他们对中止犯的重要基础问题，如中止犯的立法理由以及作为中止成立要件的任意性、中止行为等问题均作了大量深入的研究，并取得了丰硕的研究成果，出版了一系列的专著与论文。可以毫不夸张地说，在德、日等大陆法系国家，中止犯的基础理论问题是刑法研究课题中的热点问题之一。

我国刑法第 24 条对中止犯作了规定，“在犯罪过程中，自动放弃犯罪或者自动有效地防止犯罪结果发生的，是犯罪中止。对于中止犯，没有造成损害的，应当免除处罚；造成损害的，应当减轻处罚。”由此可见，我国刑法中的中止犯是不属于未遂犯的一种单独的犯罪停止形态，它处于与预备犯、未遂犯以及既遂犯并列的位置。我国刑法理论对中止犯的争议问题均有一定的研究，从 20 世纪 80 年代开始至今，我国刑法学者关于中止犯研究取得了一系列的成果。尤其是近年来，更是发表了一些高水平的论文，但在关键问题上学者们的见解还存在很大分歧。同样，作为大陆法系先进刑法理论代表的德国和日本，晚近以来关于中止犯的基本理论问题的研究也有大量相关成果问世。可见，中止犯基本理论问题的研究空间还相当大。笔者认为，对中止犯的基本问题作深入系统的比较研究具有如下意义：

首先，对中止犯基本理论问题以比较研究的方法展开深入系统的研究，在一定程度上可以改变我国刑法理论界对中止犯问题缺乏完整系统研究的现状，使国内的学者更多地了解德、日等国关于中止犯研究的最新信息，从而对我国的中止犯理论的相关问题展开深层次的思考。此外，通过对中止犯的研究可以带动对刑事政策理论以及刑法理论中其他专题的研究与思考。例如，犯罪构成理论、犯罪形态理论以及共犯理论等。

其次，由于司法实践中面对的中止犯问题往往非常复杂，司法实务在处理具体问题时感到困惑难解，在很多问题上存在较大分歧，难以形成统一标准，这在一定程度上影响了刑事司法的严肃性。所以，加强对中止犯的研究还具有深刻的实践意义。尤其是对中止犯成立条件问题的具体深入研究，对解决中止犯认定及处罚中的疑难问题，具有重要的参考价值和直接的指导意义。

最后，对中止犯减免处罚根据问题的深入研究，可以为刑事立法以及刑事政策的进一步完善提供重要的理论依据。我们可以在汲取国外先进的立法经验及理念的基础上，就我国关于中止犯的立法以及刑事政策运用的现状展开深入的分析，发现问题，并从理论上进行充分论证，为今后我国刑事立法以及刑事政策的不断完善打下坚实的理论基础。

第一章　中止犯概说

第一节　中止犯的立法概况

一、国外中止犯的立法概况

（一）国外古代中止犯的立法概况

国外古代刑事立法中未曾发现有关中止犯的规定。以欧洲为例，公元前2世纪到公元1世纪的罗马古代法中，结果刑法及结果责任主义的理念处于支配地位。因此，没有发生结果的未遂犯当然不受处罚，甚至根本就不存在未遂犯这一概念。既然未遂犯这一概念都不存在，中止犯的概念就更无从谈起了。

在公元1世纪以后的罗马古典法时代，个别法规中出现了基于行为的危险性而处罚未遂犯的规定。不过这并不意味着与既遂相对应的未遂概念已经出现，它的所谓未遂，还是被作为既遂犯的一种形式加以规定。自然，有关中止的一般性概念仍然不可能存在。特别值得一提的是，在罗马法《学说汇纂》中有关于中止犯的最古老的记载，即其第48卷第10章第19法文前文中规定“伪造货币者，有意识地中止其货币铸造使其未完成时，由于存在与法律相吻合的悔悟，应免除一切刑罚。”不过这只是关于伪造货币罪的特殊规定，还远不能成为一般性的中止犯概念。

日耳曼法与罗马法一样采取结果责任的思维方式，既不处罚未遂犯更不考虑中止犯问题。而到了公元500年至900年的法兰克王国时代，部族法成为主要的法律渊源。不处罚未遂犯这一原则出现了两个例外。一是将现代意义上的预备行为与未遂行为都作为独立犯罪加以处罚的所谓“未遂犯罪”（Die Versuchsverbrechen），这多是诸如拔刀、拔剑、将人推下河等给他人生命带来危险的行为；二是所谓“现行犯”（Die handhafte Tat），即在实施犯罪时被当场抓获的行为人。部族法规定这些行为人被置于法律保护之外，可以被当场处死。因此，其实际法律效果与既遂犯无异。总而言之，在法兰克部族法中存在着处罚未遂犯的个别性规定，但都是基于行为的危险性而将结果发生之前的行为直接以既遂犯的形式加以处罚。例如，将意图杀人而仅造成伤害就被制止的行为作为伤害罪而不是杀人未遂罪加以处罚。这种做法与一般性的未遂概念相距遥远，更遑论中止犯的概念。①

“一般地处罚未遂犯，是比较新的年代的事。而使未遂概念发达起来，是中世纪意大利法学的贡献，在加洛林纳刑法典中规定未遂应该受到比既遂轻的处罚。”② 根据海尼茨（Heinitz）的考证，行为人“欲达目的而不能”与“能达目的而不欲”这两种情况的区别，在公元12～13世纪注释法学者阿库修斯（Accursius）的注释中就已经展开。而奥多弗雷德斯（Odofredus）则明确将犯罪行为基于己意的中止与偶然因素被阻止两种情况加以区分。中世纪的意大利法学认为，如果结果的不发生是违背行为人意思的，可以作为未遂犯加以处罚；而由于行为人本人的意思使结果未发生的，原本就不属于未遂犯的范畴，应当从处罚范围中加以排除。这样未遂就被限制在“非自愿性的不成功”的场合，从而使中止的概念在理论上找到容身之处。以中世纪意大利法学家对于未遂与中止的研

① 参见［日］野泽充：《中止犯的理论的构造》，成文堂2012年版，第187～194页。

② 参见［日］大塚仁著：《刑法概说（总论）》，冯军译，中国人民大学出版社2003年版，第213页。

究成果为前提，14 及 15 世纪的意大利城邦立法及判例中，已经明确地出现了与既遂相对应的未遂概念，即将犯罪的要素区分为主观的要件和客观的要件，当行为人主观上有促使结果发生的意思，客观上未能实现结果时，可以作为未遂犯加以处罚。当然，此时理论及立法上所处罚的行为被称为“企行（conatus）”，它是同时包含预备行为与实行行为的概念，与现代的未遂概念并不完全一致。但既然“企行”处罚的是行为人已不可能继续实施犯罪的情况，基于自己的意思放弃犯罪的情况就不包含在内，因而不受处罚。由此可见，在中世纪意大利刑法学中，中止犯被视为未遂犯的消极的概念要素。这一认识被 1532 年的加洛林纳刑法典以立法的形式加以继承，并成为后来法国刑法典相关规定的理论源头。①

（二）国外近现代中止犯的立法概况

“今日所认为意义上的未遂犯概念直接发端于 1810 年的法国刑法典第 2 条，并被 1871 年的德国刑法典第 43 条所继承。”② 最早出现“中止”一词的也是 1810 年法国刑法典。该法典第 2 条规定：“凡未遂之重罪，已表明了外部行为并继之着手实施，仅因偶然或非出于犯人之本意之情况，而中止或未生结果者，以重罪论。”③ 但是，很显然这里的“中止”并不是现代意义上的中止而仍然是未遂。不过由此也可以发现，立法者已将基于犯人本意的中止与因偶然或非出于犯人之本意而中止或未生结果的情况区别开来，并且刑法中并未就基于己意的中止作出规定，这就表明立法者否定其犯罪性，因此也就不存在处罚的问题。法国的现行刑法典是

① 参见［日］野泽充：《中止犯的理论的构造》，成文堂 2012 年版，第 194～200 页。

② 参见［日］大塚仁著：《刑法概说（总论）》，冯军译，中国人民大学出版社 2003 年版，第 213 页。

③ 转引自徐逸仁著：《故意犯罪阶段形态论》，复旦大学出版社 1992 年版，第 154 页。

1994年3月1日施行的，该法典第121—5条规定："已着手实施犯罪，仅仅由于罪犯意志之外的情事而中止或未能得逞，即构成犯罪未遂。"该法典第121—4条规定："下列之人为罪犯：1. 实施犯罪行为者；2. 实施重罪未遂，或者在法律有规定之场合，实施轻罪未遂者。"① 从立法形式上看，较之1810年的刑法典并没有什么改变，这表明法国刑法认为中止犯不构成犯罪。由于不构成犯罪，理所当然也就说不上处罚了。中止犯不是犯罪是法国刑法的特色。换言之，由于与行为人意思相独立的事情阻止犯罪行为时，未遂与既遂同样处罚。而由于行为人的意思中止犯罪行为时，因欠缺成为犯罪的事实从而不成立犯罪不受处罚。刑法理论上将法国刑法典中规定的未遂犯称之为狭义的未遂犯。

除法国外，从中止犯与狭义未遂犯的关系的角度来分析，各国立法例大致可分为两种类型：一是将中止犯与未遂犯分别规定，采取这种规定时，"中止未遂"的概念没有存在的余地；二是将中止犯规定为广义未遂犯的一种，即未遂犯中包含障碍未遂与中止未遂。②

采取第一种立法例的有《德国刑法典》、《奥地利联邦共和国刑法典》以及《俄罗斯联邦刑法典》。

德国1871年刑法典第43条规定了未遂犯，第46条规定了中止犯。1999年1月1日生效的现行《德国刑法典》继承了1871年刑法典的这一立法模式，在第22、23条中规定了未遂犯，在第24条中规定了中止犯。再如，2002年10月修订的《奥地利联邦共和国刑法典》第15条规定了未遂犯，第16条规定了中止犯。第15条规定："（1）对故意行为的刑罚威慑除适用于实行终了的行为

---

① ［法］卡斯东·斯特法尼等著：《法国刑法总论精义》，罗结珍译，中国政法大学出版社1998年版，第696页。

② 张明楷著：《未遂犯论》，法律出版社、成文堂联合出版1996年版，第323页。

外，同样适用于未遂以及未遂之每个参与人。（2）行为人决定实施应受刑罚处罚的行为，或者通过他人实施应受刑罚处罚的行为（第12条），通过直接的预备行为参与应受刑罚处罚的行为的，是行为未遂。（3）缺乏法律规定的特定的个人特征或关系，或者根据行为客体的种类，行为不可能实行终了的，未遂和参与未遂不处罚。”第16条规定：“（1）行为人主动放弃应受刑罚处罚的行为的实施，或者，如数人共同行为的，阻止他人实施应受刑罚处罚的行为，或者主动避免应受刑罚处罚的行为结果发生的，正犯或共犯不因未遂而处罚。（2）应受刑罚处罚的行为的实施或结果不是因为行为人的行为而未发生，但行为人主动且真挚努力阻止行为的实施或避免行为结果的发生，不处罚。”① 笔者认为，德、奥两国的刑法典关于中止犯的规定，无论是在立法模式上，还是在规定的具体内容上都非常相近。

1997年1月1日施行的《俄罗斯联邦刑法典》第31条规定：“自动中止犯罪：1. 如果行为人明知有可能将犯罪进行到底而终止犯罪的准备或终止直接以犯罪为目的的行为（不作为），是自动中止犯罪。2. 如果行为人自愿并且彻底中止将犯罪进行到底，则不应对犯罪承担刑事责任。3. 自动中止犯罪的人，如果其事实上已实施的行为含有其他犯罪构成时，则应承担刑事责任。4. 组织犯和教唆犯，如果及时向权力机关报告或者以其他方式阻止实行犯将犯罪进行到底的，不负刑事责任。如果帮助犯采取了他所能采取的措施以阻止犯罪的实施，则不负刑事责任。5. 如果本条第4款所规定的组织犯和教唆犯的行为未能使实行犯终止实施犯罪，则法院在处刑时可以将他们所采取的措施视为减轻刑罚的情节。”②

---

① 徐久生译：《奥地利联邦共和国刑法典》，中国方正出版社2004年版，第5~6页。

② 黄道秀译：《俄罗斯联邦刑法典释义》，中国政法大学出版社2000年版，第70页。

上述三个国家对中止犯的规定在立法模式上是相同的，即将中止犯从未遂犯中独立出来单独进行规定。但是，从规定的具体内容上看却不尽相同。《俄罗斯联邦刑法典》只承认预备阶段的犯罪中止和实行未了阶段的中止，而否认实行终了阶段的中止。德国和奥地利刑法典只有未实行终了的中止与实行终了的中止，而没有预备阶段的中止。另外，德国和奥地利刑法典规定了准中止，而《俄罗斯联邦刑法典》则没有相关规定。不过三国都规定了共犯的犯罪中止，对中止犯处罚的规定也基本相同。

采用第二种立法例的刑法典（即将中止犯规定为广义未遂犯的一种加以规定），可分为以下两种形式：

第一种形式是在规定未遂犯的条文中同时规定中止犯。例如，1908 年 10 月 1 日实施的《日本刑法典》第 43 条规定："已经着手实行犯罪而未遂的，可以减轻刑罚，但基于自己的意志中止犯罪的，应当减轻或者免除刑罚。"① 尽管迄今为止《日本刑法典》已修改了十余次，但是第 43 条的规定仍然保留至今。

西班牙现行刑法第 16 条第 1 项规定了未遂犯，第 2 项规定了单独犯的中止未遂："实施犯罪行为的主体因作为避免犯罪的构成，无论是放弃一项已经开始的行为还是阻止其行为造成的结果，免除其刑事责任。但已实施的行为已构成犯罪或过失罪的，应当承担刑事责任。"第 3 项规定了共犯的中止未遂："多个主体共同实施犯罪的，对于放弃已经开始行为，以及真实、明确、确定地阻止或试图阻止其行为造成的结果的一个或者多个主体，免除其刑事责任。但已实施的行为已构成犯罪或过失罪的，应承担刑事责任。"②

2003 年 3 月 18 日修订的《瑞士联邦刑法典》在第 21 条与第 22 条中既规定了未遂也规定了中止。即该法典第 21 条第 1 项与第

---

① 张明楷译：《日本刑法典》，法律出版社 1998 年版，第 21 页。

② 潘灯译：《西班牙刑法典》，中国政法大学出版社 2004 年版，第 6 页。

22 条第 1 项规定了未遂犯，而第 21 条第 2 项与第 22 条第 2 项规定了中止犯。第 21 条规定：“（1）行为人在开始实施重罪或轻罪后，未将其违法行为实施终了的，减轻处罚。（2）行为人自动中止犯罪的实施，法官可因犯罪未遂免除其刑罚。”该法第 22 条规定：“（1）犯罪行为已经实施终了，但重罪或轻罪的结果未发生的，可对行为人减轻处罚。（2）行为人主动阻止犯罪结果的发生或实际阻止了犯罪结果发生的，法官以自由裁量减轻处罚。”①

1931 年 7 月 1 日生效的《意大利刑法典》第 56 条（犯罪未遂）第 3 款规定：“如果犯罪人自愿中止行为，只有当已完成的行为本身构成其他犯罪时，才处以为该行为规定的刑罚。”第 4 款规定：“如果自愿阻止结果的发生，处以为犯罪未遂规定的刑罚并减轻三分之一至一半。”② 从上述日本、西班牙、瑞士以及意大利刑法典的规定情况看，它们的共同点在于，都是将中止犯与未遂犯规定在同一法条中。而瑞士与意大利的规定则更加接近，即按实行行为是否终了将中止犯进行分类规定。

第二种形式是在规定未遂犯的一节中规定中止犯。例如，1988 年 12 月 31 日修订的《韩国刑法典》第二章第二节规定了未遂犯，其中第 26 条（中止犯）规定：“已经着手实行犯罪，但行为人自动中止或防止其结果发生的，减轻或者免除处罚。”③ 再如，泰国现行刑法典也是在未遂犯一节中规定中止犯的，即第 82 条规定：“着手犯罪行为而自动中止，或者改变主意并防止其结果发生的，

---

① 徐久生、庄敬华译：《瑞士联邦刑法典》，中国方正出版社 2004 年版，第 7 页。

② 黄风译：《意大利刑法典》，中国政法大学出版社 1998 年版，第 22 页。

③ 金永哲译：《韩国刑法典及单行刑法》，中国人民大学出版社 1996 年版，第 5 页。

不应当处罚。但是，其已完成的行为构成犯罪的，应当依该罪处罚。”①

英美法对中止犯不做单独考虑，而与未遂犯做同样处理。采用判例法主义的英美法一般将“Attempt”定义为“基于犯罪意图所实施的行为，如果没有被阻止就会构成现实实施的一系列的行为”。② 由于是基于犯罪意图所实施的行为，所以未遂限定为故意犯。过失犯无未遂犯，过失犯也就没有中止犯。此外，由于是未遂，所以尽管行为人存在犯罪意图，但必须阻止了结果的发生。贾斯廷·米勒（Justin Miller）将这种阻止作为现实的实行行为的事由，分为行为人的后悔、任意的放弃、自然的原因、第三者的介入等。但贾斯廷·米勒认为无论阻止事由是自然的原因、第三者的介入，还是行为人对行为的后悔、反省、任意的放弃，都不会妨碍行为人的责任，所以不妨碍成立未遂。史蒂芬（Stephen）也同样认为“犯罪人任意地中止正在实施的犯罪行为”③ 也成立未遂。这在英美法中是通说的见解。

然而，英美法也并非完全否定中止犯的成立。也有少数学说认为，在行为人后悔而任意地放弃的场合，应承认中止犯的成立而不处罚。沃顿（Wharton）认为在任意地放弃实行的场合，由于与被放弃的目的相对的行为不存在了，所以失去了未遂的性质。此外，法的精神要求在行为人中止犯罪时应通过不处罚来奖励中止犯，所以行为人在实行经过前任意地放弃行为的话，就不应处罚未遂。这种见解虽占少数但影响很大，美国模范刑法典就规定了中止犯。④

---

① 吴光侠译：《泰国刑法典》，中国人民公安大学出版社 2004 年版，第 18 页。

② ［日］香川达夫：《中止未遂的法的性格》，有斐阁 1963 年版，第 5 页。

③ ［美］Stephen. A Digest of the Criminal Law, p. 52.

④ ［日］黑木忍：《中止未遂的诸问题》，信山社 1989 年版，第 24 ~ 25 页。

该刑法典总则第5节不完整罪的第5.01条犯罪未遂的第4款中规定:“犯罪目的的放弃。行为人的行为依照第1款b项或者c项的规定构成犯罪未遂时，在能够确认行为人完全和自愿犯罪目的的情况下，行为人放弃实施实质犯罪的努力或者以其他方法阻止实施实质犯罪的，成立积极抗辩。但本抗辩的成立不影响并未参与放弃实施实质犯罪或者设法阻止实施实质犯罪的同谋犯的责任。”“在有关本节的适用上，如果促使行为人放弃犯罪目的的原因，全部或者部分是由于在行为人的行为开始时不存在或者不明显的情况使行为人在犯罪时被发觉或者逮捕的可能性增加，或者使犯罪目的的实现更加困难，则不能认为行为人是自愿放弃犯罪目的。如果促使行为人放弃犯罪目的的原因，是为了等待更有利的时机，或者将同类的犯罪行为指向其他相似的物体或被害人，则不能认为行为人是完全放弃犯罪目的。”①

二、我国中止犯的立法概况

（一）我国古代中止犯的立法概况

我国历史上最先出现的中止犯雏形是在夏禹时期的《尚书·康诰》中提出的“既道极厥辜，时乃不可杀”。宁汉林教授解释道:“道和导音近，是导的省笔和借字。导有正的意思。极有反和远离等意，对于犯罪，不论是反还是远离，所犯的罪行，都是犯罪的中止。辜是古罪字，时和是音近，应是‘是’的借字。杀和刑在古籍中互相转借，所以这个杀字应是刑的借字，道有治的意思，治是惩治，即处罚，既然中止所犯的罪，就是不可给予处罚，相当于中止所犯的罪行，对于所中止的犯罪不罚。”对于《康诰》提出相当于现代刑法意义上的中止犯的背景，宁汉林教授认为:“由于管叔、蔡叔、霍叔以殷叛，周公旦率师东征平叛，对于停止叛乱活

---

① 刘仁文、王祎等译:《美国模范刑法典及其评注》，法律出版社2005年版，第78页。

动的殷商顽民迁于洛邑，是犯罪中止的契机，当康叔受命监殷时，既有‘有厥罪小乃不可不杀，乃有大罪非终，乃惟眚灾’，这是罪小必罚的原则，使民不敢犯。又有‘既道极厥，是不可杀’。这是以中止原罪软化殷商遗民接受西周的统治。有罪必罚和中止原罪是对殷商遗民所奉行的两次刑事政策，异曲同工，收到了平定巩固‘三叔以殷叛’的效果，是刑法上体现宽猛相济的著例。”①

我国古代刑法中开始出现犯罪形态规定的是唐朝的唐律，不过也只规定了具体的犯罪预备、未遂与既遂，并未规定中止。因为当时在立法上只重视结果的发生与否，并不考虑是基于行为人意志以外的原因还是自己的意志而导致结果的未发生，因此只是笼统地规定了较之于既遂轻的处罚。例如，《唐律·贼盗律》规定：“诸谋杀制使，若本属府主、刺史、县令及吏谋杀本部五品以上官长者，流二千里；已伤者，绞；已杀者，皆斩。”② 从这一规定中我们不难发现它对故意杀人的三种形态分别作了规定，首先是“谋而未杀”相当于我们现在的犯罪预备，而“已伤”则相当于犯罪未遂，“已杀”即既遂。

在我国，最早在刑法中出现“中止”一词是清朝乾隆三十二年修订的清律中对“私铸铜钱”罪所规定的，“若私铸未成，畏罪中止者，首犯与匠人俱改发足四千里充军。”高绍先教授认为，虽然此处明确提出了“畏罪中止”，与唐律相比，具有先进性，但对中止犯的处罚却重于未遂，不尽合理。③

（二）我国近现代中止犯的立法概况

我国最早在立法中采用现代刑法意义上的“中止”概念的是《大清新刑律》（后改称《暂行新刑律》），它首次将犯罪中止作为

① 以上内容参见宁汉林、魏克家著：《中国刑法简史》，中国检察出版社 1999 年版，第 140 ~ 141 页。

② 《唐律疏议》，第 326 页。

③ 高绍先著：《中国刑法史精要》，法律出版社 2001 年版，第 213 页。

普遍适用的刑法制度规定在刑法总则篇中。即该刑律第 18 条规定："犯罪已着手而因己意中止者，准未遂犯论，得免除或减轻本刑。"这一规定标志着现代刑法意义上的中止制度的产生，尽管是效仿了资本主义国家刑法的立法例，但是仍具有重大意义，因为它是资产阶级革命胜利的产物，是当时法学家所提倡的"刑罚等价原则"的重要体现。

此后，在第二次国内革命战争时期，革命根据地的刑事立法也出现过类似于中止犯的规定。例如，《赣东北特区苏维埃暂行刑律》第 10 条规定："犯罪已着手，而因己意中止者，准未遂犯论，得免刑或减轻本刑。"①

而真正使中止犯脱离未遂犯，并在立法中作为一项独立的制度加以确立的，主要还是体现在新中国成立后公布施行的一系列刑事法律中。例如，1950 年 7 月 25 日《中华人民共和国刑法大纲（草案）》首次在新中国刑事立法草案中规定了中止犯。该草案第 14 条第 2 款规定："犯罪未完成，系因己意中止行为或防止结果之发生者，为中止犯，免除处罚。"1954 年《中华人民共和国刑法指导原则（草案）》第 6 条规定："不论什么犯罪，在实行犯罪的过程中，自动中止犯罪行为的继续进行和有效防止了犯罪结果发生的，可以免除处罚。"1957 年《中华人民共和国刑法草案（初稿）》即第 22 稿第 21 条第 1 款规定："在犯罪过程中，自动中止犯罪或者自动有效地防止犯罪结果发生的，是犯罪中止。"该条第 2 款规定："对于中止犯，应当免除或减轻处罚。"此后，1963 年《中华人民共和国刑法草案（修正稿）》即第 33 稿以及 1979 年颁布施行的《中华人民共和国刑法》第 21 条，关于犯罪中止的规定，与原第 22 稿完全相同。1997 年修订刑法时，将犯罪中止概念中的"自动中止"修改为"自动放弃"，其主要理由有二："一是'中止'

① 张晋藩主编：《中国刑法史稿》，中国政法大学出版社 1991 年版，第 515 页。

有中间停止而未终止的含义，即可以在停止犯罪后再接着实行。而‘放弃’则能准确地反映犯罪中止立法的原意。二是摒弃了原来条文中使用‘中止’一词同意反复的表述，从而使文字表述更加确切，概念更加科学。”① 同时还对中止犯的处罚原则做了更加明确、具体的划分。于是，经过修订后的《中华人民共和国刑法》关于中止犯的表述是：“在犯罪过程中，自动放弃犯罪或者自动有效地防止犯罪结果发生的，是犯罪中止。对于中止犯，没有造成损害的，应当免除处罚；造成损害的，应当减轻处罚。”

另外，我国台湾地区、澳门地区的刑法也有关于中止犯的规定。我国台湾地区“刑法”部分修改草案，于 2005 年 1 月 7 日通过，于 2006 年 7 月 1 日开始施行。修改后的“刑法”第 27 条规定：“已着手于犯罪行为之实行，而因已意中止或防止其结果之发生者，减轻或免除其刑。结果之不发生，非防止行为所致，而行为人已尽力为防止行为者，亦同。前项规定，于正犯或共犯中之一人或数人，因已意防止犯罪结果之发生，或结果之不发生，非防止行为所致，而行为人已尽力为防止行为者，亦适用之。”之所以对中止犯规定的条文进行修正，其理由是：“为鼓励犯罪人于结果发生之前尽早改过迁善，中止犯之条件允宜放宽。”② 从对中止犯的修改内容以及立法模式上看，主要是参考了上述德国刑法典的立法例。较之以前“刑法”第 27 条关于中止犯的规定，主要是增设了关于准中止犯的内容，使准中止犯也能减轻或免除其刑。另外，我国澳门地区刑法典第 23 条规定：“行为人因已意放弃继续实行犯罪，或因已意防止犯罪既遂，或犯罪虽既遂，但因已意防止不属该罪状之结果发生者，犯罪未遂不予处罚。防止犯罪既遂或防止结果

---

① 高铭暄著：《中华人民共和国刑法的孕育诞生和发展完善》，北京大学出版社 2012 年版，第 204 页。

② 马克昌：《我国台湾地区刑法修正述评》，载《中国刑事法杂志》2005 年第 4 期。

发生事实虽与犯罪中止人之行为无关，但犯罪中止人曾认真作出努力防止犯罪结果发生者，犯罪未遂不予处罚。”该法第24条规定：“如属由数行为人共同作出事实，其中因己意防止犯罪既遂或防止结果发生之行为人之犯罪未遂不予处罚，而其中曾认真作出努力防止犯罪既遂或防止结果发生之行为人之犯罪未遂，即使其他共同犯罪人继续实行犯罪或使之既遂，亦不予处罚。”由此可见，上述两个地区的刑法与我国内地现行刑法相比，具有如下特点：（1）在中止犯的时间条件上，我国台湾地区与澳门地区刑法均规定开始于实行着手，但是《澳门刑法典》对于危险犯还规定了既遂后的中止。（2）不仅有对单独犯中止与准中止的规定，还有对共犯的中止及准中止的规定。不过对中止犯的处罚规定，我国台湾地区与我国大陆一样规定的是减轻或免除处罚，而我国澳门地区则是规定不处罚。

第二节 中止犯的概念、特征

一、中止犯的概念

关于中止犯的概念，由于各国刑法的规定存在差异，而学者们对刑法具体规定的理解也不尽相同，因此关于中止犯的概念也是各抒己见。

日本学者给中止犯下定义，一般是根据《日本刑法典》第43条但书的规定，因此中止犯的概念在内容上并无太大的差别。例如，大谷实认为，“所谓中止犯（中止未遂），是已经着手实行犯罪，但根据‘自己的意志’而中止的场合。”① 川端博指出，“着手于犯罪之实行后，因自己意思停止犯罪之遂行者，称为中止犯

① ［日］大谷实著：《刑法总论》，黎宏译，法律出版社2003年版，第288页。

(中止未遂)”。[①]

由于《日本刑法典》第43条本身是有关未遂的规定，而关于中止犯的规定只是在这一条款后半的但书部分，所以学者们一般将中止犯理解为未遂的一种。但是，日本也有学者认为，仅仅将形式上是否被规定在一个条款之中，作为区分未遂犯是否包含中止犯的标准是不妥当的。因为刑法一般是在一个条款中规定一个犯罪，但是有时为了方便也在一个条款中规定两个以上的犯罪。因此，即使未遂与中止规定在同一条款，也并不意味着中止犯就一定包含在未遂犯之中。[②]

由此可见，同是对《日本刑法典》第43条的理解，不同的学者得出的结论是不同的。而比较两种观点就能发现，导致这种理解差异的原因是刑法基本立场的问题，即客观主义与主观主义的对立问题。一般而言，将中止犯作为未遂犯的一种，主要是基于客观主义。而不认为中止犯是未遂犯的观点则是基于主观主义的立场。当然，这并不意味着所有的客观主义者都将中止犯作为未遂犯，所有的主观主义者都不将中止犯作为未遂犯。因为客观主义将刑事责任的基础求之于表现于外部的犯罪人的行为，将引起一定侵害事实发生的行为视为基本的构成要件，将对之科处刑罚的结果责任主义视为根本原理。换言之，客观说将发生了结果的犯罪即既遂犯视为基本形态。[③] 如果将客观主义的刑法立场彻底化的话，未遂由于没有发生结果应当不成立犯罪。但是，刑法认为重大的犯罪即使没有发生结果，结果发生的危险性本身也具有重要的意义，应例外地规定处罚（《日本刑法典》第44条）。概言之，客观说将既遂犯理解为

---

① ［日］川端博著：《刑法总论二十五讲》，余振华译，中国政法大学出版社2003年版，第308页。

② ［日］黑木忍：《中止未遂的诸问题》，信山社1989年版，第2～3页。

③ ［日］江家义男：《刑法总论》，千仓书房1952年版，第48页。

结果发生了的犯罪，将未遂犯理解为有结果发生危险性的犯罪。因此，对于将中止犯理解为未遂犯的客观说而言，在着手未遂中，中止行为只要不实施此后的行为，即不作为就已足够。但在实行未遂中，仅仅是不作为结果还会发生，而结果一旦发生就是既遂，犯罪就完成了。因此，客观说认为结果发生就不是未遂，所以要是中止未遂就必须阻止结果，即必须实施防止结果发生的作为。

与此相对，主观主义将科刑的对象求之于犯罪人的反社会的性格。行为人实施犯罪行为是反社会性格的征表。目前，只能通过外部的客观的行为才能理解行为人内心的主观恶性。行为人实施犯罪行为就是行为人反社会的性格，即恶性的体现。因此，只要行为人着手犯罪的实行就征表了行为人反社会的性格，就可以成为科刑的对象。根据这种立场，只要着手于犯罪的实行就成为处罚的对象，[①] 不需要必须是既遂。可以认为主观说以未遂作为犯罪的基本的形态。[②] 如果彻底贯彻这一立场的话，中止犯只要有中止行为，就不需要追究该中止行为的时点一定是在未遂的时期。由于主观说将实行的着手求之于犯意的紧张度，只要犯意到达不发生歧义的程度就是着手，所以在预备阶段实施了中止的也可以承认中止犯的成立。

但是，尽管存在上述不同观点，通说仍主张中止犯是未遂犯的一种。而否定中止犯属于未遂犯的观点由于缺乏理论与成文法的根据，因此支持者甚少。

日本的上述情况在德国以及其他大陆法系国家也同样存在。但是，也有国家很明确将中止犯从未遂犯中独立出来，并首次把中止犯的概念明文规定在刑法条文当中。例如，俄罗斯 1997 年施行的刑法典第 31 条第 1 款就明文规定，所谓中止犯，是指行为人明知自己能够将犯罪进行到底，而终止了犯罪的预备或终止了犯罪行为

---

① ［日］江家义男：《刑法总论》，千仓书房 1952 年版，第 161 页。

② ［日］江家义男：《刑法总论》，千仓书房 1952 年版，第 155 页。

（或不作为）的实施的情况。①

由于我国的刑事立法受苏联的影响较大，因此对中止犯的规定从形式到内容与俄罗斯刑法典的规定较为接近。根据我国刑法第24条的规定，刑法理论的通说认为，所谓中止犯，是指在直接故意犯罪过程中，行为人自动放弃其犯罪行为，或自动有效地防止了危害结果发生的一种犯罪形态。

笔者认为，“中止犯”一词通常在两种意义上使用：一是指犯罪的中止形态（如刑法第24条第1款中的“犯罪中止”）；二是指中止犯罪的行为人，即中止者（如刑法第24条第2款中的“中止犯”）。因此，本书中使用的中止犯概念既包含了犯罪的中止形态，又包括了中止犯罪的行为人，并且在不同的场合有不同的意义。如果在第一种意义上界定中止犯，中止犯的概念应表述为：在直接故意犯罪过程中，行为人自动放弃犯罪，或自动有效地防止犯罪法定结果发生而形成的一种犯罪停止形态。如果在第二种意义上界定中止犯，中止犯的概念应表述为：在直接故意犯罪过程中，自动放弃犯罪，或自动有效地防止犯罪法定结果发生的行为人。

二、中止犯的特征

关于中止犯的特征问题，在刑法理论上通常又被称为中止犯的成立条件问题或中止犯的构成要件问题。德、日刑法理论的通说将中止犯的特征概括为：第一，必须已经着手实行犯罪；第二，必须基于自己的意志即任意性；第三，必须有中止行为；第四，必须没有发生侵害结果即没有既遂。而我国学者对中止犯特征的概括分歧较大，主要集中在三特征说、四特征说以及区别对待说之争。而在每一学说内部，观点的具体内容也有差异，以下笔者仅介绍各说中有代表性的观点。

---

① 赵微著：《俄罗斯联邦刑法》，法律出版社2003年版，第93页。

（一）三特征说

马克昌教授主编的《犯罪通论》认为，中止犯应具备以下三个特征：（1）时间性条件。作为一种未完成形态的犯罪，犯罪中止可以发生在从犯罪预备到犯罪结果发生之前的整个过程中。因此，在下列三种情况下，都可能出现中止犯：第一，犯罪预备阶段的犯罪中止；第二，犯罪实行阶段的犯罪中止；第三，犯罪结果发生前的犯罪中止。（2）自动性条件。所谓中止犯罪的自动性，是指行为人在确保能够将犯罪进行到底的情况下，基于本人的意志决定而停止犯罪行为，或者主动防止危害结果的发生。自动性的主观内容是犯罪人自愿抛弃了犯罪意图，其客观表现是自动终止犯罪的继续实行，或积极防止危害结果的发生。（3）有效性条件。所谓犯罪中止的有效性，是指犯罪人彻底抛弃犯罪意图，停止犯罪行为，或者有效地防止了犯罪结果的发生。有效性意味着：犯罪人主观上真正抛弃了某种犯罪意图，而不是恶意犹存，伺机再犯；客观上彻底终止了犯罪行为，或者事实上阻止了犯罪结果的发生，而不是暂时中断或者犯罪结果的发生已经成为现实。①

（二）四特征说

张明楷教授在其《刑法学》一书中提出，中止犯有以下四个特征：（1）中止的时间性。中止必须发生在“犯罪过程中”，即在开始实施犯罪行为之后，犯罪呈现结局之前均可中止。（2）中止的自动性。对于中止的自动性应理解为，行为人认识到客观上可能继续实施犯罪或者可能既遂，但自愿放弃原来的犯罪意图。（3）中止的客观性。中止不只是一种内心状态的转变，还要求客观上有中止行为。中止行为分为两种情况：行为未实行终了，只要不继续实施就不会发生犯罪结果的情况下，中止行为表现为放弃继续实施犯罪行为；行为实行终了，不采取有效措施就会发生犯罪结

① 马克昌主编：《犯罪通论》，武汉大学出版社1999年版，第464～475页。

果的情况下，中止行为表现为采取积极措施有效地防止犯罪结果发生。(4) 中止的有效性。不管哪一种中止，都必须没有发生行为人原来所希望或者放任的、行为性质决定的犯罪结果（侵害结果)。①

(三) 区别对待说

区别对待说认为，中止犯有两种不同类型即自动停止犯罪的犯罪中止（普通中止）和自动有效地防止犯罪结果发生的犯罪中止(特殊中止)，其特征因类型不同而有所区别。

(1) 自动停止犯罪的犯罪中止的特征。必须同时具备三个特征：第一，时空特征。按照法律的规定，即必须是在实施犯罪过程中停止犯罪。确切而言，即必须是在犯罪处于运动过程中而尚未形成任何停止状态的情况下停止犯罪。这是犯罪中止成立的客观前提特征。第二，自动性。即行为人必须是自动停止犯罪。这是犯罪中止形态的本质特征，是犯罪中止形态与犯罪未遂形态和预备形态的根本区别所在。第三，彻底性。这是指行为人彻底放弃了原来的犯罪。这一特征意味着，行为人主观上彻底打消了原来的犯罪意图，在客观上彻底放弃了自认为本可继续进行的犯罪行为，而且从主客观的统一上行为人也不打算以后再继续实施此项犯罪。彻底性表明了行为人自动停止犯罪的真诚性及其决心，它表明犯罪分子自动停止犯罪是坚决的、完全的，而不是暂时的中断。

(2) 自动有效地防止犯罪结果发生的犯罪中止的特征。这种特殊类型的犯罪中止，自然也需要具备上述普通类型的犯罪中止所必须具备的时空范围、自动性、彻底性三个特征，这可以说是所有犯罪中止形态均应具备的共性。……这种针对特殊犯罪情况的特殊犯罪中止类型除上述三个特征之外，还需再具备“有效性”的特征，即行为人还必须有效地防止他已实施的犯罪之法定犯罪结果的发生，使犯罪未达到既遂状态而停止下来。这一“有效性”特征

① 张明楷著:《刑法学》，法律出版社 2011 年版，第 339 ~ 346 页。

鲜明地贯彻和体现了犯罪中止制度尽力减少已经开始进行的犯罪之社会危害程度的立法旨意。①

笔者认为，尽管上述观点从表面上看似乎存在很大的差异，但是不可否认，它们仍存在共同点，即都认为中止犯至少应包括三个特征，即时间性、自动性与有效性。而对于区别对待说中强调的彻底性，在上述的三特征说以及四特征说看来并非不重要，只不过三特征说将彻底性归入有效性中论述，而四特征说则是在中止的客观性中予以说明。而这仅表明学者们对彻底性的定位不同而已。笔者基本同意四特征说的观点，不过在中止的客观性特征中，仍应根据两种不同类型的中止实行区别对待，对于不作为的中止应强调彻底性，而对于作为的中止应强调真挚性，尤其是对准中止犯而言真挚性是一个不可或缺的特征。而时间性、自动性与有效性则无论是何种类型的中止都应具备。至于采此观点的理由，笔者将在接下来对中止犯成立条件问题的具体讨论中作详细论述。

第三节　中止犯的类型与存在范围

一、中止犯的类型

在刑法理论上根据不同的划分标准，可将中止犯划分为不同的类型，结合各国刑法典的具体规定，对中止犯类型的划分，具有代表性的有以下几种：

（一）着手中止和实行中止

这是以行为是否实行终了为标准所做的划分。着手中止又称为实行未了的中止或未实行终了未遂的中止，实行中止又称为实行既了的中止或实行终了未遂的中止。这是大多数大陆法系国家或地区

① 赵秉志主编：《犯罪总论问题探索》，法律出版社 2003 年版，第 429～431 页。

刑法典或刑法理论对中止犯所做的一种划分，如德国、日本、奥地利以及我国台湾地区等。

（二）一般中止犯与准中止犯

在刑事立法中，多数国家或地区只对一般中止犯作出规定，而没有规定准中止犯，只有少数国家或地区除了规定一般中止犯外，还单独对准中止犯作了特别的规定。如德国、奥地利和我国台湾以及澳门地区等。这是以中止行为与既遂结果的未发生之间是否具有事实上的因果关系为标准对中止犯所进行的分类。

（三）预备中止和着手中止

这是以实行行为是否着手为标准对中止犯进行的划分。如《俄罗斯联邦刑法典》第 31 条规定，如果行为人明知有可能将犯罪进行到底而终止犯罪的准备或终止直接以犯罪为目的的行为（不作为），是自动中止犯罪。可见，从立法上看中止行为仅限于不作为。另外，俄罗斯刑法理论将着手中止称为实行未了的中止，并且通说否认实行终了的中止。尽管也有学者主张在犯罪实行终了的未遂阶段，某些情况下应该承认犯罪中止，但通说认为实行终了的犯罪未遂阶段中不存在中止的问题。而防止既遂结果产生的情形属于“积极的悔改”表现，可依《俄罗斯联邦刑法典》第 61 条第 1 款第 10 项的规定作为减轻情节考虑。

（四）着手中止、实行中止和既遂之后的中止

根据《澳门刑法典》第 23 条的规定，认为中止犯主要有三种类型：其一，行为人因已意放弃继续犯罪（着手中止）；其二，行为人因已意防止犯罪既遂（实行中止）；其三，犯罪虽既遂，但因已意防止不属该罪状之结果发生者（既遂之后的中止）。着手中止、实行中止是以实行行为是否终了为标准的划分，而既遂之后的中止则是以既遂结果是否发生为标准的划分。但是，第三种类型仅限于危险犯，也只有危险犯会出现这样的情况，即犯罪因危险的存在已构成既遂，但与该危险直接相关的结果还没有发生，这时行为人还有以自己的行为防止危害结果发生的机会。如果有效地防止了

该种危害结果发生，即构成了既遂之后的犯罪中止类型。笔者将在后面关于危险犯的既遂问题中的论述中，对于《澳门刑法典》规定的既遂之后的中止进行评价。

（五）预备中止、实行行为未终了的犯罪中止与实行行为终了的犯罪中止

这是根据中止发生的时空范围的不同而对中止类型所做的划分。这是我国刑法理论通说对中止犯进行的分类。

预备中止，即发生在犯罪预备阶段的中止。其时空范围起始于犯罪预备活动的开始，终止于犯罪实行行为着手前。这是指在犯罪的预备活动过程中，行为人在自认为可以继续犯罪活动的条件下，自动地将犯罪活动停止下来，不再继续犯罪的预备行为或者没有着手犯罪的实行行为。

实行行为未终了的犯罪中止，即发生在犯罪实行行为尚未终了时的中止。其时空范围始于犯罪实行行为的着手，止于犯罪实行行为终了前。这是指行为人在实施犯罪实行行为的过程中，自动放弃了犯罪的继续实施或完成（多表现为自动停止了犯罪行为的实施，少数情况下还要进一步有效地防止犯罪结果的发生），因而使犯罪停止在未达既遂的状态。

实行行为终了的犯罪中止，即发生在犯罪实行行为实施终了后的犯罪中止，其时空范围始于行为终了之时，止于既遂的犯罪结果发生之前。实行中止是指行为人在实行行为终了以后，出于本意而以积极的行为阻止了法定的犯罪结果发生，因而使犯罪停顿在未达到既遂的状态。①

（六）消极中止与积极中止

根据法律对中止犯的中止行为的不同要求，我国学者将犯罪中止分为消极中止与积极中止两种类型。消极中止，是指在犯罪未实

① 高铭暄主编：《刑法学原理》（第二卷），中国人民大学出版社 1993 年版，第 340 ~ 341 页。

行终了的情况下，放弃了犯罪行为，这是犯罪中止的典型形式。在这种情况下，需要强调的是中止犯罪的彻底性，即必须是彻底地打消了继续或再次侵犯同一客体的意图，而不是暂时停止伺机再次作案；积极中止，是指在犯罪行为已经实行终了而犯罪结果尚未发生的情况下，有效地防止犯罪结果的发生，这是犯罪中止的特殊形式。在这种情况下，需要强调的是防止结果发生的有效性。如果犯罪分子虽然采取了积极的行为，但并未有效地防止犯罪结果的发生，犯罪分子仍然要负犯罪既遂的刑事责任，不能视为犯罪中止。① 笔者认为消极中止对应的中止行为是不作为，而积极中止要求的中止行为则只能是作为，② 笔者后面对中止行为的论述采取的就是这一种分类。通说尽管也赞同这一种分类，但是在消极中止与积极中止的存在范围问题上，与上述观点及笔者的观点均不同。关于这一问题，笔者也将在后面讨论中止行为的问题时作出充分说明。

（七）免除处罚的中止与减轻处罚的中止

这是以是否应给予刑罚处罚为标准而划分的中止类型。我国刑法第24条第2款规定："对于中止犯，没有造成损害的，应当免除处罚；造成损害的，应当减轻处罚。"可见，认定是否"造成损害"，对于中止犯的量刑具有决定性意义。但是，对"损害"概念的界定，无论是刑法理论界还是实务界并未取得统一的认识，这在一定程度上影响了刑法的严肃性。对这里的"损害"究竟应该如何界定，有的学者将这里的"损害"界定为"符合其他犯罪客观方面要件的物质性危害结果"。③ 有的学者认为，我国刑法第24条

① 陈兴良著：《刑法适用总论》（上卷），法律出版社1999年版，第449页。

② 这里的作为与不作为仅指对行为一般意义上的分类，而并非犯罪分类意义上的作为与不作为。

③ 张平著：《中止犯论》，中国方正出版社2005年版，第31页。

第2款所规定的“损害”，是指由于行为人对目的犯罪实施的实行行为，而所造成的作为其他犯罪构成要件的法定物质性危害结果。[1] 也有学者提出，在罪刑规范指向的是他罪时，认定属于本罪中止犯处罚规定中“损害”范围的依据就是：符合他罪构成要件且需要动用刑罚。[2] 还有学者认为，我国刑法中中止犯的“损害”，应当是指行为人在犯罪中止过程中所造成的，可以为刑法所评价的直接物质损失。[3] 对此，笔者以为，首先需要明确的是，“造成损害”的行为应仅限于中止前的犯罪行为。不能将中止行为与中止前行为人的着手实行视为一个整体行为，因为中止行为与中止前的着手实行是两个性质不同的行为，“造成损害”的行为只能是中止前的犯罪行为。实际上，在行为人实施中止行为时，其先前的实行行为已经构成了犯罪，中止行为的效果只能影响处罚的轻重，而不能否定先前行为的犯罪性。笔者认为，上述几位学者对“损害”概念的界定的观点基本相同：其一，均强调是行为人在实施中止行为前的实行行为所造成的作为其他犯罪构成要件的结果；其二，均强调是物质性危害结果，即不包括非物质性结果。由于我国刑法对“没有造成损害”与“造成损害”两种情况分别规定了“免除处罚”与“减轻处罚”，从处理结果上看存在较大的差异，因此笔者认为这种情况下就更应该对“造成损害”进行严格界定。上述学者对“损害”概念的界定，笔者赞同将“损害”界定为行为人在实施中止行为前的实行行为所造成的，作为其他犯罪构成要件的结果。但是，学者们将“结果”限定为物质性危害结果，笔者实难

---

① 谢雄伟：《对中止犯处罚原则中“损害”概念之界定》，载《法学评论》2006年第1期。

② 王骏：《刑法第24条第2款中的“损害”》，载《中国刑事法杂志》2009年第5期。

③ 陈世伟：《析我国犯罪中止中的“损害”》，载《云南大学学报》（法学版）2011年第1期。

苟同。其一，我国刑法所规定的犯罪结果并不都是物质性损害，如对他人名誉的贬损、对他人通信自由权利的侵害等，均属非物质性结果。其二，将中止犯中的“造成损害”局限于物质性损害，将会导致刑法的不协调。因为物质性结果也并非都重于非物质性结果。其三，非物质性结果虽然在量化上非常困难，但这并不意味着对其发生与否与程度如何不能进行评价。如果以非物质性结果不可量化为由，而将其排除在“损害”的范畴外，是难以实现笔者提出的“应对‘造成损害’应严格界定”这一主张的。而且否认非物质性结果，必然会否认某些犯罪的法益侵害性，也不利于实现刑法的法益保护目的。因此，在上述问题上，笔者赞同张明楷教授的观点，即只有当行为人的行为符合某种重罪的中止犯的成立条件，同时构成了某种轻罪的既遂犯时，才能认定为中止犯中的“造成损害”。具体而言，认定中止犯的“造成损害”应把握以下五点：第一，根据我国刑法有关中止犯的立法宗旨以及刑罚目的，造成损害应仅限于行为造成的实害。即侵害结果，而不包括行为造成的抽象与具体危险。反过来说，行为对法益仅造成了抽象危险或者具体危险时，都属于没有造成损害。第二，根据罪刑法定原则，损害必须是刑法规范禁止的侵害结果。第三，损害不限于物质性结果，也包括非物质性结果。第四，损害仅限于对他人造成的损害，而不包括对自己造成的损害。第五，损害必须是能够主观归责的结果，而不包括意外造成的结果。①

中止犯中的“造成损害”实际上是行为人先前实行的行为构成了轻罪的既遂犯，行为人自动放弃重罪或者自动有效地防止重罪的结果，而成立重罪的中止犯。根据我国刑法规定，在量刑上对于“造成损害”的中止犯，应当“减轻处罚”。对“减轻处罚”的解

① 张明楷：《中止犯中的“造成损害”》，载《中国法学》2013 年第 5 期。

释，我国学者也存在不同认识，有学者理解为比照既遂犯减轻；[①]也有的学者认为应比照未遂犯减轻；[②] 还有学者提出，在对中止犯裁量刑罚时，除了以相应的既遂犯作为参照基准外，也应以相对应的未遂犯作为参照基准。[③] 不过也有学者认为，存在“损害”时，已然形成数罪竞合，可参照中止犯与既遂犯竞合的处理原则进行处罚。[④] 对此，笔者认为，对“造成损害”的中止犯量刑时，既要遵循我国刑法对减轻处罚的相关规定，也要考虑在适用轻罪的法定刑时，如何才能较好地实现罪责刑相适应原则。

中止犯的类型除上面列举的几种外，还有依据其他标准进行分类所呈现的类型。例如，根据犯罪是单独犯还是共犯，可以分为单独犯的中止与共犯的中止；根据犯罪构成的不同类型，可以分为结果犯的中止、行为犯的中止与危险犯的中止，等等。

二、中止犯的存在范围

我国刑法理论的通说认为犯罪的未完成形态只存在于直接故意犯罪中。由此可见，间接故意犯罪以及过失犯罪均不存在犯罪形态的问题。因为过失犯罪与间接故意犯罪由主客观特征所决定，不可能存在预备、未遂与中止形态。

就过失犯而言，从其主观方面看，行为人不存在犯罪意图，行为人对危害结果的发生持否定的态度，这一心理决定了行为人不可能在犯罪意图的支配下去实施犯罪的预备行为和着手犯罪的实行行为，这就使其失去了成立犯罪预备、未遂与中止的前提，这种心理

① 高铭暄主编：《刑法学原理》（第二卷），中国人民大学出版社 1993 年版，第 383 页。

② 吴俊：《犯罪中止研究》，吉林大学 1998 年刑法博士论文，第 129 ~ 131 页。

③ 张平著：《中止犯论》，中国方正出版社 2005 年版，第 263 页。

④ 王骏：《刑法第 24 条第 2 款中的“损害”》，载《中国刑事法杂志》2009 年第 5 期。

特征也决定了在过失行为没有造成危害结果的场合，谈不上是行为人的犯罪意图“未得逞”或自动放弃了“犯罪意图”，即过失行为人不会具备犯罪未遂或犯罪中止的主观特征。从客观方面看，过失犯是以过失行为发生特定的危害后果为成立条件，如果特定的危害后果没有发生，就根本不成立过失犯罪，发生了特定的危害后果不仅意味着犯罪的成立，而且标志着犯罪的完成。因此，过失犯不存在犯罪形态的问题，因而，也就没有中止犯存在的余地。[①]

就间接故意犯罪而言，通说认为，从主观方面分析，放任心理由所包含的客观结局的多样性和不固定性所决定，根本谈不上对完成特定犯罪的追求，也就谈不上这种追求的实现与否，而犯罪的预备、未遂与中止形态的行为人，原本都存在着实施和完成特定犯罪的犯罪意志与追求心理，因而间接故意犯罪主观上的放任心理不符合未完成形态的主观特征。从客观方面看，犯罪未完成形态在客观方面表现为，行为人开始犯罪的预备行为或者着手实行行为之后，由于行为人意志以外原因的阻止或者行为人自动放弃犯罪意志，而使犯罪停止在未完成的形态下。间接故意犯罪由其主观“放任”心理的支配，而在客观方面不可能存在未完成特定犯罪的状态，因为客观上出现的此种状态或彼种结局都是符合其放任心理的，因而这种案件理应以行为的实际结局决定定罪问题。这样，间接故意犯罪也就没有了犯罪未完成形态存在的余地。[②] 也就表明没有中止犯的存在余地。目前在我国，对过失犯罪没有形态问题这一结论没有争议，但是对间接故意犯罪的形态问题，有学者提出了质疑，并认为通说的观点是不妥的。例如，有学者认为，“间接故意犯因无犯罪意图可言，若认为犯罪中止是指行为人放弃了犯罪意图，自然不

---

① 高铭暄主编：《刑法学原理》（第二卷），中国人民大学出版社 1993 年版，第 269 ~ 270 页。

② 参见高铭暄、马克昌主编：《刑法学》（上编），中国法制出版社 1999 年版，第 259 ~ 260 页。

会发生间接故意犯中止犯罪的问题。但所谓中止犯罪，应理解为行为人对其先前犯罪心理的否定，而不应限于犯罪意图。倘若犯罪在放任心理支配下导致某具体法益处于危险状态，不采取措施必然导致危害结果的发生，应认定成立犯罪中止。"[①] 有学者进一步认为，应肯定间接故意犯罪在实行行为实施完毕、特定危害结果发生以前的实行阶段成立中止。[②]

上述问题在德、日以及我国台湾地区刑法理论中也有讨论。肯定说与否定说之争也并不仅限于间接故意的中止问题，对在我国大陆刑法理论中不存在争议的过失犯的中止问题也存在同样的争议。关于过失犯罪的中止问题，日本就有学者主张肯定说。他们认为日本刑法是将中止作为未遂的一种类型加以规定与研究的，于是他们在肯定过失犯可以成立未遂的基础上，说明过失犯罪也可以有中止的存在。他们一般否认结果是过失犯的本质特征，认为在结果发生之前就可以使行为个别化，承认过失犯也有实行行为。不是不存在过失的未遂，而只是因为现行刑法对其不处罚而已。[③] 我国台湾地区学者许玉秀教授也持肯定说，她指出："过失有未遂的形态，并不表示过失一定要处罚，而没有规定普通的过失未遂，并不表示不能单独规定过失中止犯，作者过去的说法要稍作修正。只要承认过失有未遂形态，规定过失中止犯即有依据。因为过失中止犯本身是一个奖励规定，而过失未遂犯是一个制裁规定，两者方向相反，即

---

① 张庆芳：《论犯罪中止》，载刘守芬、黄丁全主编：《刑事法律问题专题研究》，群众出版社 1998 年版，第 176 ~ 177 页。

② 参见赵辉：《论间接故意犯罪的中止》，载《中国刑事法杂志》2005 年第 1 期。

③ 参见［日］大塚仁著：《刑法概说（总论）》，冯军译，中国人民大学出版社 2003 年版，第 216 ~ 217 页。以及参见［日］大谷实著：《刑法总论》，黎宏译，法律出版社 2003 年版，第 279 页。

使不立法定义普通过失未遂，也无碍于规定过失中止犯。”[①] 对于间接故意犯罪的中止问题，德国理论界一般认为间接故意与未遂不兼容，未遂犯只存在于直接故意。不过也有学者持肯定态度，并提出了将间接故意未遂明文规定为阻却或减轻刑罚的立法建议。但实务界基本认为间接故意行为亦能成立未遂犯，但却并未直接说明间接故意能成立未遂犯的理由。[②]

笔者认为，从德、日刑法以及我国台湾地区“刑法”的规定看，均无对过失未遂的规定。既然无此规定，而且根据刑法的罪过理论也可推导出，过失犯没有成立未遂犯的可能。由于作为前提的过失未遂不存在，因而也没有过失中止犯的存在余地。在我国大陆学界中在过失犯的中止问题上并不存在争议。笔者也认为过失犯没有成立中止的余地。而对于间接故意犯罪，笔者同意通说的观点与分析。因为就认识因素而言，间接故意的行为人只是认识到危害结果发生的可能性，就意志因素而言，表现为放任危害结果的发生。因此，如果危害结果没有发生，就无法判断行为人的犯罪心理，具体而言，是无法证明行为人放任结果发生的心理态度，因而危害结果的发生与否，直接影响间接故意犯罪能否成立。在犯罪论体系中，这里的危害结果的地位与过失犯罪相同。所以，笔者认为，间接故意犯罪没有中止犯的存在余地。

---

① 许玉秀著：《当代刑法思潮》，中国民主法制出版社 2005 年版，第 358 页。

② 参见许玉秀著：《当代刑法思潮》，中国民主法制出版社 2005 年版，第 287 ~ 289 页。

第二章　中止犯的立法理由

第一节　国外的学说之争

中止犯的立法理由问题，通常又被称为中止犯的“法的性格”问题或中止犯的“刑的减免根据”问题。它讨论的是为什么对行为人在中止犯罪的情况下，立法者要给予不处罚或减轻、免除处罚。考察德国、日本关于中止犯研究的论著，我们不难发现，中止犯的立法理由问题均被作为首要问题加以阐述。从该问题在整个中止犯理论体系中的地位看，它既属于基础性问题也是本质问题，因为关于中止犯的各种问题的解答，都是从对中止犯立法理由的认识中演绎出来的。如中止犯的成立条件、处罚原则等问题。德、日学者对中止犯的立法理由问题讨论得相当活跃，启发性的资料也很多。而我国学者不知缘何却鲜有深入研究，笔者认为，由于中止犯的立法理由问题并非仅仅属于中止犯处罚的一般性问题（我国学者多在讨论中止犯的处罚问题时论及），而是中止犯论的核心问题，因此必须给予应有的关注。

关于中止犯的立法理由问题，德、日刑法理论大体上存在三种主张：第一种主张是政策说，即立法者基于何种目的设立中止犯的规定。如果说立法或多或少反映了某种政策的要求，那么对中止犯作出不处罚、减免刑罚的规定是应当体现立法者希望实现的政策目的。因学者们对立法者的政策目的有不同的认识，因此在政策说中存在“黄金桥”理论、恩典·褒奖说、刑罚目的说等不同的学说。

第二种主张是法律说，即立法者以政策目的为根据所设立的中止犯的规定，在法理论上是否也应当承认。如果对中止行为不处罚或减免刑罚，那么在刑法理论上就必须证明中止具有消灭、减少行为可罚性的效果。这是对中止犯不处罚或减免刑罚的法理论根据问题。法律说具体又包括消极的构成要件要素说，违法阻却·消灭·减少说，责任阻却·消灭·减少说，当罚性·可罚性阻却说以及刑罚阻却·消灭说。第三种主张是并合说，即将政策说与法律说结合起来说明中止犯的立法理由。其中包括违法性减少·消灭说与政策说的并合；责任减少·消灭说与政策说的并合以及违法·责任减少·消灭说与政策说的并合。

但是，近来德国关于中止犯立法理由问题，出现了几种新的学说，主要有雅克布斯（Jakobs）的行为变更说、赫茨贝格（Herzberg）的责任履行说以及雅戈尔（Jäger）的单独的处罚解放事由说。日本也有与雅戈尔说类似的山口说（危险消灭说）。以下，仅就德、日刑法理论中的主要学说予以评述。

一、政策说

由于《德国刑法典》第 24 条对中止犯作出了不处罚的规定，而《日本刑法典》第 43 条对中止未遂作出了减轻或者免除刑罚的规定，因此德国刑法理论研究的是有关中止犯不处罚的根据，而日本则是研究减轻或者免除处罚的根据。

在德国，关于中止犯的立法理由问题，一般仅从政策的视点讨论有关中止犯不处罚的政策根据。而法理论的根据则被作为中止体系的地位问题加以讨论。德国有关中止犯不处罚的根据的学说大致有四种："黄金桥"理论、恩典·褒赏说、刑罚目的说以及责任履行说。[①] 日本称之为刑事政策说的第一说即“黄金桥”理论，曾经占据德国通说的地位，但其地位现在已经被恩典·褒赏说所取代，近来刑罚目的说也逐渐获得很多学者的支持。此外，责任履行说是最近才提出的学说，还没有得到理论界的广泛认可。因此，现在德国一般是以恩典·褒赏说或者刑罚目的说抑或两者并用来说明中止犯不处罚的根据。以下顺次分别加以评述。

（一）“黄金桥”理论

“黄金桥”理论，其基本观点是将中止犯的立法理由求之于防止犯罪的刑事政策，即对一旦走上犯罪道路的人，只要其在既遂前回头，在德国就可以不处罚，在日本则可以减免刑罚。“黄金桥”理论显示出立法者力图促使行为人中止犯罪，即为其架设了回归法秩序的“后退的黄金桥”。

这种学说的渊源可以追溯到费尔巴哈。费尔巴哈指出，“如果国家不能通过不处罚这一方法使已经着手的行为者后悔的话，那么国家就在加速犯罪的完成。这是因为着手未遂的犯罪者会认为已经会受刑罚，即使后悔也不会有任何好处，而完成犯罪也不会有任何

① 对此，也有与本书不同的分类，参见［德］Ulsenheimer，Grundfragen des Rücktritts vom Versuch in Theorie und Praxis，1976，S. 36f（作为对该书的介绍，参见［日］虫明满：《法政论集》第七·八号，第427页以下）。Ulsenheimer将中止未遂的不处罚根据分为以下五类：（1）从防止犯罪的目的加以说明的学说；（2）以对行为人的中止加以报偿来加以说明的学说；（3）以中止表明行为人犯罪意思弱化来加以说明的学说；（4）以对中止者没有处罚的必要来加以说明的学说；（5）最后一种学说是方法论的东西，即未遂行为与中止行为不能视为两个独立的行为，而应将二者整体观察，视为一个所为（eine Tat），由此来给中止的不处罚奠定根据。他认为，上述各种学说，可以单独也可以与其他学说联系起来加以主张。日本遵照上述分类的，可参见［日］齐藤诚二：《围绕中止未遂的法的性格（一）》，载《筑波法政》第9号，第5页以下。

的损失。”[①] 此后，布洛伊（Bloy）对该见解作了补充，其内容为：处罚未遂的规定，其作用在于防止实行的着手。然而，在已经实施了实行行为的场合，这种规定相反却起到促使犯罪既遂的效果。这是因为一旦着手，未遂者就已经招致刑罚，如果对中途放弃的未遂者与一直实施者在处罚上没有区别的话，行为人通常就会选择一直实施下去。因此，之所以不处罚中止犯，正是为了除去上述弊害。[②]

使费尔巴哈的见解得以进一步发展的是李斯特。李斯特认为，“在越过不处罚的预备行为与可罚的实行行为的界限的瞬间，为未遂所规定的处罚就具体化了。这一事实不会改变，不能溯及废止，也不能抹杀。然而，立法从刑事政策的根据出发，可以架设后退的黄金桥。立法将任意的中止规定为刑罚消灭事由，正是如此。”[③] 对此，日本学者滨邦久对李斯特的这一观点作了清楚的阐释，他认为李斯特的“后退的黄金桥”理论的内容，即犯罪一经着手实行，就可以作为未遂犯予以处罚，即使在行为人此后任意中止犯罪的场合，也无法改变业已成立的未遂犯的既成事实。因而，对任意中止犯罪的行为人不科处刑罚，就是基于防止犯罪的刑事政策的考虑。[④]

笔者认为，尽管费尔巴哈与李斯特均从防止犯罪的角度说明中止犯的立法理由，但仍存在差别。费尔巴哈只承认中止犯规定的消极机能，而李斯特则是肯定中止犯规定的积极机能。也就是前者认为，通过不处罚任意地停止犯罪者，可以去除行为人中止犯罪时按

---

① ［德］Ulsenheimer, Grundfragen des Rücktritts vom Versuch in Theorie und Praxis, 1976, S. 42, Anm. 57.

② ［德］Bloy, Die dogmatische Bedeutung der Strafausschließungs – und Strafaufhebungs gründe, 1976, S. 150.

③ 转引自［日］香川达夫：《中止未遂的法的性格》，有斐阁 1963 年版，第 40～41 页。

④ ［日］滨邦久：《未遂》，立花书房 1982 年版，第 229 页。

未遂处罚的事由，而后者则认为不处罚中止犯可以促使行为人中止犯罪。

“黄金桥”理论得到了很多学者的支持，在德国一度居于通说的地位。不仅如此，自1882年6月6日帝国法院（RG）在判决中采用这一学说以来，直到1956年联邦最高法院（BRG）否定该学说，其间它一直是德国判例的“通说”。

然而，现在采用该说的学者却在逐渐减少，判例也放弃了该说。这主要缘于伯克曼。他在调查了德国有关中止犯的判例后发现，行为人因为知道中止犯的规定而停止犯罪的事例一件都不存在。另外，德国另一学者乌尔真海姆（Ulsenheimer）不仅调查了德国，还调查了奥地利、瑞士的一些未公开的判例，同样没有发现因知道中止犯的规定而停止犯罪的情况。德国学者耶赛克指出，“对中止犯即使有不处罚的规定，但在决定性的瞬间却并不能影响行为人的决意，更何况居民在很大程度上并不了解这样的规定。法院实务表明，在中止犯的情形下，所有可能的动机均发挥不同程度的作用，但因考虑免除已经实现的刑罚而中止犯罪的，则从来没有过。”①

由此，德国学者对“黄金桥”理论提出了不少批评，这些批评意见可归纳为以下几点：

第一，“黄金桥”理论只能期待对知道该中止犯规定的人产生效果，但是这部分人只占少数，而要承认不知道该规定的人也能够成立中止犯，就必须附加新的基础，而本说并未提供该基础。

第二，该说主张中止犯规定的作用在于防止犯罪，但不能否定它具有相反的效果。也就是说虽然实施犯罪，但只要中止就不处罚，那么对于知道该规定的人，反而会起到促使其实施犯罪的效果。既然已经着手犯罪但在既遂之前还存在不处罚的途径的话，就

① ［德］汉斯·海因里希·耶赛克等著：《德国刑法教科书（总论）》，徐久生译，中国法制出版社2001年版，第644页。

有可能会产生轻易实施犯罪的人。从这个意义上可以说中止犯的规定有防止犯罪与促进犯罪的两面性，即所谓“双刃剑”。因此，仅以该规定具有防止犯罪的目的来加以说明是片面的。

第三，如果采用此说的话，那么就无法承认不能未遂的中止，从而导致不合理的结论。关于不能未遂的中止，如甲试图杀死乙而让乙喝毒药，结果误用了砂糖。甲在并不知道这一事实的情况下，心生悔意而给乙服用解毒剂。在这种情况下，由于乙只不过是服用了砂糖因而不可能死亡（在此意义上，甲的行为是不能未遂），死亡结果的不发生与甲给乙解毒剂这一中止行为之间不存在因果关系。于是，在这种情况下是否应当承认中止犯就成为问题。德国曾经就这一问题展开过争论，尽管现在已经由立法解决了（《德国刑法典》第 24 条第 1 款），即在这种情况下承认中止犯成立，但“黄金桥”理论却无法说明这样规定的理由。因为不能未遂从一开始就确定不能发生结果，不值得通过中止犯的规定来促使行为人实施中止行为（上述例子中甲给乙解毒剂的行为），也没必要由此来阻止结果的发生。给不过是服用了砂糖的乙解毒剂的行为，究竟具有怎样的刑事政策的意义呢？

第四，客观的调查结果证明了上述批判在现实中的正确性。

正是基于上述理由，“黄金桥”理论在德国的判例、学说中已逐渐失去了支持。正如盖伦（Geilen）所评论的那样，“‘黄金桥’理论已经是学说史上的古董。保存在古董商的仓库里了。”[①]

在日本，“黄金桥”理论被称为刑事政策说。日本学者通常不独立采用刑事政策说作为中止未遂的立法根据，尽管采用刑事政策说说明中止犯的立法理由在理论上具有相当的说服力，即中止未遂的规定具有防止犯罪的机能。但是，由于日本刑法对中止犯处罚的规定与德国刑法的规定不同，德国是不处罚，而日本是减轻或免除

① ［德］Geilen, Zur Abgrenzung zwischen beendeten und unbeendeten Versuch, JZ 1972, S. 338, r. Sp.

处罚。因此，日本学者对刑事政策说的批判意见，不仅包含了上述德国学者所提出的批评，还有针对日本具体情况提出的新的意见。例如，曾根威彦认为，“与德国刑法规定中止犯不可罚不同，我国刑法只是规定处罚的必要减轻与免除，这能否充分发挥防止犯罪的作用，还有疑问。”① 他同时批评道：“根据刑事政策说，犯罪论的评价与科刑可以分离，故区别刑罚的减轻与免除的理由基准在哪里，还有疑问。离开了违法、责任评价来区分刑罚的减轻与免除是不可能的。”② 香川达夫也指出，“中止未遂不受处罚时，刑事政策说才可能发挥其本来的机能，正因为如此才可能成为黄金桥。但在只承认减免刑罚的我国刑法中，就不能期待刑事政策说的本来机能，故不可能成为通说。”③

除此之外，日本还有学者指出，刑事政策说认为减免处罚的规定可以预防犯罪，在行为人实施犯罪行为之前作出这样的考虑是可能的，但是，实际上对中止犯减免刑罚是事后的裁量，所以，刑事政策说在逻辑上就不成立。④

鉴于刑事政策说的上述缺陷，故日本大多数学者认为，不能将刑事政策说作为说明中止犯立法理由的唯一依据。因此，日本对中止未遂的立法理由的说明，理论上主要采用的是法律说，但也没有否定“黄金桥”理论，只是将其作为法律说的补充形式加以主张。但是，最近却有一部分学者主张仅用“黄金桥”理论来说明中止犯的存在根据。例如，山口厚教授作了如下论述，“中止犯的规

---

① ［日］曾根威彦：《刑法的重要问题（总论）》，成文堂1993年版，第263页。

② ［日］曾根威彦：《刑法的重要问题（总论）》，成文堂1993年版，第263～264页。

③ ［日］香川达夫：《中止未遂的法的性格》，有斐阁1963年版，第40～41页。

④ 转引自张明楷著：《未遂犯论》，法律出版社、成文堂联合出版1996年版，第332页。

定，是为了救济因为未遂犯的成立而招致危险的具体的被害法益，是为了奖励消灭‘引起既遂结果的危险’而设立的纯粹刑事政策的东西”。[①] 此外，中野次雄也认为，中止犯的减免理由即“对已经实施的违法、有责行为的可罚评价因对中止行为的奖赏评价而被抵消，这种后者的积极的评价，结果可以认为是出于奖赏中止行为的政策的考虑而设立的”。[②] 日本对刑事政策说的态度出现了与德国相反的情况，即重新开始提倡“黄金桥”理论。究其原因，笔者认为这可能是因为两国刑法的基本立场不同，对结果无价值论居主导地位的日本而言，该说非常合适。根据“黄金桥”理论，中止犯的规定是通过架设“黄金桥”而促使行为人中止，由此阻止法益侵害的发生，这种思想与将刑法的任务求之于法益保护的结果无价值的立场完全一致。但是，如前所述，在现实中我们完全不可能期待通过中止犯的规定来发挥防止犯罪的功能。所以，作为刑法的规定解释应当尽可能地符合实际而不能想当然地解读刑法的规定，只要认同这一观点就不应采用“黄金桥”理论。德国的学说、判例曾经以此说为主流，但因为其不符合实际而遭放弃，德国也在探索新的理论，这也说明应对刑法的规定进行现实的解释。

与德国的情况相反，在法国现在刑事政策说仍然占据着支配性的地位。例如，迈尔勒（Merle）与维图（Vitu）认为，“立法者非常聪明地设立了以下规定。即由实行着手所表明的未遂，只限于在‘由与行为人意思相对立的事情导致中断’的场合，加以处罚。这是对刑事政策的基本的顾虑之一，即考虑到预防的需要。……因此，在无法挽回的事态发生之前，犯罪者如果放弃其犯罪企图，就应当给其以利益，通过不处罚的规定，给任意地且自由地中止犯罪者以报酬”。此外，加罗奥德（Garraud）也认为，中止犯的规定是“优秀的刑事政策”，普拉德尔（Pradel）也认为是“贤明的刑事政

① ［日］山口厚：《刑法总论》，有斐阁2007年版，第279～280页。

② ［日］中野次雄：《刑法总论概要》，成文堂1988年版，第132页。

策”，武安（Vouin）与莱奥泰（Léauté）认为这种规定是“为了公共秩序而设立的制度”。[①] 然而，如果真如上述学说所说的那样，立法者是着眼于犯罪预防的效果而设立中止犯的规定，那么他们所设想的刑事政策也不能说取得了成功，因为在法国也不存在因为知道中止犯的规定而停止的事例。可见，在法国这样的规定也没有发挥防止犯罪的功能。

（二）恩典·褒赏说

恩典说将中止犯的立法理由理解为对中止者的恩典，即由于行为人停止犯罪，立法者给予其恩典，而不处罚他。该学说的渊源可以追溯到1794年普鲁士普通邦法（ALR）。该法认为，亲自中止犯罪的实行或者采取防止违法的措施的人有请求恩赦的权利。受到这一规定的启发而提出恩典说的是伯克曼（Bockelmann）。他指出，“适时地中止犯罪的人，可以让人期待他将来不会再实施犯罪。因此，行为人通过有益的行为在某种程度上平衡了自己应受的责任非难，即作了一定的抵消。因此，不科处其刑罚给予其恩典是合适的”。[②] 不过，该学说的正式展开还是在第二次世界大战之后。

恩典说后来又被称为褒赏说、报偿说、功劳说等，并逐渐获得了理论上的支持。如提倡报偿说的耶赛克指出，“任意地中止或者阻止既遂的人，或者虽然并不会既遂，但为了阻止既遂付出了真挚努力的人（指不能未遂的中止——译者注），由于他消除了自己行为所造成的动摇法秩序的影响，社会对其做了宽大处理。而且，通过他有功的行为这一平衡物，在某种程度上清偿了未遂责任。毫无疑问，他的功劳在于中止的任意性，并不要求中止的动机具有特别

---

① 法国学者的观点转引自［日］町田行男：《中止未遂的理论》，现代人文社2005年版，第15～16页。

② ［德］vgl. Bockelmann, Strafrecht, Allgemeiner Teil, 3. Aufl., 1979, S. 212.

的伦理上的价值”。[①]

但是，学者们对这一学说仍提出以下批判，如乌尔真海姆指出，“真正意义上的恩典，并不意味着‘正义的自己修正’，‘而是与对象的属性无关的东西’，换言之，‘恩典不考虑受恩赦者的人格及其外部的法与不法的状况’，‘恩典’在概念上不以任何的功劳为前提。因此，将两者联系起来的观点是错误的。”[②] 也就是说，所谓恩典，并不应当考虑接受一方的情况，而仅仅是给予一方的付出，所以不应将恩典与行为人的功劳联系起来。为了避免上述批判，伯克曼将“恩典”这一用语改为“褒赏”。他认为，承认褒赏与报偿的前提在于接受方实施了相应的“行为”，即“仅在你做了好事的时候才给予褒赏”。因此，他认为将褒赏、报偿与相应的功劳联系起来绝没有错。

但是，褒赏说仍被一些学者批判，如施米德霍伊泽（Schmidhäuser）指出，“刑法并非为了给予犯罪者以褒赏而设立的”。[③] 赫茨贝格认为，给予中止者以不处罚的褒赏可能过于宽大，即如果中止者比非中止者应得到褒奖的话，那么从未实施犯罪者（无辜的人）就更应当得到褒奖。因此，如果按照褒奖的观点，中止者与非中止者之间在刑法的处理上应存在区别，那么中止者与无辜者之间也应有差别。但是，《德国刑法典》不处罚中止，结果就将中止者与从未犯罪者同等对待了。这说明完全没有考虑褒赏，由此就可以推断出立法者不处罚中止，应当是基于褒赏以外的理由。但是，赫茨贝格并没有否定立法者因为行为者中

---

① ［德］Jescheck, Lehrbuch des Strafrechts, Allgemeiner Teil, 4. Aufl., 1988, S. 486.

② ［德］Ulsenheimer, Grundfragen des Rücktritts vom Versuch in Theorie und Praxis, 1976, S. 76.

③ ［德］Schmidhäuser, Strafrecht, Allgemeiner Teil, 2. Aufl., 1975, S. 625, Rn. 13.

止的这一功劳而给予其褒赏这一观点本身。他仍认为对中止者应该给予褒赏，因为在民法中，法律对于拾得遗失物者，因其未侵占脱离占有物也认可给予报酬（德国民法第971条）。赫茨贝格只是认为在刑法上中止者的功劳过小，而给予其不处罚这一褒赏不合适。[①] 但也有学者对褒赏说持完全否定的态度。如罗克辛认为，恩典说"不过是将法律上所书写的内容换一种说法。重要的问题在于，为何立法者要用这样的方法（不处罚中止——译者注）给予中止者以'回报'，或给予不处罚这一'恩典'。但是恩典说并没有回答这一问题。"[②]

笔者认为，罗克辛的观点指出了褒赏说真正存在的问题。因为这里探求的应该是设立中止犯的规定希望实现的政策目的，但褒赏说对此完全没有解答。笔者认为施米德霍伊泽的批评是不恰当的，因为与完成犯罪的人相比，基于自己的意思而停止犯罪的人在刑法上是值得称赞的，刑法即使给之以回报，也并非不当。而赫茨贝格的批评并未抓住问题的关键，褒赏说的问题并不是在于将中止者与从未犯罪者同等对待，抑或是不处罚这一褒赏不合适，实际上即使刑法对中止者免除刑罚，但只要作出有罪判决，应该说与未犯罪的人，刑法在处理时是有差异的。另外，如果认为行为人的功劳过小，采用减免刑罚的规定就可解决这一问题。但是，笔者认为，如褒赏说所言，如果立法者为了给予中止者以褒赏而设立中止犯的规定，那么他也应当希望由此来达到一定目的。也就是说，立法者设立中止犯的规定，给予中止者以褒赏本身并非目的，立法者通过给予中止者以褒赏这一手段，还应当希望达到某种目的（例如，刑法是为了给犯罪者科处刑罚而设立的，但科处刑罚本身并非目的，

---

① ［德］Herzberg, Grund und Grenzen der Strafbefreiung beim Rücktritts vom Versuch, Festschrift für Lackner, 1987, S. 343f.

② ［德］Roxin, über den Rücktritt vom unbeendeten Versuch, in: Festschrift für Heinite, 1972, S. 271.

以刑罚为手段来防止犯罪才是目的)。

为了维护褒赏说，德国学者阿道夫·默克尔（A. Merkel）指出，中止“具有对停止完成犯罪或者阻止犯罪完成的褒赏的性质，因而为预防目的服务”。[①] 但笔者认为，阿道夫·默克尔的观点对中止犯的立法理由仍旧没有给予任何的说明，这样一来褒赏说与前述的“黄金桥”理论就完全一样了。但是，褒赏说却是在批判“黄金桥”理论的背景下出现的。在日本几乎没有学者采取褒赏说。基于前述的理由，笔者认为我国也不宜采用褒赏说。

（三）刑罚目的说

刑罚目的说将中止犯的立法理由求之于刑罚目的的消灭，即在行为人中止犯罪的场合，立法者视之为所意图的刑罚目的得以消灭，从而设立此种规定。此说的渊源可以追溯到察哈里埃（Zachariae)。他认为，“只有执著的恶的意思才是危险的意思。自这种意思开始，才产生适用作为抑制手段的刑罚的必要性。任意中止的行为人通过其行为，表明其不具有坚固的、执著的恶的意思，而只是一时的冲动，但他的行为最终还是被应当遵守法律的意思所支配。对于这种人，没有必要担心会威胁到法秩序的正常状态。因为他只是对公共安全的一瞬间的威胁，不会成为现实的威胁。”[②] 刑罚目的说是德国联邦法院1956年2月28日关于强奸未遂的判决采用的理论。案情是行为人由于发现强奸的被害人是自己的熟人，因而中止强奸行为。联邦法院认为，如果被告人自己觉得羞耻而停止行为的话，那么就是任意的中止。相反，如果是害怕告发与处罚而停止行为，则中止就并非任意的。这一判决放弃了作为当时判例主流观点的“黄金桥”理论，即“在大多数场合，行为人在未遂的过程中并没有考虑刑罚上的效果，对于放弃犯罪计划就会不处罚，

① ［德］A. Merkel, Die Lehre von Verbrechen und Strafe, 1912, S. 157.

② ［德］Zachariae, Lehre vom Versuch der Verbrechen, 1836 – 1839, S. 241.（1997年复刻版）

关于这一事实他们并不知道也没有想过”。因此，应将中止犯不处罚的根据，按现实的需要解释为刑罚目的的消灭，即“行为者如果任意地中止着手未遂的话，那么就显示出该行为人的犯罪意思并没有达到完成行为所必要的强度。也证明由当初的未遂行为所显示出的行为人的危险性此后有本质的减少。正是基于此，法律规定不非难‘这种未遂’。这是因为无论为了使行为人将来不实施犯罪，还是为了威吓他人，或者是恢复被侵害的法秩序，刑罚都是不必要的。行为人适宜地放弃犯罪决意，法律也不再归责于他。行为人的未遂行为，只有在诸如完全充足了其他可罚行为的构成要件的情况下才加以处罚。只有这样，法律才能实现第一目的（特殊预防的目的）与正义的思想。”①

将中止犯不处罚的根据求之于刑罚目的的消灭的上述判例的观点，此后在理论上得到了不少学者的赞同，但赞同者的主张却并非完全一样，大致分为三类：（1）与判例一样，认为作为刑罚目的的特别预防与一般预防两者皆无必要。采用该观点的罗克辛认为，“在承认中止犯的场合，中止犯从一般预防的根据来说，不要求处罚。因为结果没有发生，表明行为人在作出决定的瞬间显示出对法的忠实，因而没有提供坏的例子。从特别预防来说，感化也是不必要的。因为行为人由中止行为而复归合法性。而由未遂行为所显示出来的迷茫是一时的，只要行为人自愿地断绝了引起结果的念头，就不具有给予刑罚处罚的充分的根据。而且责任清算也是多余的。这是因为行为人将未遂所蕴涵的责任通过自己任意的中止而再次加以偿还，即进行了‘清算’。此外，关于‘犯罪者的意思’，行为人在欠缺外部障碍，在决定性的瞬间没有选择实行犯罪，显示出行为人的意思‘已经不具有达到既遂的强度’。通过对合法性的复

① ［德］BGHSt. 9. 48. ff.

归，显示出犯罪能量的消退，据此，刑罚制裁是不必要的”。[①]（2）认为作为刑罚目的的特别预防是不必要的，即行为人即使不通过刑罚的改善，也具有自己回归合法性世界的能力，从而也就不存在将来实施犯罪的危险性，因此没有特殊预防的必要。例如，布洛伊认为不处罚中止是因为“未遂的行为人，没有借助他人，自己重返了对社会而言的正确形态，因而处罚就是不必要的”。[②]（3）认为作为刑罚目的的一般预防是不必要的，即中止者虽然曾经通过犯罪实行的着手表现出否定法的态度，但此后在犯罪完成前“亲自证明了对法的忠实”，或者“回归了合法性”，显示出对法的忠实的态度，维持了法的妥当性。因此没有必要通过对行为人科处刑罚来向一般人显示对他当初实施不法的否定。例如，施米德霍伊泽认为，特别·一般预防说以及特别预防说都是以李斯特主张的行为人刑法作为前提的，而我们并不采用这种刑法。他认为，“不处罚中止犯的实质的根据，通过正确理解刑罚的机能以及刑罚的伦理的正当性就可以明了。……在中止的场合，作为所实施行为这一整体的当罚性消灭了……根据法秩序固有的道德上的要求，法律对违反了法秩序的人因在行为过程中适宜地自我修正而设立特别的规定是合适的。这种场合表明中止者在行为经过中，恢复了具体行为的合法性。承认不处罚也不会损害刑罚的一般预防的目的……”[③]

不过，在德国对刑罚目的说也存在如下批判意见。乌尔真海姆认为，未遂所显示出的危险性，由中止而在事后变得微弱，这一论

---

① ［德］Roxin，über den Rücktritt vom unbeendeten Versuch，in：Festschrift für Heinite，1972，S. 270f.

② ［德］Bloy，Die dogmatische Bedeutung der Strafausschließung – und Strafaufhebungs gründe，1976，S. 160.

③ ［德］Schmidhäuser，Strafrecht，Allgemeiner Teil，2. Aufl.，1975，S. 623f，Rn. 69. 但他原本就只承认刑罚的一般预防效果。

理值得怀疑。因为危险判断应该是以事前观察为基础。[①] 特别是在某人任意地放弃其犯罪决意的场合，其决意从一开始就不是很强烈，并不存在让这种论理正当化的经验法则。[②] 舍尔（Scheurl）指出，在行为人中止的场合，从特别预防的观点认为没有必要给予中止行为人刑罚，这种主张是非常武断的预测。[③] 再者，如果贯彻该说的见解，那么只有在实施行为的意思十分强烈的情况下，才应当处罚。这是以强烈的意思存在作为未遂的可罚性要件。但是，只要实行着手就认为行为人具有强烈的意思，这一前提意味着对行为人在不法或责任方面进行不利的推定，这是不允许的。[④] 此外，如果认为只有犯罪者意思微弱才是中止犯不处罚的法的根据，那么为何旧刑法第 46 条要求已经防止了结果的发生。而为了防止结果的发生付出了真挚的努力，但是结果还是发生的情况，不能够不处罚，此说说明不了这样处理的理由。还有批判认为将中止视为行为人责任或危险性微弱的征表，是与心情刑法或行为者刑法相联系的。[⑤]

与德国一样，日本很早以前就有学者主张以刑罚预防目的的观点来说明中止犯的立法理由。例如，小野清一郎博士认为，“对中止犯之所以承认刑罚的减轻，如前节所述主要是政策的考虑，即在一般预防上，以使着手犯罪者为了得到刑罚的减免而避免犯罪达到

---

① ［德］Ulsenheimer, Grundfragen des Rücktritts vom Versuch in Theorie und Praxis, 1976, S. 80f.

② ［德］Ulsenheimer, Grundfragen des Rücktritts vom Versuch in Theorie und Praxis, 1976, S. 81.

③ ［德］Scheurl, Rücktritt vom und Tatbeteiligung mehrer ,1972, S. 23f.

④ ［德］Scheurl, Rücktritt vom und Tatbeteiligung mehrer ,1972, S. 24.

⑤ ［德］Munoz – Conde, Theoretische Begründung und systematische Stellung der Strafflosigkeit beim Rücktritt vom Versuch, ZStW, Bd. 84, 1972, S. 272.

既遂为目的，在特殊预防上，由于行为人恶性的减小而减轻其刑罚”。[①] 又如，木村龟二认为，“不处罚中止未遂的根据……求之于犯人危险性的消灭是最妥当的。这种理解是对我国刑法的正确解释。即我国刑法第43条将中止未遂规定为刑罚的免除或者减轻事由，因而在任意的中止使危险性完全消灭的场合应免除刑罚，而任意地中止使具体行为中的危险性部分消灭的场合减轻刑罚。总之，对中止未遂作特别处理的根据应当求之于犯人危险性的消灭”。[②] 再者，最近在前面介绍的德国学说的影响之下，也有学者开始提倡与此基本相同的见解。[③]

但是，笔者认为，小野博士主张的一般预防与德国学者的刑罚目的说所主张的一般预防说是不同的。小野博士的观点属于“黄金桥”理论中的一般预防说与特殊预防说的二元说，指的是通过承认刑罚的减免促使已经实行着手的人中止犯罪，由此来预防犯罪这种意义上的一般预防，并不是考虑通过刑罚的威吓来防止犯罪这种意义上的一般预防。并且德国学者的刑罚目的说是与小野博士所主张的“不能从一般预防或者特殊预防一方来理解刑法”的见解是决然不同的。

笔者认为，对于日本的这些学说，基本上可与前面德国学说做同样的批判，但由于日本与德国的情况不同，即并非是不处罚而是

---

① ［日］小野清一郎：《刑法总则草案与中止犯》，载《丰岛博士追悼论文及遗稿集》，严松堂1933年版，第288页（但他后来放弃了有关特别预防的观点）。

② ［日］木村龟二：《中止未遂的概念》，载《刑法的基本概念》，有斐阁1949年版，第277～278页。

③ ［日］城下裕二：《关于中止未遂中必要的减免》，载《北大法学》第36卷第4号，第224页；［日］齐藤诚二：《对中止未遂宽大处罚的根据》，载《刑法的争点》，有斐阁1977年版，第97页以下；［日］伊东研祐：《积极的特别预防与责任非难》，载《香川博士古稀祝贺论集》，成文堂1997年版，第275页。

刑罚的减免，因而在批判时也应体现这一不同。

在日本，是无法从特殊预防的观点来说明中止未遂的立法理由的，因为虽说是减轻，但只要科处了刑罚，就达到了某种程度的特殊预防的目的。在免除刑罚的场合，只要是有罪的判决，就有通过对被告人的有罪宣告，使其规范意识觉醒或增强，而能够期待若干的特殊预防的效果。而与此相对，德国对中止犯是不处罚的，只要中止就没有特别预防的必要，所以对中止者不实施上述措施。但笔者看来，中止者将来犯罪的危险性消灭或减少的观点本身就存在问题。

在日本，即使从一般预防的观点也无法说明中止未遂的立法理由，因为关于刑罚的减轻本身问题也不少。对于中止行为人而言，虽说一度采取了与法敌对的态度，但在既遂前肯定了法的妥当性，由于其法的敌对性程度较低，所以即使在刑法上作出对之有利的处置也不会否定其具有一般预防的效果。

综上所述，笔者认为，三种政策说都存在各自的缺陷。作为“黄金桥”理论，由于现实中不存在行为人因为知道中止的规定而停止犯罪的事例，所以被认为是一种“非现实的”理论。关于恩典·褒赏说，由于该理论没有论述给中止以褒赏要达到什么样的目的这一最关键的问题，因而被认为是没有“足够说服力”的理论。而刑罚目的说尽管并不能保证实施中止的行为人将来不会再犯罪，但还是对其不科处刑罚，基于这一点，因而被认为是“大胆的刑事政策”。笔者认为，尽管政策说被批评存在上述缺陷，但是不可否认政策说确实具有一定的合理性，不过不能将其作为说明中止犯立法理由的唯一依据。

二、法律说

法律说探讨的是基于某种政策根据而设立的中止犯的规定，从法理论的视点能否予以承认。具体而言在刑法理论上，要承认对某种行为或者某行为人的不处罚抑或减免处罚，原则上必须是存在与之相对应的可罚性的消灭、减少的情况。因此，要在刑法理论上肯定中止犯的规定，就必须证明中止行为影响了对行为以及行为人的可罚性的评价。

关于这一问题，德国是将其作为中止犯的体系的地位问题，即中止在刑法体系论上应属于哪一领域的问题加以讨论的（例如，如果认为中止对行为人的责任有影响，那么就属于责任领域的问题）。如果认为中止属于刑法体系的哪一领域的话，其立法理由就在于中止影响到了其所属的体系的那一领域的某种可罚性的要件。因此，从实质上看，德国与日本关于中止未遂减免规定的法理论根据问题的讨论内容是基本相同的。

笔者拟就德、日关于这一问题的主要学说作以下论述：

（一）消极的构成要件标志说

消极的构成要件标志说认为，未遂的可罚性并不是伴随着实行着手马上就产生，而是要考察着手后未遂变更的可能性，即中止的机会不再存在时才开始产生（在这个意义上，将中止理解为未遂构成要件的消极的标志），因此只要在这种机会丧失之前实施中止行为，那么就不会发生未遂的可罚性。该说的特色在于将其方法论的基点置于目的论的刑法观上。

将中止理解为未遂构成要件的消极的标志的思想，开始于1532年加罗林纳刑法典（CCC），此后被称为帝国刑法典范例的1851年普鲁士刑法典第31条以及现行法国刑法典第121－5条所继承，前者规定如下："未遂只有通过包括实行着手在内的行为表现于外部，并且因为与行为人意思相独立的外部的事项所妨碍或未发生结果时，才受处罚"。[①] 后者规定为，"已着手实行犯罪，仅仅由罪犯意志之外的情事而中止或未能得逞，即构成犯罪未遂"。[②]

---

① ［德］Scheurl, Rücktritt vom und Tatbeteiligung mehrer ,1972, S.16

② 罗结珍译：《法国刑法典》，中国人民公安大学出版社1995年版，第8页。

与上述立法相同，莱茵哈德·冯·海波尔（Reinhard von Hippel）认为中止是未遂的消极的标志。“中止必须在未遂概念的内部加以说明，且加以正当化”。[①] 他在拉德布鲁赫（Radbruch）将规范的体系论与目的论的体系论对置的基础之上，立于后者的立场，将刑法的目的视为法益保护，将实行的着手求之于法益的具体危殆化。他认为未遂中也可认为存在“既遂”，即在具体的法益的危殆化发生了的场合。这时行为已经完全从行为人手中解放出来。此时行为就形成“既遂”，该当未遂犯的构成要件。因而反过来说，即使实施了实行行为，但只要其行为还在行为人的掌握之中，还可以通过中止加以变更，那么就不能说发生了具体法益的危殆化，这种行为也不能被说成是未遂犯的“既遂”。因此，在这种场合，如果由于此后的中止消灭了行为对法益的侵害性，这种行为就不该当未遂犯的构成要件。在决定可罚的未遂成立与否时，必须考虑在作出评价之前所有发生的情况。

随后海波尔运用整体的观察方法来为自己的观点奠定理论基础。他以杀人未遂罪为例说明未遂构成要件的规范构造。

首先，刑法第211条（杀人罪）的规范内容是“任何人都不能杀人”。如果违反这一规范着手杀人罪的话，就发生该法第211条、第43条（未遂罪）、第46条第1项（未终了未遂的中止）的规范。其内容是“任何人基于杀意对他人的生命带来具体的危险时，应中止杀人行为”。如果仍然违反这一规范，使杀人行为终了的话，就产生同法第211条、第43条、第46条第2项（终了未遂的中止）的规范。其内容是“任何人在实施了杀人所必要的行为之后，应避免结果发生”。因此，按照海波尔的观点，未遂构成要件的构造不是禁止规范而是命令规范（在未终了未遂的场合是中止命令，在终了未遂的场合是结果回避命令）。

---

① ［德］Reinhard von Hippel, Untersuchungen über den Rücktritt vom Versuch, 1966.

受海波尔主张的影响，舍尔（Scheurl）也将中止理解为未遂的消极的构成要件标志。首先他认为，在刑法体系中“重要的是规定了刑罚的不法，它比违法范围更窄”，从而严格地区分了不法与违法。要承认规定这种刑罚的不法，即承认构成要件该当性，除了行为无价值外，还需要另一个重要的因素，即行为不为社会所容忍（显示出刑法的片断性——笔者注），即行为必须是当罚的，而要承认这一点，只能在行为人丧失中止的可能性之时，即“未遂只有在行为人已经不能再中止时才跨越当罚性的门槛”。①

他指出，“有一种见解认为与实行行为的着手同时自动地产生未遂的可罚性，其后由中止又再度消灭了这种可罚性。但这种见解无论以何种观点为基础都是不正确的准自然科学的见解”。“在中止的情况下之所以不处罚，理由在于行为人明确地用实际的行为远离了其先前的所为，从而不再侵害法的平稳。只有在行为离开了行为人的控制时，才产生对法的平稳的侵害。而且，‘法的平稳’这一视点，也是将行为无价值与结果无价值在传统的意义上统合于构成要件之内的唯一的视点。因此，中止（作为消极的标志）能组合在这种构成要件之中”。②

笔者认为，以上两说的共同点在于：主张未遂的可罚性不是始于实行行为的着手，而是在行为离开行为人的控制，失去变更的可能性之时。因为只有在这种情况下，才产生值得处罚的“具体的法益的危殆化”（海波尔）、“对法的平稳的侵害”（舍尔）。在实施中止的场合，因为欠缺上述要件，从而否定了未遂的构成要件该当性。因此，中止就成为未遂的消极标志。

但是，有学者对该学说提出了批判，认为如果将中止视为未遂的消极的标志的话，在正犯实施中止时，由于他的行为并不该当构成要件，对于共犯的从属性即使采用最小限度的从属形式，共犯也

---

① ［德］Scheurl, Rücktritt vom und Tatbeteiligung mehrer ,1972, S . 18f.

② ［德］Scheurl, Rücktritt vom und Tatbeteiligung mehrer ,1972, S . 35.

不被处罚。这与正犯的中止不及于共犯的现行《德国刑法典》第24条第2款的规定相抵触。

不可否认，海波尔承认正犯的中止及于共犯，但他认为上述批判并不应针对他的中止犯论，而应针对共犯的从属性理论。但与他持同一立场的舍尔则认为从中止规定（旧第46条、新第24条）与共犯规定（旧第48、49条、新第26～27条）可以推导出中止的一身专属性的结论。因此，共犯的从属性的要求与中止的一身专属性的要求并不矛盾。他认为，应当更广泛地理解构成要件这一概念，即应从“破坏法的平稳性”方面加以理解。“不法概念中的一部分标志性内容，才是共犯处罚的必须的前提。”具体而言，“对于共犯处罚问题起决定性作用的仅仅是正犯开始了实行的着手，而不包括未遂没能既遂的理由”。但是，舍尔认为，共犯的既遂由行为无价值与结果无价值所决定。行为无价值是指存在共犯的犯罪诱发行为，结果无价值是指正犯达到既遂，这两方面的无价值是互相补充的关系。在正犯中止的场合，也并不是所有的不法都消灭了，而是还残留有若干的不法，这种残存的不法（结果无价值）与行为无价值一起使共犯的处罚成为可能。概括而言，在正犯中止的情况下处罚共犯与从属性原则并不矛盾。笔者认为，舍尔的理论是否正确另当别论，但至少说明了即使将中止视为未遂的消极的标志，正犯的中止也并非必然及于共犯。

（二）违法性阻却·消灭·减少说

1. 德国的违法性阻却·消灭说

在德国很少有学者主张中止影响未遂违法性的学说。下面仅从少数说中列举具有代表性的观点加以论述。

首先，宾丁认为在犯罪之中存在“附条件的犯罪”。它又可以分为两种类型，一种是附停止条件的犯罪，另一种是附解除条件的犯罪。前者是指“其可罚性依存于犯罪行为之外的，由将来可能发生的不确定的事实所左右的违法的行为”。[1] 后者是指“由可罚的行为奠定基础的国家与犯罪者刑法上的关系，由于某种情况而在事后予以消灭”。[2] 宾丁认为中止是与未遂的违法性有关的解除条件。他指出，“将人的行为分隔开来加以考察的方法在法律上是难以被接受的。行为人的行态，与发生或未发生法律上的重要结果相关联，具有单一性。法律禁止给予上述结果原因的行为，本人对于着手实施该原因的行为时就已经是犯罪的实行并无疑义。然而，本人认为如果所给予的条件是无力的话，也可能不发生结果。如果将行态作整体考察的话——而且必须如此——那么就欠缺对有害的结果给予原因这一性质。违法的部分由于只是片断，就应该从健全的整体中加以排除。作为整体的行态已经不再是违法的了。因此，本人认为只要使给予的条件再度无力化，那么任何部分的犯罪——未遂都不再残留。”[3] 笔者认为，宾丁的观点概括而言，即行为人中止行为之前的实行行为已经为法所禁止的结果设定了原因，但是行为人可以弱化这一原因，在原因被弱化的情况下整个行为就丧失了违法性，也就不再存在未遂犯了。

针对这一见解，有批判者认为，如果通过否定引起结果的条件来说明中止未遂的不可罚的根据，那么非任意的中止也属于这一否定条件，因而该说无法说明为何需要任意性这一要件。对此，宾丁作了说明，即在缺少任意性的场合，由于中止行为不是出于本人的意思，所以就不能将行为的效果，即不能将否定引起结果的条件归功于他。因此，《德国刑法典》第46条第2款（终了未遂的中止）

---

① ［德］Binding, Das bedingte Verbrechen, in : Strafrechtliche und strafprozessuale Abhandlungen, 1951, S. 98.

② ［德］Binding, Das bedingte Verbrechen, in : Strafrechtliche und strafprozessuale Abhandlungen, 1951, S. 124.

③ ［德］Binding, Das bedingte Verbrechen, in : Strafrechtliche und strafprozessuale Abhandlungen, 1951, S. 125.

要求中止具有任意性。此后，宾丁还立足于规范论，提出了关于中止犯不可罚的新的构想：即由中止行为而满足了其法义务。他指出“规范命令人的行为不能成为破坏人类生活的原因”，“不处罚任意的中止，就是因为其履行了这样的法义务。……即中止犯的不处罚，并不是贤明（Kugheit）的要求，而植根于行为缺少违法性”。[1]

综上可知，宾丁理论的特色在于将中止对未遂的违法性影响的根据主要求之于客观的中止行为。

另外，黑格勒（Hegler）利用其主观的不法要素的理论来说明中止使未遂的违法性消灭的理由。他指出，“根据我的个人看法，不处罚中止犯，不是基于所谓刑事政策的根据，而是有如下的理由，即在实施犯罪的决意奏效之前，产生了反对决意，由这种反对决意，使整体行为失去了违法性的主观条件，即失去了反社会性的主观条件的性质”。[2] 他还认为“由于这种学说是从行为者的主观方面来为中止的违法性的消灭奠定基础，所以看起来像是立足于主观的未遂论，但实际并非如此”。[3] 由于他认为犯意的放弃之所以会使违法性消灭，是因为这种放弃会使对法益侵害的危险性消失，所以主观方面始终只不过是在与法益侵害的上述关系上间接地影响违法性。

对于违法阻却·消灭说的批判主要集中在两个方面。一是该理论会导致正当防卫理论出现不合理。批判者指出，由于正当防卫只能针对违法的行为，如果中止使未遂的违法性消失的话，那么受到中止的行为人攻击的人，以及援助被害人的第三人都不能进行正当

---

① ［德］Binding Die Normen und ihre Übertretung, Bd. I. 1916, S. 117, Anm. 8.

② ［德］Hegler, Subjektive Rechtswidrigkeitsmomente im Rahmen des allgemeinen Verbrechensbegriffs, in: Festgabe für Frank, Bd. 1. 1930, S. 329, Anm. 2.

③ ［德］Hegler, Die Merkmale der Verbrechens, ZStW, Bd. 27, 1915, S. 19ff.

防卫或者紧急救助，这显然不合适。二是该理论会形成与共犯论的矛盾。批判者认为，如果正犯由于中止而丧失违法性的话，那么只要不采取最小限度的从属形式，就不能处罚共犯，这也是不正确的。

2. 日本的违法性减少说

与德国不同，日本主张将中止未遂理解为违法性的问题的学者非常多。例如，很早就主张违法性减少说的平野龙一博士指出，“如果认为中止犯的要件以悔悟为必要的话就另当别论。在并不作这种规定的日本刑法中解释为责任减少是困难的。在这一点上可以采用违法消灭说。而且据此也能说明为什么不仅是免除刑罚，而且还承认刑罚的减轻。这是因为违法性是具有程度性的概念。然而，如果违法性消灭的话，犯罪本身就不成立了。日本刑法承认犯罪的成立而仅是进行刑罚的减轻免除。……所以在日本法下不能承认违法性的消灭。因此，本人认为只能基于违法性的减少与政策的理由来进行二元的说明”。[①]

此外，平场安治也从主观的违法要素出发研究中止犯减免刑罚的根据。他指出，“对中止犯减免刑的理由，应求之于违法性的减少消灭。亦即由于着手实行后而产生行为危险，在尚未客观化之前，而已经中止时，应根据求之于消灭主观违法要素之计划危险性的丧失，而于再度将危险状态客观化时，则应求之于消灭该危险状态之现实危险性的丧失。”[②] 西原春夫认为，“实害尚未发生，加上撤回反规范意思而采合规范意思的中止行为表现于外界者，即有违法之减少。”[③] 福田平也认为，“所谓‘因己意’而中止的主观要

---

① ［日］平野龙一：《中止犯》，载《刑事法研究》（第2卷），有斐阁1981年版，第144页。

② ［日］平场安治：《刑法总论讲义》，有信堂1952年版，第141页。

③ ［日］西原春夫：《刑法总论》，成文堂1977年版，第287页。

素，由于影响违法性的评价，故或许违法性减少说是妥当。”①

最近，野村稔教授以其独特的见解，对中止影响未遂的违法性的理由作了如下说明。他认为刑法规范以法益保护为任务，这种刑法规范规定了：（1）犯罪避止义务；（2）犯罪中止义务；（3）结果发生防止义务。中止在着手未遂的场合履行了犯罪中止义务、在实行中止的场合履行了结果发生防止义务，因而各自都欠缺义务违反性，与没有尽上述义务的障碍未遂相比违法性减轻。② 但笔者认为，按照野村教授的观点，如果行为人履行了义务，那么就不应当是违法性减轻而应当是消灭的问题。

与德国的情况相同，日本也有不少学者对违法性减少说提出了如下批判：

其一，违法性减少说是以承认主观的违法要素为前提的，但承认主观的违法要素本身就存在问题。如前田雅英认为，“采用以法益侵害来说明违法性的立场。作为前提，应立足于‘思想与内心的恶性不应成为处罚对象’的价值判断。如果是这样的话，内心的问题就不应作为违法评价的对象。而且，因为行为人的主观并不能导致客观的法益侵害性，那么就应将主观面排除在违法性的判断对象之外。”③ 他还针对平野龙一以及大谷实的违法性减少说指出，“不用考虑‘中止的基于自己意思’这种主观内容对已经产生的客观危险性发生影响，而进一步承认与客观的危险性没有关系的主观的违法要素，就更加不妥当。”④ 很显然，前田对主观的违法要素是持否定的态度，因而他反对违法性减少说。中山研一也指出，对

① ［日］福田平：《刑法总论》，有斐阁1984年版，第215页。

② ［日］野村稔：《未遂犯研究》，成文堂1984年版，第452页。

③ ［日］前田雅英：《刑法总论讲义》，东京大学出版会1998年版，第64页。

④ ［日］前田雅英：《刑法总论讲义》，东京大学出版会1998年版，第165页。

违法性起决定作用的是外部行为的形态，行为人的意志如何并不能导致外部行为的违法性的变化，故主张“基于自己的意志”这一主观内容是违法性减少的观点并不可取。[①]

其二，结果无价值论的违法性减少说将中止犯的本质特征求之于由于自己的意思消灭了结果发生的危险而使违法性减少。曾根威彦认为这一结论并不成立，因为外部的障碍也能同样地使客观的危险消灭。不过，町田行男博士反驳道：“的确，从结果发生的危险消灭这一观点来看，中止未遂与障碍未遂是完全一样的。但是，如果着眼于其过程的话，两者则有明显的差异。举例而言，T基于杀意让O饮用毒药。(1) 此后T基于自己的意思（任意地）让O服用解毒药而避免了O的死亡；(2) 与T无关，O自己服用了解毒剂而去除了对他生命的危险。比较这两种情况，虽然在消灭结果发生的危险这一点上是同一的，但其过程则有明显的差异。这就是O死亡危险的消灭，在第一种情况下是由T的中止行为即遵守法律的行为而引起的，与此相对，在第二种情况下则并非如此。因此，从危险消灭原因的观点出发，也能够区分中止未遂与障碍未遂。”[②]

其三，是前述与共犯相关的批判。香川达夫指出，如果承认违法性减少说，只要采取通说的限制的共犯从属性说，就必须承认正犯的中止行为可及于所有的共犯人，但这明显地违反了中止犯的“一身专属的效果”，也就是说，既然承认“违法起连带作用，责任分别起作用”，以结果不发生为由对全体共犯人均承认其违法性的减少，这显然不妥当。[③] 但是，日本也有学者认为，并不会因为

① ［日］中山研一：《刑法总论》，成文堂1982年版，第432～433页；转引自张明楷著：《未遂犯论》，法律出版社、成文堂联合出版1996年版，第334页。

② ［日］町田行男：《中止未遂的理论》，现代人文社2005年版，第64～65页。

③ ［日］香川达夫：《中止未遂的法的性格》，有斐阁1963年版，第72～79页。

承认违法性减少说就会违反中止犯的“一身专属的效果”。例如，町田行男博士指出，如果在共犯的处罚根据问题上采用可罚性借用说的话，就必须承认上述批判的正确性。因为如果共犯本身并不可罚，其可罚性是从正犯处借用来的话，那么由于中止使正犯的违法性减少时，当然也应承认共犯违法性的减少。但是，现代刑法中根据个人责任的原则，已经不能采用这种共犯论。之所以处罚共犯，是因为其自身行为的可罚性。因此，即使中止使正犯的违法性减少，但只要不会因此使共犯独自的违法性减少，那么中止的效果就不及于共犯。他还认为采用违法性说在正犯中止时就不能处罚共犯的批判，是针对在共犯的处罚根据问题上采用可罚性借用说的观点，是否定个人责任的原则的。① 大谷实也指出，“的确，违法性之中，对于法益侵害，应当说具有联动的性质，但是，违法性是以法益侵害的结果为前提的行为无价值的评价，而不可能是行为自身的联动，因此，对于共犯人也不可能具有联动。另外，中止未遂只是在‘根据自己的意思中止犯罪’的场合成立，其效果不可能及于不是根据自己的意思而停止下来的其他共犯人，因此上述批判完全不当。”② 川端博则认为，故意是主观的违法要素，不能离开行为人的主观内容对违法进行评价，在共同犯罪中，就中止行为人而言，承认违法性减少，是因为他放弃了作为主观违法要素的故意；就其他共犯人而言，不承认违法性减少，是由于他没有放弃作为主观违法要素的故意。因此，违法要素也可能个别地起作用，而不是必然地起连带作用。③

---

① ［日］町田行男：《中止未遂的理论》，现代人文社 2005 年版，第 61 ~ 62 页。

② ［日］大谷实著：《刑法总论》，黎宏译，法律出版社 2003 年版，第 290 页注释 13。

③ 张明楷著：《未遂犯论》，法律出版社、成文堂联合出版 1996 年版，第 334 页。

（三）责任阻却·消灭·减少说

1. 德国的责任阻却·消灭说

与前述的违法性阻却·消灭说不同，德国学者中主张中止影响未遂的有责性的学者不少。责任阻却说最早是第一次世界大战前由扎亚、克姆基斯提出，克姆基斯立足于当时兴起的规范论，认为中止犯不值得责任非难，从而为责任阻却说奠定了基础。第二次世界大战以后，伯克曼（Bockelmann）、海尼茨（Heinitz）、施特雷（Stree）等提倡此说。近来，施罗德（Schröder）、威尔泽尔、罗克辛、鲁道菲（Rudolphi）、乌尔真海姆等也支持此说。尽管都是责任阻却说，但是其内容却并不相同。这里仅介绍有代表性的心理责任论、规范责任论与答责性论三种学说。

（1）有关心理责任论的学说。德国学者察哈里埃在距今一个半世纪以前就从心理责任论的立场出发，认为中止使未遂的有责性消灭。他指出，"作为未遂的可罚性必须具备两个要件，一是与法律相抵触的外部行动，二是违反刑罚法规的恶的意思。因此，未遂的刑罚是以上述两个本质的要件统合下的一个行为为条件的。以此为前提，如果上述两个要件中任何一个被回溯废弃或否定，那么可罚性就必然消失。外部的行动不能被回溯，而与外部的行动不同，意思可以被回溯废弃。人的意思即行为人行动的目的一旦达成，那么意思与由这种意思所产生的外部的行动或结果，就成为一体，统合为一个行为。这时就不存在意思的废弃问题。与此相对，如果行为人在中途停止，并变更或放弃其意思，在这种情况下，既存的意思可以因被回溯而失去意义"。① 也就是说，要承认未遂的可罚性需要违法的外部行为与恶的意思，如果因中止而变更、放弃恶的意思时，这种恶的意思就被回溯，就会因欠缺后一可罚性要件而对未遂变得不处罚。

---

① ［德］Zachariae, Lehre vom Versuch der Verbrechen, 1836 - 1839, S. 240.（1997 年复刻版）

但是，这种学说却有决定性的错误，即认为与外部的行动不同，意思可以被回溯废弃。对此，小野博士批判说，“从经验上来分析犯罪事实的话，犯意是一种心理的事实。只要着手犯罪，这种心理的、物理的事实就永远是一个事实。认为它可以废弃只不过是一种拟制而已”。[①] 也就是说只要意思也是一种事实，就不可能回溯废弃。

（2）有关规范责任论的学说。威尔泽尔在近期通过肯定规范责任论来提倡责任说。他认为对中止犯不处罚的根据在于“中止显示出中止者的责任的微小性”。[②] 但是这种见解与他在任意性判断问题上采用弗兰克公式相矛盾。此后，他的学生乌尔真海姆对该责任说进行了详细的理论展开。乌尔真海姆也认为任意的中止属于“责任免除事由”。他认为责任免除事由与责任阻却事由虽然在不处罚行为人这一点上具有同样的法律效果，但应严格区别责任阻却事由与免责事由。前者是欠缺非难可能性的要素（责任能力与违法性意识），后者则是承认责任的存在，但因其程度很低而不能对行为人进行非难（例如，《德国刑法典》第35条作为免责事由的紧急避险）。而中止犯的情况，严格地说，不是责任的“免除”而是责任的“减少”问题。于是，乌尔真海姆将中止犯责任减轻的根据概括为以下三点：

一是由于结果不发生而减轻责任。他认为在未遂的场合，由于缺少结果无价值而与既遂犯相比责任减轻。即使结果的发生在客观上是不可能的，但只要行为人不知道这一点并为避免结果的发生作出了真挚的努力，也可以减轻责任。即使在结果已经发生的场合：a. 结果的发生是基于因果经过的本质的脱离；b. 行为者由于自己的行为，诸如得到被害人的同意而避免违法的场合；c. 在结果加

---

① ［日］小野清一郎：《刑法总则草案与中止犯》，载《关于刑罚的本质及其他》，有斐阁1955年版，第278页。

② ［德］Welzel, Das Deutsche Strafrecht, 11. Aufl., 1969, S. 196.

重犯中，基本犯（强盗）未遂，但加重结果（致死）发生的场合。在这些情况下，由于这些特殊的犯罪类型在法技术上没有达到既遂，因而可以承认中止成立的可能性。但这些情况是上述原则的例外。

二是由于行为无价值的减少而减轻责任。他认为中止行为是基于恢复自己以前所侵害的法益的意思而实施的，行为人在主观上放弃了应予否定的目标而追求值得肯定的目标。由此，规范地考察行为人的整体行为，显示出行为无价值的减少，这也间接地影响到非难可能性的程度，从而减轻了责任的内容。

三是由于心理意思的变化，即放弃对抗法律的心态而减轻责任。他认为由于中止行为是基于“任意性”的，因此否定了作为违法行为现实化的应为法律所否定的心理意思，相反通过其行为证明了对法规的尊重，由此使心理意思发生了变化。这是独自的责任减轻事由。①

笔者将乌尔真海姆的观点概括为：任意的中止的责任减轻是因为结果无价值、行为无价值的减少以及行为人心理的意思回归合法性的转换这两个方面的因素，使残留的责任已经降到了“可以容许”的程度。但是，这种虽然很少但仍存在的责任为何能够形成“不可罚”的法律效果，乌尔真海姆认为这是由立法者的“相对的自由裁量”决定的。

对于乌尔真海姆的上述学说，存在以下批判：①在没有发生结果无价值这一点上，中止未遂与障碍未遂是一样的，因而不成为中止未遂的单独的责任减轻事由。②对于由于中止者法益恢复的意思而使行为无价值减低，从而使责任减少的观点，除了传统的批判，即违法性的判断应当在先行的未遂阶段进行，而在该阶段行为无价值不会因中止而减少。此外，还可能批判的是将行为无价值作为违

① ［德］Ulsenheimer, Grundfragen des Rücktritts vom Versuch in Theorie und Praxis, 1976, S. 94 ff.

法判断的重要因素。③关于心理意思的变化这一论点，被批判为是道义的、伦理的责任概念。④该观点被批评为仅立足于方法论的、传统的解释学的立场，缺乏对刑事政策的考虑。[①]

（3）有关答责性论的学说。与上述从传统的责任概念加以说明的做法不同，罗克辛从最近在德国变得有力的答责性理论的立场来论述中止犯的问题。他根据刑罚目的说，认为任意的中止可以是责任论的问题。所谓中止者的答责性，是指在具有处罚必要时所承认的责任。罗克辛认为要采取责任阻却事由说，必须以两个需要为前提：第一，未遂行为与此后的中止，各自并非孤立的现象，而必须成为统一的评价对象，即法官在判断任意的中止时，所决定的并非是否阻却刑罚的问题，而是是否应当科处刑罚的问题。第二，责任这种犯罪要件，不应当从其他行为的可能性这一视点来观察，而必须从刑罚目的论加以解释。尽管任意中止的行为人，从一开始也可以不实施行为，因此也可以认为有适法地实施其他行为的可能性。但是，根据刑罚目的论，只要不具有科处刑罚的理由时，刑法上的"答责性"就消失了。[②] 概言之，一般预防、特殊预防的必要性是答责性概念的核心，罗克辛的学说实际上就是刑罚目的说与答责性阻却事由说的调和。根据罗克辛的观点，在中止犯的场合，从犯罪预防的观点出发对行为人没有处罚的必要。

针对罗克辛的学说，穆尼奥斯－孔德（Munoz－Conde）提出了如下批评："的确，中止是固有刑事政策上的问题。然而，这一点并不足以成为将中止放在责任的层面上加以论述的理由。不错，责任在刑事政策上是由刑罚论所形成的。然而，并不是说与刑罚论有关的一切问题都是归属于责任的。"[③] 因此，不应当从某种行为

---

① ［日］山中敬一：《中止未遂的研究》，成文堂2001年版，第16～17页。

② ［日］山中敬一：《中止未遂的研究》，成文堂2001年版，第14页。

③ ［德］Munoz－Conde，Theoretische Begründung und systematische Stellung der Strafflosigkeit beim Rücktritt vom Versuch，ZStW，Bd. 84，1972，S. 774.

是否值得科处刑罚的视点来划定不法与责任。

笔者认为上述批评并不必然正确。不可否认，责任与不法都和刑罚论有关，但这是两种不同的关系。从刑罚论的观点来观察两者的话，不法是考察某种行为是否具有必须通过刑罚来加以禁止的社会危害性的问题。而责任则是根据一般预防、特殊预防的视点，考察行为人是否有科处刑罚之必要的问题。但对于反对刑罚目的说的学者而言，罗克辛的学说的真正缺陷在于作为理论前提的刑罚目的说本身的缺陷。

2. 日本的责任减少、消灭说

在日本，认为中止未遂是违法性问题的学说曾经是通说，但现在则是责任说与违法性说的对立。例如，香川达夫教授就是从规范责任的立场对责任减少说进行了说明。他指出，法律规范的机能之一是使一般人作出不实施犯罪的意思决定，此即意思决定规范；责任非难的根据应在意思决定规范中寻找，即因为违反了法规范的要求、作出了违反命令或禁止而实施犯罪的意思决定（法的义务违反），才给予责任非难。但是，“当为”是以“可能为”为前提的，当出现了不得不违反法的义务这种不得已的事实即缺乏期待可能性时，就阻却责任。因为不得已的客观事实而阻却责任，不是由于事实本身的存在，而是由于其结果（虽然是消极的）符合法的义务，至少不违反法的义务。意思决定规范的本质机能，是要求行为人采取符合法的义务的态度。因此，即使一度作出了违反法的义务的犯罪意思决定，不能避免责任非难，但行为人恢复已经被破坏了的法的义务的意欲，作为规范意思的具体化就符合法的义务的要求，应承认责任的消灭。张明楷教授将香川达夫的观点概括为：行为人前面的犯罪意思决定与后面的中止意思决定，是两种独立的心理要素，但从整体上看，行为人意欲的内容发生了变化，即违反法的义务的意欲变化为符合法的义务的意欲，因此，对其的评价也必须发生变化，即责任由存在变为消灭。①

对于责任减少说的缺陷，有学者指出，中止所表示出的心情变化以及对自己行为价值的否定意思而导致责任减少（消灭），这一观点是以道义责任论、赎罪刑法为基础，不能采用。另一些见解认为中止所显示出的符合法义务的意思致使责任减少，但如果将这种意思理解为“规范的意识的具体化”，那么就与心情变化说相接近，如果认为仅在心理的意义上能够判断基于“自己的意思”停止就足够的话，那么也不足以充分说明“刑的免除”这种法律效果产生的原因。②

山中敬一教授认为违法性减少说不能合理地说明中止减免的根据。他提出了可罚的责任减少说，即只有定位于可罚的责任的要件之内，才有可能找到具有说服力的根据。他指出，行为人通过任意的中止显示出实行犯罪的意思力的减退或者丧失，重新回归法秩序的范围之内，由此在范畴论的意义上的责任也减少了。然而，对任意地复归法秩序范围内的行为人科处与其责任相适应的刑罚是否符合刑事政策的目的，或者说从刑法的谦抑性的观点看是否有必要使用刑罚这种重大的手段，就必须进行目的论的考察。这种考察应当在可罚的责任这一范畴内进行。也就是说，由于任意的中止导致值得处罚的或者说刑法上重要的责任极度地减少。概言之，中止未遂可以定位为可罚的责任减少事由。之所以中止未遂的减免根据在于可罚的责任的减少，这是由于为了防止结果发生的事后行为（中止行为），使违反禁止规范的可罚的责任比障碍未遂减少。尽管行为的不法一旦表现于外部，就不可能根据事后行为而变更。但是，可罚的责任由于事后行为（中止行为）防止了结果的发生，或者

① ［日］香川达夫：《中止未遂的法的性格》，有斐阁1963年版，第97～98页。转引自张明楷著：《未遂犯论》，法律出版社、成文堂联合出版1996年版，第339页。

② ［日］山中敬一：《中止未遂的研究》，成文堂2001年版，第24页。

由于防止的努力可视为防止的原因的场合，[①] 考虑到这种事后行为，就应当减少可罚的责任。因为妨碍了法益侵害结果发生的人，不仅减少了未遂的责任，而且对于事后显示出遵守规范态度的人，从处罚的必要性上看也应减少。山中敬一进一步认为，对于中止未遂的责任，应该对引起具体的危险结果的实行行为责任和与之相并列的结果回避的事后行为的责任进行糅合与清算。事后行为所导致的责任清算，当然必须具有结果回避的意思，即中止行为需以中止意思为必要。只有具有中止意思，而且是基于自己的意思而实施的行为，才具有责任清算的意义。但并不需要一定具有后悔、悔悟、反省，只要表示出回归法秩序的意思就足够了。[②]

（四）当罚性·可罚性阻却说

当罚性·可罚性阻却说与前面所讨论的各种学说不同，它是在犯罪论体系之外定位中止犯的位置，认为中止并不影响未遂的一般的犯罪成立要件，即对构成要件该当性、违法性、有责性没有影响，而是因为影响当罚性或可罚性，因而不处罚。[③]

提倡当罚性阻却说的是朗－欣里希森（Lang－Hinrichsen）。他以整体的观察方法为基础，将未遂与中止视为一个事态，立法者认为中止犯欠缺当罚性或要罚性（Strafbeduftigkeit），因此不处罚。所以，“解决问题……不是在构成要件的层面……不是在违法性的

① 山中敬一教授认为，在结果防止行为由于不具有现实的因果力而没有奏效的场合，只要这种结果防止行为在通常情况下能够防止结果发生，仅仅是由于偶然的事情而导致未能奏效时，就不能做对中止者不利的处理。因此，如果结果没有发生，但行为人为防止结果发生付出了真挚的努力，那么就应当将其行为视为导致了结果的不发生。［日］山中敬一：《中止未遂的研究》，成文堂2001年版，第72页。

② ［日］山中敬一：《中止未遂的研究》，成文堂2001年版，第67～72页。

③ ［德］Lang－Hinrichsen, Bemerkungen zum Begriff der “Tat” im Strafrecht in：Festschrift für Enfisch, 1969, S. 372ff.

层面……不是在责任的层面……也不是在（曾经发生又被消灭的）刑罚请求权的层面，而必须求之于考察整体意义上的‘行为’的当罚性的层面”。①

主张可罚性阻却说的德国学者穆尼奥斯－孔德也作了如下论述：“根据我的观点，中止犯与犯罪条件，即构成要件该当性、违法性、有责性没有关系。然而，这并不是意味着中止是在未遂的概念之外的例外地存在，也不是消灭已经发生的当罚性。必须将中止视为未遂的当罚性的标志”。

“‘行为’的当罚性，是以‘行为’的要罚性为前提。如果在中止的场合处罚是不必要的话，那么也没有当罚性。某种行为当罚性的确定，必须对该行为存在犯罪的全部标志进行判断。作为当罚性基础的必要的要因，必须存在不法与责任。但有时，在判断当罚性时还要求不法与责任以外的补充性标志。作为‘行为’当罚性的基础，所需要的一切标志，无法完全包括在不法与责任之中。这种补充性标记具有刑事政策的机能，从合目的性的观点出发成为当罚性的基础，可以称为‘可罚性’的标记。”中止正因为阻却这种可罚性，所以称为可罚性阻却事由。②

笔者认为，尽管上述可罚性阻却说的内容不尽相同，但也不乏共通之处，即都认为中止不影响未遂的违法性与责任，在判断当罚性时还应承认其他的犯罪标志，不存在这些标志就是不处罚中止犯的根据。

但是，有学者对可罚性阻却说提出了批评：（1）日本的町田行男博士认为，将中止犯定位于犯罪论体系之外加以研究，并认为中止不影响未遂的一般的犯罪成立要件，即对构成要件该当性、违

① ［德］Lang－Hinrichsen, Bemerkungen zum Begriff der “Tat” im Strafrecht in：Festschrift für Enfisch, 1969, S. 374.

② ［德］Munoz－Conde, Theoretische Begründung und systematische Stellung der Strafflosigkeit beim Rücktritt vom Versuch, ZStW, Bd. 84, 1972, S. 777f.

法性、有责性没有影响。在这一点上是难以被接受的。[1]（2）德国学者乌尔真海姆与朗－欣里希森指出，“当罚性的概念过于暧昧”。如果不处罚中止犯是由于不法、责任之外的作为某种犯罪标志的“当罚性”或“可罚性”的欠缺的话，那么就应该阐明“当罚性”或“可罚性”具体的内容，但事实却正相反。[2]（3）德国学者 Munoz－Conde 认为“可罚性”的有无，要根据当罚性的观点来决定，但仅当罚性的观点也不能说明可罚性的具体内容。他指出，关于“可罚性”的标志，它作为犯罪成立要件“并不是必须存在的，只是在为当罚性奠定基础时，或为了阻却当罚性时，立法者才从‘合目的性’的需要要求它存在。也就是说这里还存在为可罚性奠定基础的要因（所谓的客观的处罚条件）或阻却可罚性的要因（所谓的刑罚阻却·消灭事由）。”[3] 由此可见，作为犯罪成立要件而要求“可罚性”的，并不是所有的犯罪，而只是包括未遂在内的一部分犯罪。然而，对于未遂犯，为什么在不法与责任之外还需要可罚性的要件，仅仅以“合目的性”作为根据来说明，是非常暧昧不清的。

总之，可罚性阻却说对于未遂犯为何需要“可罚性”，并没有说明理由。由于“当罚性”、“可罚性”概念的内容以及存在理由并不明确，因此以这种概念来说明中止犯不处罚的根据，是值得怀疑的。

（五）刑罚阻却·消灭说

刑罚阻却·消灭说认为中止与犯罪成立要件的要素无关，而是

---

① ［日］町田行男：《中止未遂的理论》，现代人文社2005年版，第78页。

② ［德］Ulsenheimer, Grundfragen des Rücktritts vom Versuch in Theorie und Praxis, 1976, S. 122.

③ ［德］Munoz – Conde, Theoretische Begründung und systematische Stellung der Strafflosigkeit beim Rücktritt vom Versuch, ZStW, Bd. 84, 1972, S. 778.

刑罚阻却、消灭事由。[1] 这种观点与不处罚中止犯的政策说的“黄金桥”理论相结合，自李斯特主张以来，尽管就其合理性，早在20世纪20年代就有过激烈的争论，并且持续到现在，但迄今为止刑罚阻却·消灭说仍占据通说的地位。

日本有学者认为，该理论的提出基于两个理由：其一是刑法理论上的；其二是刑事政策上的。

刑法理论上的理由是：如果将中止未遂在违法性、责任的层面处理的话，就必须证明中止能够在事后阻却、减少这些因素，但这是困难的。因为前期的法律说曾经做过这方面的尝试，但没有成功。而如果将中止未遂作为刑罚阻却·消灭事由处理的话，则不需要上述证明。

刑事政策上的理由在于，如果中止能够阻却违法性或者责任的话，那么在正犯中止的场合，就不能处罚共犯，这欠缺妥当性。[2] 李斯特认为刑罚消灭事由是使已经发生的刑罚消灭，并不改变未遂行为的犯罪性，因而正犯的中止不会使其他共犯不受处罚。[3] 也正因为如此，在今天的德国认为中止犯属于违法性的问题的学说仍然很少。但是，刑罚阻却·消灭说也受到了一些学者批判。

首先，拉德布鲁赫认为，该学说所使用的刑罚阻却事由概念本身就存在争议。“犯罪标志都是从刑罚的目的中引申出来的，犯罪概念也是由刑罚目的加以构成的。”[4] 因此，承认可罚性的条件或一身的刑罚阻却事由这些概念，只能是可罚性或当罚性，即在与行为或行为人的犯罪性无关的因素所决定的场合（如治外法权）。而

---

① ［德］A. Merkel, Die Leher von Verbrechen und Strafe, 1912, S. 156.

② 因为在当时极端从属性说是通说。

③ ［德］v. Liszt/Schmidt, Lehrbuch des deutschen Strafrechts, 26. Aufl., 1932, S. 318.

④ ［德］Radbruch, Zur Systematik der Verbrechenslehre, in: Festgabe für Frank, Bd. 1, 1930, S. 163.

除此以外的其他场合都应当作为犯罪的标志处理。[①]

另外，罗克辛在拉德布鲁赫的基础上，对将中止视为刑法阻却·消灭事由的学说做了如下批判："法官在中止的场合必须决定应否科处刑罚。然而，是否有必要对已经中止的行为人的行为加以制裁，是本来的刑法上的问题。因此这一问题必须在责任的领域内加以解决。与此相对，客观的处罚条件以及一身的刑罚阻却·消灭事由这些概念的内容，不是出于刑事政策的考虑，而是与之无关的一般的法政策的考虑。"[②] 简而言之，中止犯的规定如果是从刑事政策的考虑加以设定的话，那么就应当在刑法的领域内加以论述，而不应当用属于一般法政策概念的刑罚阻却·消灭事由加以说明。

笔者认为，上述法律说都存在各自的问题，之所以如此，是因为作为这些理论的前提问题没有解决。关于消极的构成要件标志说，其理论的核心在于，行为人只有在失去中止的可能性时才产生具体法益的危殆化，而这本身就值得怀疑。当罚性·可罚性说的当罚性、可罚性概念比较暧昧。刑罚阻却·消灭说放弃了对中止不处罚或减免问题的法理论的说明，是不正确的。违法说与责任说尽管支持的学者较多，但是学说内部就存在不同的观点且分歧较大。可以说到目前为止，没有哪一种学说是没被批判的。笔者认为，作为这些理论的前提问题如果得不到解决，争论还会继续下去。

（六）违法性、责任减少说

违法性、责任减少说认为中止犯的立法理由应该从违法性减少与责任减少两个方面来说明。例如，佐伯博士认为，"的确，对于（广义的后悔）的中止而言，行为人显示出亲自返回正道的努力，法律因而认为由着手所一度产生的违法（法益侵害的危险）以及

---

① ［德］Radbruch, Zur Systematik der Verbrechenslehre, in : Festgabe für Frank, Bd. 1, 1930, S. 170f.

② ［德］Roxin, Kriminalpolitik und Strafrechtssystem, 2. Aufl., 1973. S. 36.

责任通过中止行为减少或者消灭了。此外，根据主观主义的观点，行为人的反社会的性格（恶性）也减少或消灭了”。[1] 再如，藤木英雄博士认为，“中止行为防止了被害，并且由于行为后行为人态度的变化使社会对行为的评价宽容化。在这一点上，首先使违法性微弱化，也使责任微弱化，因而并合说作为法律说而言是妥当的方向。”[2] 同样，大塚仁教授也认为，难以仅用违法性或者责任中的一方的减少来充分说明中止犯的性质。虽然要适应具体事态，把重点放在违法性或者责任的某一方面，但是，认为两者都减少基本上是合适的。[3] 川端博对自己的观点作了较为详细的论证，他指出，“我也承认因为放弃作为主观的违法要素的故意而使违法性减少，但这毕竟只是在放弃故意的限度内。如果仅用违法性的减少来说明中止犯的法的性格，则没有必要要求考虑中止行为的‘任意’性。因为不管有无任意性，只要放弃故意，就充分说明违法性减少了。但是，法律要求‘基于自己的意志’实施中止行为，这一点应通过与违法性不同的观点来说明。对于这一点，从人的不法论的见解来看，由于任意性是以社会的相当性为基础的，故也可以认为与违法性的程度有关。然而应当注意的是，任意性不是有关行为遂行样态的问题，而是与行为的‘决意’有关，即属于行为动机的问题。换言之，这里所讨论的问题不是作为违法性问题的‘法益侵害标志’的‘样态’，而是对作为责任问题的‘违法行为的决意’的法的非难。从这个观点来说，对中止犯要求任意性就在于由于任意的中止而减少了责任的量。‘责任’不是伦理的，始终是法的责任，

---

① ［日］佐伯千仞：《刑法讲义总论》（第四版），有斐阁 1984 年版，第 323 页。

② ［日］藤木英雄：《刑法总论讲义》，弘文堂 1975 年版，第 262 页。

③ ［日］大塚仁著：《刑法概说（总论）》，冯军译，中国人民大学出版社 2003 年版，第 219 页。

其实质在于行为人的'法敌对性'。"[①] 根据川端博的观点，防止结果发生的行为表明行为人放弃了故意，放弃故意就意味着违法性的减少，因为故意是属于主观的违法要素。所以，防止结果发生的行为是违法性判断的对象；而中止行为的任意性，即实施防止结果发生行为的'决意'是行为人根据自己的意思作出的，表明行为人法敌对性的减少，因而属于责任判断的对象。对中止犯的减免根据在于违法性与责任的同时减少。

尽管违法性、责任减少说在某种程度上弥补了单纯违法性减少说与责任减少说的缺陷，但是由于单纯的违法性减少说与责任减少说本身就存在尚未解决的问题，所以将两说合并起来进行说明，不仅旧的问题依然存在，而且又产生了新的问题。因此，违法性、责任减少说也受到了批判。

平野龙一认为，违法性、责任减少说存在两个方面的问题：其一是违法性减少与责任减少的区别不明确；其二是将"基于自己的意志中止犯罪"既理解为违法性的减少根据，又理解为责任减少的根据，是不妥当的。平野龙一认为尽管"违法性与责任都能为中止犯减免刑罚奠定理由"，但基于违法问题对责任问题而言具有理论的先行性等理由，并且如果将中止视为责任的问题的话，就会要求任意性必须具有伦理性，而这与通说认为的任意性不以伦理性为必要的观点相矛盾，所以应在违法性的阶段为中止犯减免刑罚奠定理由。[②] 曾根威彦也认为违法性、责任减少说是将中止行为的"决意"，即任意性的内容作了双重的评价。[③]

---

① ［日］川端博：《刑法总论25讲》，青林书院1990年版，第278～279页。转引自张明楷著：《未遂犯论》，法律出版社、成文堂联合出版1996年版，第343页。

② ［日］平野龙一：《中止犯》，载《刑事法研究》（第2卷），有斐阁1981年版，第144页。

③ ［日］曾根威彦：《刑法的重要问题（总论）》，成文堂1993年版，第266页。

三、并合说

从上述政策说与法律说的论述中，我们不难发现，德国学者早期倾向于在犯罪体系外考察并探求中止犯的立法理由；而日本则倾向于在犯罪体系内考察中止犯的立法理由。但是，现在的德国刑法理论将中止犯的立法理由问题分为“根据”问题与“体系”问题，分别加以论述。而“根据”问题与“体系”问题，它们又分别与目的论的说明及范畴论的说明相对应。作为“根据”问题的“黄金桥”理论、恩典·褒奖说、刑罚目的说等理论，是说明“为了……”中止犯不可罚。与此相反，“体系”问题的说明则是给予因果的说明，即“因为……”中止犯不可罚。笔者认为，德国学者之所以出现这种情况，是因为他们意识到仅靠体系内的说明不能完整地把握中止规定的本质，因此不得不从根据与体系的地位两个层面加以研究。与德国相似，有些日本学者也因为认识到，仅在犯罪体系内考察中止犯的立法理由是不全面的，因此采用的是二元论的方法（并合说），在采用违法减少说、责任减少说或者违法性、责任减少说的同时，援用刑事政策的理由。下面简单介绍几种观点不同的并合说。

（一）违法性减少说与政策说结合的并合说

该说认为应同时采用违法性减少说与政策说来说明中止犯的立法理由。平野龙一、西原春夫、大谷实、福田平等学者均采此说。[①] 他们主张未遂犯的故意是主观的违法要素，并且认为应在违法性减少的法律理由上考察刑事政策的理由。例如，大谷实指出，“未遂犯的处罚根据在于引起结果的现实危险，一旦产生故意，并且着手实行，就是已经造成了危险，在事后放弃故意，或者亲自防止结果发生场合，属于在事后减少发生结果的现实危险或者行为的

---

① 张明楷著：《未遂犯论》，法律出版社、成文堂联合出版 1996 年版，第 345 页。

反社会性，应当将其看作违法性的减少，因此违法性减少说基本上是妥当的。但是，我国刑法对于中止犯，并不是一律规定不可罚或者免除刑罚，而是希望通过宽大处理，在未然之中防止完成犯罪，换句话说，并非完全没有一般预防的效果，因此将违法性减少说与刑事政策说相结合的综合说是妥当的。”① 对违法性减少说与政策说结合的并合说的批判，主要是针对违法性减少说本身存在的问题。

（二）责任减少说与政策说结合的并合说

该说认为应同时采用责任减少说与政策说来说明中止犯的立法理由。植松正、中山研一、前田雅英、曾根威彦等学者采此说。② 例如，前田雅英认为，“考虑基于自己的意思而中止，其责任便减轻的责任减少说是妥当的。对于基于自己的意思而中止的行为人，从国民的规范意识考察，其非难减弱了。”③ “于共犯的场合，一人中止不影响其他参与者，在这一点上，是违法性减少说不能说明的。”④ 接着，前田雅英对他的责任减少说与政策说的并合说作了进一步的解释：“但是，仅用责任减少说还不能说明中止犯的减免，不可否认，对于已经着手实行犯罪的人而言，是对基于自己的意思而中止的行为人的褒奖，以及对一般人而言是一般预防的效果，这是政策规定的意图。不管责任如何减少，刑法不将褒奖结果给予已经发生

① ［日］大谷实著：《刑法总论》，黎宏译，法律出版社 2003 年版，第 289 ~ 290 页。

② 张明楷著：《未遂犯论》，法律出版社、成文堂联合出版 1996 年版，第 348 页。

③ ［日］前田雅英：《刑法总论讲义》，东京大学出版会 1998 年版，第 165 页。

④ ［日］前田雅英：《刑法总论讲义》，东京大学出版会 1998 年版，第 165 页（注释 31）。

场合，而限定为未遂的中止犯。”[①] 对责任减少说与政策说结合的并合说的批判，主要是针对责任减少说本身存在的问题。

（三）违法性、责任减少说与政策说结合的并合说

该说又被称为综合说。它主张同时采用违法性、责任减少说与政策说对中止犯的立法理由进行说明。大塚仁、藤木英雄、板仓宏等学者采此观点。[②] 例如，大塚仁认为，有关中止犯的立法理由难以仅用违法性减少或责任减少一方面来说明。对行为人非由于悔悟的中止行为，可以认为主要是违法性的减少，但是，基于悔悟而中止时，就应该也重视责任的减少。另外，当然必须一并考虑一般预防与特殊预防来减免刑罚。这样，应该认为第 43 条但书是以刑事政策的考虑为背景，类型地规定了由于行为人的中止而减少违法性和责任的情形。[③] 关于综合说，也有学者提出了批判。例如，山中敬一指出，“此说试图将中止犯定位于除构成要件该当性之外的其他所有犯罪成立要件之中，这样的综合说，放弃了犯罪论的阶段的构成及分析的思考，而成了整体的直观的思考，是不恰当的。认为所有的规范性评价都被减少，进而混入刑事政策的考虑，而且从体系上看将中止犯的根据散落于各处，这些都只能被评价为欠缺体系化的努力。”[④] 笔者认为，山中敬一对综合说的批判从根本上讲仍是针对违法性、责任减少说本身存在的问题。

四、其他学说

除上述政策说、法律说以及并合说外，最近德国出现一些新的

---

① ［日］前田雅英：《刑法总论讲义》，东京大学出版会 1998 年版，第 165 页。

② 张明楷著：《未遂犯论》，法律出版社、成文堂联合出版 1996 年版，第 350 页。

③ ［日］大塚仁著：《刑法概说（总论）》，冯军译，中国人民大学出版社 2003 年版，第 219 ~ 220 页。

④ ［日］山中敬一：《刑法总论》，成文堂 2008 年版，第 714 页。

学说，这些学说的特点是试图在刑罚的框架之外探求中止犯的立法理由，主要有雅克布斯的行为变更说、赫次贝格的责任履行说以及雅戈尔的单独的处罚解放事由说（危殆化的逆转说）。日本也有与雅戈尔说类似的山口说（危险消灭说）。

（一）雅克布斯说（即行为变更说）

1. 行为变更说的内容

雅克布斯认为中止犯属于未遂的一种，它不是障碍未遂而是具有特殊性的未遂，这一定位十分重要。他认为，“中止犯的特殊性在于仍处在正在进行的状态，因而存在有变更可能性的行为。”因此，雅克布斯认为未遂的处罚根据在于未遂已经实现了某种事物，即带来了“未遂不法”，但他并不将其解释为“客观的法益的危殆化”。雅克布斯认为既遂的不法并不是法益侵害，而是“规范侵害”，即“意味着不被允许的危险的行为”。不被允许的危险行为与刑法有关，规范就是禁止这种行为的，未遂也可以说是不被允许的危险，因而未遂也是完全的规范侵害。①

中止犯在“是完全的规范侵害”这一点上可能并不明显。它能否再度消除完全的规范侵害，对这一问题，可以有三种回答。第一种答案，不是刑法特有的，而是刑法以外的内容。而这以外的内容，如应优先考虑超越刑法具有有益性等方面内容。第二种答案，是刑法内在的内容，是责任、刑罚目的以及其他的问题。但它不是未遂内在的东西。第三种答案，是未遂内在的东西，即“还可以变更的行为”。② 显然，雅克布斯的行为变更说采取的是第三个答案。

他认为，中止是已经存在可罚的行为之后所实施的“事后行

---

① ［德］Jakobs, Rücktritt als Tatänderung versus allgmeines Nachtatverhalten, ZStW 104 (1992), S. 83.

② ［德］vgl. Heintschel - Heinegg, Versuch und Rücktritt, ZStW 109 (1997), S. 43 ff.

为”。但是，中止显然并不是已经完成的行为之后发生的事后行为，而是尚未完成的行为的反方向的续行行为，是“特别的事后行为”。它的特色不在于未遂行为开始后才发生，而在于未遂行为仍具变更可能。当然，这种行为的变更，是在行为成为可罚之后产生的。一旦产生了未遂这一事实，是不能由中止溯及消灭的。行为人只是能够改变这种事实将来的明确性。

他进一步解释道：一旦形成未遂，尽管行为人在未遂后立即中止，也不值得任何的奖励，而不过是对义务的履行。德国现行刑法完全不处罚这种行为，只是因为立法者不想关闭通过刑罚威吓使行为人返回的道路。中止虽然不能消除未遂，但它可以终止未遂阶段。中止部分属于未遂的反面。在中止的场合，规范侵害不过短时间地存在。中止是可以归属于行为人的业绩，规范侵害阶段的短暂性，也属于行为人的业绩。因此，中止即使存在“残存的不法”，但还是可以进行宽恕，从而放弃刑罚。他还认为，规范侵害的最小化，可以发生在犯罪的任何阶段。因此，中止是犯罪任何阶段的行为变更。

据此，雅克布斯认为中止不是刑罚减灭事由，而是在犯罪论的所有阶段都存在的由多种因素相糅合的复杂现象。对中止犯的立法理由原本在于：（1）某种犯罪中未遂与中止的行为关联；（2）构成要件与未遂（试行）的放弃以及责任与任意性等各自相反的关系；（3）对中止的刑事政策的考虑。①

2. 山中敬一对行为变更说的批判

山中敬一认为，雅克布斯着眼于事后行为中行为还有变更可能阶段的“特别的事后行为”，这是独具慧眼的。中止犯的特殊性也在于此。

但他同时也对行为变更说存在的问题提出了批评，他认为行为变更说将中止犯定位为犯罪论所有阶段的问题，是不正确的。因为由此所产生的结果不法，即使在此后实施了面向将来的消除行为，

① ［德］Jakobs, Strafrecht, AT, 2. Aufl., § 26, Rn. 4.

也没有理由会被减少，在违法论的阶段，行为的违法评价没有变更的可能。而且雅克布斯自己也认为“一旦产生了未遂这一事实，是不能由中止溯及消灭的”，这也说明了这种不法是无法消除、无法变更的。山中敬一认为只有责任评价才能受事后行为的影响。对行为变更说主张的构成要件该当性、不法、责任都“最小化”这一事实，他认为这里只是“规范侵害的最小化”，并不意味着规范侵害的完全丧失，仍存在残存的部分，而对其“不处罚”，就必须说明理由，行为变更说却没有对此进行说明。再者“规范侵害”、“行为变更可能性”的含义并不明确。①

（二）赫茨贝格说（即责任履行说）

1. 责任履行说的内容

责任履行说将中止犯的立法理由求之于不法回复义务的履行，即认为中止者虽然通过犯罪行为曾经产生过不法，但其履行了回复不法的义务，以此为理由，立法者设置了不处罚的规定。最近提倡这一学说的是赫茨贝格。他认为犯罪行为是具有归责可能性的不法的行态。刑罚规定就是因这种行态而发生的国家的强制规定。这种类似的关系在民法、行政法中也可看到，即由于违反契约或违反行政法这些不法的行态而产生强制规定。这些规定并不是以施加强制作为目的，强制仅是排除不法的手段而已。因此，如果不法消灭了，这些强制规定也就消失。② 中止犯的规定，就是根据一般的法原则，即行为人停止了作为强制规定发生事由的不法的行态，从而履行了可以归责于他的避免结果的义务，强制规定（刑罚规定）就本着消灭这一原则而设立的。③ 当任意的中止者通过行为履行其

① ［日］山中敬一：《中止未遂的研究》，成文堂2001年版，第51页。

② ［德］Herzberg, Grund und Grenzen der Strafbefreiung beim Rücktritt vom Versuch, Festschrift für Lackner, 1987, S. 345.

③ ［德］Herzberg, Grund und Grenzen der Strafbefreiung beim Rücktritt vom Versuch, Festschrift für Lackner, 1987, S. 349.

回复不法的责任时，就从国家的强制规定中解放出来。这里所说的责任（Schuld），并不是指刑法上的非难可能性，而是指债务者应当亲自履行其所欠债权的义务这种意义上的责任。①

2. 对责任履行说的批判

笔者认为，责任履行说同样存在缺陷。根据责任履行说的观点，强制规定是促使行为人履行责任的手段。之所以不处罚中止，是因为行为人任意的（归责可能的）行为履行了自己的责任，即回复不法（避免被禁止的结果发生）的责任，因而就没有必要通过强制规定（刑罚规定）来促使其履行责任。但是，如果这样的话，那么由于在未遂的场合行为人并没有通过任意的行为来履行其回复不法的责任，所以按照他的学说，促使行为人履行责任的刑罚规定当然是必要的。然而，无论是未遂还是中止，由于结果都没有发生，所以应当都没有必要通过刑罚规定来促使行为人履行避免所禁止的结果发生的这种责任（只要结果没有发生，事实上就谈不上所谓的避免结果发生）。于是，未遂中的刑罚规定也是不必要的，这就难以说明为何仅在中止的情况才不处罚的理由。而且，应当承担责任的不法行态，并不会因为损害回复而完全消失。

另外，赫茨贝格理论正如他自己所言，并不是向传统的学说那样将中止犯不处罚的根据求之于刑法或刑罚论之中，而是通过内在于法律之中的一般的原则来加以说明。但是笔者认为这种理解存在方法论的错误。既然中止是刑法上的概念，那么对这种概念的理解，原则上也应当从刑法的目的或刑法的机能等出发加以理解，而不应当从此外的视点来加以理解。赫茨贝格将中止犯的规定理解为“一般的法原则”的表述，从刑法以外的其他的法领域来推导出解决中止问题的结论。他认为如果将刑法理解为全部法秩序的一部分的话，就容易理解他的主张。但是，笔者认为，对不同的法律中相

---

① ［德］Herzberg, Grund und Grenzen der Strafbefreiung beim Rücktritt vom Versuch, Festschrift für Lackner, 1987, S. 350.

同的概念或相似的规定，也应当结合其所依存的法的目的、机能来作相应的解释，如果其目的不同，那么概念的内容也会有差异（法律概念的相对化）。

在日本基本没有人采用这种学说。责任履行说认为由于行为人亲自履行了责任所以不处罚，因此对于仅仅规定对中止犯进行刑罚的减免的日本，采用这种学说是困难的。因为如果中止行为履行了责任的话，刑罚就是不必要的，因而应当不予处罚。①

（三）雅戈尔说（即单独的处罚解放事由说）

1. 单独的处罚解放事由说的内容

单独的处罚解放事由说又被称为“危殆化的逆转说”。其主要内容如下：将中止行为定位为与犯罪成立的构成要件相反的“从处罚加以解放的构成要件”，与通过“危殆化的实现”而与成立犯罪相反，是以“危殆化的逆转”为内容，即考察作为处罚解放事由的构成要件。②

雅戈尔指出，既然理论上一致认为，未遂的开始必须使该法益客观上危殆化或者至少引起主观上的危殆化。这种危殆化，从预备行为开始到既遂为止不间断地上升。未遂所产生的危殆化并不会因为中止而被否定。中止规定的意义在于考虑行为人中断危殆化或者使其不转变为事实上的损害。因为中止去除了未遂所产生的危殆化，行为人的功绩就在于除去这种危殆化，由此而去除了未遂的效果。因此，山中敬一认为，根据单独的处罚解放事由说，可以将中止的本质理解为统一的“归属可能的（未遂的）危殆化的逆转”。③

---

① ［日］町田行男：《中止未遂的理论》，现代人文社2005年版，第33页。

② ［德］Jäger, Der Rücktritt vom Versuch als zurechenbare Gefährdungsumkehr, 1996, S. 65. ff.

③ ［日］山中敬一：《中止未遂的研究》，成文堂2001年版，第55页。

雅戈尔认为《德国刑法典》第24条第1款第1项的第二种选择与第24条第1款第2项的区别在于被害者是否危殆化。首先，在第1项的第二种选择的场合，是通过对防止结果的考察看是否转换了危殆化，与此相对，第2项的场合，是考察是否通过真挚的防止努力来试图逆转危殆化。也就是说，前者要求危殆化逆转的既遂，而后者只要求危殆化逆转的未遂。丧失中止的可能性，就是指丧失危殆化逆转的可能性。危殆化逆转的既遂，是指由于行为人的行为而使法益客观上危殆化。因此，由于存在危殆化的状态，行为人在客观上就有可能也有必要实施危殆化的逆转。在这种场合，行为人必须通过放弃行为或者防止既遂而使已经存在的危殆化发生转换。作为中止的结果，行为人是防止既遂还是放弃此后的实行行为，这取决于已经产生的危殆化本身在客观上是否适于进行法益侵害的转换。① 危殆化逆转的未遂，是指在实行终了之后，被侵害的法益在客观上已经没有处于危殆化的状态，但行为人主观上仍然认为处于危殆化的状态的场合，这是有可能中止的。这与犯罪的成立要件的场合相对照，存在行为价值，欠缺结果价值。②

雅戈尔主张“中止概念的客观化”。例如，六连发的手枪已经射出了5发，客观上还剩1发子弹，但行为人主观上并不知情。对此，德国通说认为由于行为人不知道手枪中有子弹，因此没有射杀的决意，也就不能给被害人带来危险，所以一般否定危殆化。但是，这是将既遂危殆化的逆转主观化。而危殆化应当由客观来决定。所谓“放弃”是指不继续实施客观上可能的事情。

在客观上存在着危殆化的场合，根据中止而进行的危殆化的逆转必须引起结果价值。而且根据对案件的评价，结果必须能够归属

① ［德］Jäger, Der Rücktritt vom Versuch als zurechenbare Gefährdungsumkehr, 1996, S. 66.

② ［德］Jäger, Der Rücktritt vom Versuch als zurechenbare Gefährdungsumkehr, 1996, S. 65.

于行为人，而不能是单纯由偶然所产生或者由于第三者或被害人的操纵所产生。在第 24 条第 1 款第一种选择的场合，单纯的“放弃”就会实现对法益的保护。因此，应当原则上承认行为人的不作为与积极的结果之间的客观的归属关联。与此相对应，在第 24 条第 1 款第 1 项第二种选择的场合，则要求行为人必须防止结果的发生。

雅戈尔主张中止必须是行为人实现单独的处罚解放的构成要件。他认为既然立法者能够创设犯罪构成要件来认定犯罪，那么在其评价特权的范围内，也可以创设出第 24 条那样的处罚解放的构成要件。

笔者认为，雅戈尔说的核心在于“对可能既遂的危殆化的逆转”而不是“已经产生的危殆化的消灭”，将作为处罚的解放事由定位为犯罪论之后的政策的要件。因此，应该考察结果的不发生或者对之的努力（未遂）是否归属于行为人的中止行为。如果结论是肯定的，那么中止的效果就归属于行为人。

2. 对单独的处罚解放事由说的批判

日本学者山中敬一对单独的处罚解放事由说提出了以下三点质疑：第一，作为完全成立犯罪的可罚性，为何因为防止了将来的危险，而可以作为行为人的“功绩”，让行为人从处罚中解放出来。雅戈尔说对此并未作出说明。而且本说在使用“危殆化的逆转”这一解释学概念的同时，又以犯罪论之外的处罚解放要件作为根据，这在方法论上明显是错误的。第二，在不区分着手中止和实行中止而使用“危殆化”概念这一点上。雅戈尔并不必然采用个别行为说，所以认为在一发子弹击发失败后，能够击发第二发而未击发时，可以成立中止。在这种场合，由于存在“危殆化”，所以其逆转也是可能的。但是，能够击发第二发这种可能性意义上的“危殆化”，与可能实现结果的客观的因果经过的实行中止之时的“危殆化”在内容上是不一样的。后者存在由第一行为所制造出的危殆化，而前者则是第二个的新的危殆化，是主观的东西。第三，如果贯彻雅戈尔学说，那么未遂是指在任何情况下，客观上都不存在危殆化逆转的场合或者不存在危殆化的场合。中止则是指能够归属于中止者的场合。雅戈尔认为在未遂的场合，由于不存在危殆化所以也无所谓逆转，因而中止是不可能的。按照雅戈尔的观点，未遂指的是最终所有的危殆化都消灭的场合，而由实行行为产生的危殆化越大中止的可能性就越高。尽管通常的未遂与中止在危殆化的消灭这一结果上都是一样，但中止行为时的危殆化越大，危殆化的逆转就越有可能，这就成为从处罚中解放的根据。在通常的犯罪刑罚体系中的危殆化越大，可罚性就越高，而在处罚解放构成要件中，危殆化越大从处罚中加以解放的可能性就越高，这种评价是矛盾的。其错误在于在未遂中以最终的危殆化消灭为思考问题的出发点。①

在日本，最近也有与雅戈尔相类似的见解，即由山口厚所提出的危险消灭说。该说认为中止犯的规定，是为了奖励消灭“引起既遂结果的危险”而设立的纯粹政策的即所谓“反方向的”构成要件。这一见解，与违法性减少说比较接近，但认为客观上所产生的引起既遂结果的危险这一事态，必须因为事后的中止行为而受到改变，因此与违法性减少说不同，而属于政策的范畴。

根据这种见解，未遂犯中“引起既遂结果的危险”在产生未遂的可罚性的瞬间就已经确定。因此，危险的“消灭”并不溯及消灭已经存在的所有危险，而不过是消灭面向将来的危险，即存在作为可罚性条件的危险，作为犯罪完全完成的行为，由于此后的危险被消灭而在政策上承认刑罚的减免。②

笔者认为，在日本如果认为既不是违法性减少事由也不是责任减少事由的话，那么就只能定位为处罚阻却事由。而在犯罪论之外

① ［日］山中敬一：《中止未遂的研究》，成文堂2001年版，第58页。

② ［日］山口厚：《问题探究刑法总论》，有斐阁1998年版，第224页以下。

设定这种政策性的反方向的构成要件的方法论是否妥当？有待进一步探讨。对此，山中敬一教授明确提出了批评，他指出："此说的问题点在于，既然发生了'既遂结果的危险'，那么为何能够因为行为人的中止行为而事后被消灭，这在犯罪论上无法予以说明。"①我国著名刑法学家马克昌先生也指出，"危险消灭说主张中止犯的规定是奖励消灭'既遂结果惹起的危险'的政策措施，有其合理的一面，因为这一点是确实存在的。但将消灭具体结果的危险，理解为是与一般的犯罪'向相反的方向'的构成要件，则不符合构成要件的一般理论。如前所述，构成要件是指刑罚法规所规定的违法且有责的应当处罚的行为的类型或者定型。既然是与此相反的方向的情况，也就不成其为构成要件。所以这种解释实不足取。"②

第二节 我国的理论分歧

与上述德、日情况不同的是，我国学者一般是在讨论中止犯的处罚问题时对立法理由问题进行说明。这是由于我国与德、日在整个犯罪论体系上存在较大差异所决定的，我国的犯罪构成理论是"齐合填充式"③或"线型耦合式"④，而德、日的犯罪构成理论则是层层递进的三段式。我国学者对立法理由问题的研究大致情况如下：

一、通说的观点

与德、日学者在立法理由问题上所形成的激烈理论纷争不同，

① ［日］山中敬一：《刑法总论》，成文堂2008年版，第749页。

② 马克昌著：《比较刑法学原理——外国刑法学总论》，武汉大学出版社2002年版，第585页。

③ 赵秉志主编：《犯罪总论问题探索》，法律出版社2003年版，第4页。

④ 陈兴良主编：《刑事法评论》（第8卷），中国政法大学出版社2001年版，第32页。

我国学者在该问题上所采观点大致相同，即以“政策说+法律说”的并合说为通说。

赵秉志教授在《刑法学原理》（第二卷）一书中指出：“犯罪中止制度的设立确定具有十分重要的意义，就中国刑法中的犯罪中止制度设立的意义而言：第一，这是在故意犯罪的停止形态领域贯彻中国刑法主客观相统一的基本原则与犯罪构成原则的需要，因为从主客观结合上看，犯罪中止有不同于犯罪的其他停止形态的特征；第二，是贯彻罪刑相适应原则和刑罚目的的需要，因为中止犯与构成其他犯罪形态者具有不同程度的社会危害性和人身危险性，为使刑罚公正合理地适用并达到预防犯罪人再犯罪之功能，理应对犯罪中止作为独立的制度来区别对待；第三，是有效地保护社会、最大限度地减轻已经付诸实施的犯罪对社会危害程度的需要。”① 对此，陈一榕博士在《刑法总论问题探索》一书中对上述观点评价道：“对中止犯减轻处罚仅凭刑事政策理论、行为理论或刑罚目的理论中的任何一种都是无法解释清楚的，而我国刑法理论的通说（指上述观点——笔者注）综合考虑了上述理论的合理因素，应当说是较为全面和科学的。但是，即使是这种理论，也只是从法律层面上说明了对中止犯减免处罚的理论根据，并未揭示出更深层面上的理论依据，即伦理依据……”② 接着，他以刑事责任的理论基础以及刑罚的适用均与伦理道德存在内在的联系为立论，认为当行为人自觉地将自己先前的犯罪行为转化为中止犯罪的中止行为时，其伦理上应受的谴责性也相应获得减轻，而这一伦理因素的转变必然作用于刑事责任上，使行为人应承担的刑事责任发生相应的变化。这就是刑法对中止犯既要令其承担责任又要减轻其刑事责任的理论

① 高铭暄主编：《刑法学原理》（第二卷），中国人民大学出版社 1993 年版，第 331 页。

② 赵秉志主编：《犯罪总论问题探索》，法律出版社 2003 年版，第 485 页。

基础。而且对犯罪中止的处罚既要体现通过对行为人先前的犯罪行为以及支配它的主观恶性给予报应，又要能够体现对其后来的改过自新行为通过减轻刑罚予以奖励，并以此教育大多数一般社会成员。① 但是笔者认为，陈一榕博士对通说的批评是值得商榷的。首先，通说并不是仅从法律层面对中止犯的立法理由进行说明，而是兼采政策说与法律说。根据通说的观点，中止犯减免处罚的根据在于从法律层面考察是因为行为的社会危害性以及行为人的人身危险性的减少，而一般预防与特殊预防则是基于刑事政策的考虑。另外，陈一榕博士所提出的伦理依据，实际上就是日本刑法理论中的“责任减少说+刑事政策说”的并和说。而我国的通说则是“违法性、责任减少说+刑事政策说”。所以，客观上论者并没有对中止犯的立法理由做比通说更深层次的揭示，而且笔者认为通说的分析更切合我国犯罪论体系构建的实际情况。

张明楷教授认为，“对中止犯减免刑罚的根据来自三个方面：(1) 行为人放弃犯罪或者有效地防止犯罪结果发生的行为，使得犯罪结果没有发生（相当于违法性减少说）。(2) 行为人自动否定、放弃了原来的犯罪意图，这是没有发生犯罪结果的主观原因，表明对行为人的非难程度减少（类似于上述责任减少说）……(3) 对中止犯减免刑罚，有利于鼓励犯罪人中止犯罪，避免给法益造成实际损害（类似于政策说）。”②

但是，也有学者对他的观点提出了以下几点质疑：“第一，这种折中论看似无懈可击，但缺乏深刻性，未找出对中止犯减免处罚的真正根据。第二，这些根据中没有主次之分，更直接地说，未找出中止犯减免处罚的实质性的、决定性的根据。主观根据、客观根据以及刑事政策上的根据三者的关系怎样，是起着同等作用还是有

---

① 参见赵秉志主编：《犯罪总论问题探索》，法律出版社 2003 年版，第 485 ~486 页。

② 张明楷著：《刑法学》，法律出版社 2011 年版，第 338 页。

主要作用和次要作用之分？第三，这种观点并不能准确地说明对中止犯的成立条件的要求。例如，在盗窃罪等犯罪中，若实际损失发生后，即犯罪既遂后，行为人主动恢复原状，并避免给国家和人民的利益造成实际损失，这应当也是值得鼓励的行为，能成立中止犯吗？按这种观点答案应该是肯定的。这当然不符合我国的司法实践。第四，这种观点实际上是大陆法系的'综合说'的翻版。"①论者随即提出了自己的观点，他认为，中止犯的"犯意"主动、及时、彻底地消除是对其减免刑罚、从宽处理的根本原因，或者说是核心根据，而客观的社会危害性因素以及刑事政策的因素都是其派生出来的。②

笔者认为上述质疑难以成立。首先，论者认为张明楷教授的观点缺乏深刻性，是因为没有找出对中止犯减免处罚的真正根据。但是是否如论者所主张的，只有分清这些根据的主次，确定了主要根据，才是找到了中止犯减免处罚的真正根据，才是具有深刻性的观点呢？笔者认为，如果脱离了对客观方面的考察，是不可能对中止犯的"犯意"是否主动、及时、彻底地消除作出正确判断的。对主观方面与客观方面的考察绝不是孤立的，而是一种相互说明的关系。不能因为犯罪结果的不发生是行为人主动、及时、彻底放弃"犯意"引起的，就得出结论认为只有主观根据才是具有实质性的、决定性的根据。正如我国的犯罪构成是行为构成犯罪所必须具备的一切主客观要件的有机整体一样，不能因为犯意决定行为性质以及结果，就认为主观方面是具有实质性的、决定性的要件，而客观方面要件因为是其派生的就不重要。有鉴于此，笔者认为主张将主观根据视为对中止犯减免处罚的真正根据的观点是难以成立的。

---

① 魏东、李运才：《中止犯的处罚根据检讨》，载《江西公安专科学校学报》2005 年第 3 期。

② 魏东、李运才：《中止犯的处罚根据检讨》，载《江西公安专科学校学报》2005 年第 3 期。

而且，将上述根据做主次之分没有必要，这样做不仅会导致理论上的混乱，而且也会误导司法实践。另外，对论者的第三个批评笔者也不同意，可以说论者并没有完全理解张明楷教授的观点，而且论者的表述本身存在问题。笔者认为，如果片面地强调论者的观点倒是有可能出现肯定的结论。最后，对于是大陆法系的“综合说”翻版的指责，笔者也不敢苟同。因为不管哪个国家的刑法理论，在考察对中止犯减免处罚根据时，都一定会关注影响处罚（刑事责任）的因素。所以，从实质内容看应该是大致相同的，只不过由于犯罪论体系的差异，该内容分属不同的理论层面。在我国，根据通说的观点，严重的社会危害性作为刑事责任的实质根据，它不仅是决定行为是否构成犯罪的因素，还是决定刑事责任的程度的主要因素，而行为的社会危害性及其程度都是综合客观因素与主观因素统一加以评定的。张明楷教授正是立足于我国的犯罪论体系，考察的是对社会危害性程度有影响的主客观因素。而日本学者则立足于本国的犯罪论体系，集中在违法性与责任层面讨论上述问题，形成了违法性减少说与责任减少说等学说。笔者认为，尽管张明楷教授使用了“相当于……”的表述，但不能仅因为做了这种对比性的说明，就断言“是对大陆法系的‘综合说’的翻版”。否则，我国的比较刑法理论的研究岂不都有“翻版”的嫌疑。

徐逸仁教授采取的也是综合说。他指出，“从犯罪者主观上看，在犯罪行为正在进行的过程中，由于犯罪者的本意，打消犯罪念头。而不问其放弃犯意的动机是真诚悔悟抑或亲友的规劝；是法律的威慑作用还是对被害人的怜悯、同情。虽然动机可能不同，悔悟程度也存在差异，但是有一点是肯定的，即犯罪者对本次犯罪的主观恶性已基本消灭或大为减少。从犯罪者客观上看，犯罪行为之所以未达到既遂状态，是因为行为人在自认为能把犯罪进行到底的情况下，自动地放弃犯罪意图，从而及时中止犯罪行为而不使之继续下去，或者有效地防止犯罪结果的发生，从而消除了或大为减轻了社会危害性。以上两点是对中止犯从宽处罚的主客观相统一的主要理论根据。由此，我们可以这样判定：一般情况下，中止犯比已经产生严重危害结果的既遂犯和因意志以外原因而被迫未能得逞的未遂犯的社会危害性要小得多。甚至在不少情况下比预备犯的危害性还小。因此，对中止犯的从宽，要体现区别于既遂犯、未遂犯甚至预备犯。"① 笔者认为，根据徐逸仁教授的观点，中止犯减免处罚的根据除了"惩办与宽大相结合"的刑事政策和一般预防及特殊预防的刑罚目的之外，还在于行为人的主观恶性消灭或减少以及客观的社会危害性消除或减少。显然，徐教授所采取的综合说与通说不尽相同。笔者认为，如果如徐教授所言，是由于主观恶性消灭以及社会危害性消除，那么在这种情况下根本就不成立犯罪，又何谈成立犯罪中止呢！正如张明楷教授指出的那样："本书不赞成中止犯减免刑罚的根据是'行为已缺乏或不具备犯罪构成某些方面的要件'或者'已消除或者减轻了行为的社会危害性'的观点。因为前者并不明确（究竟缺少什么要件），而且容易损害构成要件的机能；后者不符合客观事实，业已形成的客观违法性不可能因为行为人自动放弃而'消除'。"②

笔者认为，以上几位学者对中止犯立法理由的研究，尽管采取了不同的综合说，但是他们的观点在思路上是一致的，即都是从主客观相统一的中止行为对行为人本欲实施到底的犯罪的社会危害性程度产生影响的分析入手，同时考虑相关刑事政策的需要。

不过国内也有学者在主张综合说的前提下，还提出应该解决刑事政策说与法律说的关系问题以及当两者发生冲突时的解决方案。该学者指出，"事实上，刑事政策说是站在功利的立场，而法律说则居于报应的立场。功利与报应，既对立又统一。当两者对立时，何者优先，涉及价值选择的问题。报应关注过去，功利注重未来。

① 徐逸仁著：《故意犯罪阶段形态论》，复旦大学出版社 1992 年版，第 199 ~ 200 页。

② 张明楷著：《刑法学》，法律出版社 2011 年版，第 338 ~ 339 页。

因此，对于我国的中止犯，当功利与报应发生冲突时，笔者主张报应优先。这不仅是因为刑罚的价值在于正义的实现。而且现代刑法观念认为，刑法不仅应着眼于社会，而且应关注个人，并力求‘从政治刑法向市民刑法的转变’，并以‘启蒙思想发展而来的，以人身自由、人格尊严、权力均衡、契约自由等为基础，注重刑罚的人权保障功能，并在罪刑法定主义的基本框架下建构刑法价值观念。’① 因此，关于中止犯的法律性质，以法律说为主刑事政策说为辅的综合说更具合理性。”② 但是，笔者认为这里没有必要特别强调应该“以法律说为主刑事政策说为辅”。因为我们这里探讨的是中止犯的立法理由问题，政策说回答的是立法者基于何种目的设立中止犯的规定，而法律说回答的是立法者以政策目的为根据所设立的中止犯的规定，在法理论上是否应当予以认可。可见，法律说是以政策说为基础展开的，因此在立法理由的问题上不会出现冲突的情况，也无须讨论谁主谁辅的问题。

二、少数说的观点

（一）单纯的政策说

我国有的学者认为对中止犯减免处罚的根据在于鼓励犯罪人中止犯罪的刑事政策与预防犯罪的刑罚目的。例如，叶高峰教授主编的《故意犯罪过程中的犯罪形态论》一书的观点是：“首先，对中止从宽处罚，‘符合惩办与宽大相结合’刑事政策的精神。惩办少数，改造多数，区别对待，这是我国刑事政策的基本精神。中止犯客观上看，犯罪行为没有达到既遂状态，而停留在犯罪过程中；主观上看，犯罪分子出于自己的意志而自动打消犯罪念头，及时中止

---

① 陈兴良著：《刑罚的价值构造》，中国人民大学出版社 1998 年版，第 48 页。

② 袁彬：《中止犯若干问题比较研究》，载《四川警官高等专科学校学报》2004 年第 6 期。

犯罪行为，自己消除了导致继续犯罪的主观恶性。因此，比已经引起严重后果的既遂犯罪以及由于意志以外的原因而被迫停顿犯罪的未遂犯危害性要小一些，改造难度要相对小一些。因此，对中止犯应该从宽处理，有别于未遂犯与既遂犯。其次，对中止犯从宽处罚，也符合刑罚目的的要求。对罪犯适用刑罚，目的不是为了惩罚，而是要通过惩罚犯罪，以达到预防特定的罪犯以及社会上不稳定的可能犯罪者实施犯罪的目的，借以保护社会关系免遭犯罪侵害。刑法中一切制度的制定，都应考虑有利于刑罚目的的实现。对中止犯从宽处理：第一，可以是已构成中止犯的犯罪分子感到国家的宽宏大量和对自己的挽救，促使其更快地悔过自新，早日回归社会，避免再次犯罪；第二，有利于鼓励正在实行犯罪的分子在犯罪达到既遂之前，及时中止犯罪，避免对客体造成实际损害。”①

持单纯的政策说的还有李侠，他认为，“立法之所以规定中止犯必须减免刑罚，是出于刑罚目的论研究：其未造成实害，无一般预防之必要；其犯意自动消失，无特殊预防之理由。然而最重要的是出于对刑事政策的考虑：以此鼓励行为人悬崖勒马，放弃正在实施的犯罪或积极有效地防止犯罪结果的发生。立法为了更好地完成规范、保护、教育等功能，必须对中止犯大加褒奖，为其建起一座‘黄金的回归大桥’（李斯特语），促使其迷途知返，从而大大降低犯罪既遂的可能性，大幅度减轻犯罪对社会的危害性。”② 显然，他采用的是前面所论述的政策说中的“黄金桥”理论以及“刑罚目的说”。

新近有学者提出了新刑事政策说。该学者认为，“在已经开始犯罪后（尤其是在已经着手后），要求行为人停止犯罪，往往是很

---

① 叶高峰主编：《故意犯罪过程中的犯罪形态论》，河南大学出版社1989年版，第254～255页。

② 李侠：《试论犯罪中止与犯罪未遂的本质区别》，载《中国刑事法杂志》总第48期。

困难的。只有对行为人进行一定的利益诱导，才有可能诱使行为人放弃犯罪行为的完成。于是，通过约定如果防止了结果便给予减轻或者免除刑罚这一奖励，立法者为防止法益侵害结果进行最后的努力。这就是说，在犯罪尚未发生之前，立法者通过罪刑的立法宣告来预防犯罪、保护法益；当犯罪正在进行之时，立法者通过减免处罚来诱导行为人放弃继续实行犯罪、避免犯罪升级来保护法益。对中止犯减免处罚就是出于诱导行为人关键时刻及时自我否定、防止犯罪既遂以救助、保护法益的刑事政策目的而设立的。当然，立法者之所以能够采取这一刑事政策，是以行为人客观上消灭了既遂危险（违法性减少）、主观上出于本人意愿（有责性减少）为事实基础的。”①

笔者认为，尽管单一的政策说具有一定的合理性，但它存在一些缺陷，如单一的形势政策说对于是应当减轻处罚还是免除处罚，无法给出合理解释；尤其是在决定对行为人减轻处罚时，对于减轻到何种程度才是合理的，刑事政策说也没有提出明确的标准。另外，对于那些不知道法条中设有中止犯减免处罚规定的人来说，他们不知道消灭危险便可以减免处罚，也就是说中止犯的相关规定对他们是没有效果的，因此立法者通过刑事政策诱导行为人及时自我否定来防止犯罪既遂从而救助、保护法益的期待就会落空。

关于政策说存在的问题，笔者在前面已有论述，故在此不再赘述。总之，笔者认为，仅从一个方面是难以说明对中止犯减免刑罚的根据的。

（二）“犯意”消除说

有学者认为，对中止犯减免处罚的根据在于中止犯的“犯意”主动、及时、彻底地消除。笔者将其理由概括如下：首先，论者引用陈兴良教授在其论著《刑法哲学》中的一段话，即无论是大陆

① 李立众：《中止犯减免处罚根据及其意义》，载《法学研究》2008 年第 4 期。

法系国家刑法理论中的责任（有责性），还是苏联和东欧刑法理论中的罪过，抑或是英美刑法理论中的犯意，就其本质而言，都是一个主观恶性的问题。论者将其作为论据推导出，在中止犯的场合，行为人主动、及时、彻底地消除“犯意”，这种重大主观恶性的消除也就意味着责任的灭失。其次，论者认为中止犯减免刑罚固然要考虑犯罪行为本身造成的社会危害性较小，但他认为社会危害性较小是源于行为人主观上自动地消除犯意。作为故意犯罪的主观要件的核心——犯意，其消除也就意味着应当免除行为人的刑事责任。再次，论者以西方古典学派所提出和倡导的意志自由论为论据，说明正是因为行为人在有意志自由的前提下选择实施犯罪行为，才要因此承担国家的否定评价和谴责。论者进而还对这一观点做了进一步分析，并认为有以下优点：第一，这里的“犯意”是狭义的概念，是故意犯罪的一种主观心理态度，这就限定了中止犯只能是故意犯罪的一种终了形态，这是符合我国刑法理论的。第二，“犯意”有时间和空间性特点，即“犯意必须在时间上与犯罪行为相吻合”。这有利于说明中止犯成立的时间条件。第三，中止犯必须主动、彻底消除“犯意”，这就要求行为人不仅要停止犯罪行为，并根据需要与可能，对防止犯罪结果发生做“真诚”努力。这有利于说明中止犯“自动性”、“有效性”条件。第四，能说明共同犯罪中中止犯成立条件及刑法效果的专属性。第五，这一观点体现了刑法的伦理性，并有利于预防犯罪。①

笔者不同意“犯意”消除说的观点。主要理由笔者在前面的论述中已有论及。至于论者对“犯意”消除说优点的概括，笔者认为非常牵强，实际上采用通说的观点更能显现上述优点。

---

① 参见魏东、李运才：《中止犯的处罚根据检讨》，载《江西公安专科学校学报》2005 年第 3 期。

第三节　中止犯立法理由的重新思考

一、对德、日相关学说之评析

在第一节中，笔者对德、日学者关于立法理由问题的主要学说做了一定的介绍与评析，不难发现，没有哪一种学说是因完美无缺而被广泛认同的。而最近日本的山中敬一教授提出可以将中止未遂的立法理由求之于补充性原则。① 但是他没有对此展开进一步的论证，受他的启发，笔者尝试按他的这一思路，对德、日关于立法理由的问题做如下分析：

（一）对德国的分析

根据德国的通说，在对违法性论采取行为无价值与结果无价值的二元论的情况下，未遂的违法性应以行为无价值为基础。但关于这种行为无价值的内容，根据理解的不同，可以分为三种。也就是仅从主观方面来理解的所谓主观的行为无价值论、仅从客观方面来理解的所谓客观的无价值论，以及从两方面来加以理解的所谓主客观的行为无价值论或称为二元的行为无价值论。由于前两种观点都是仅从一个方面来理解行为无价值，因此存在问题。第一种观点重视行为人的主观而过于忽视行为的危险性，存在缺陷（只有将危险的意思通过行为加以实现，才会产生对法的现实的威胁）。第二种观点忽视了行为人反规范的危险性（这种意思本身对法律而言也成为潜在的威胁）。因此，笔者认为，第三种观点即二元的行为无价值论才是妥当的。于是，成为未遂的违法性基础的应是二元的行为无价值。所以，从某种意义上说，对中止犯不处罚的根据在于，中止行为消灭了行为无价值的状态。

---

① ［日］山中敬一：《中止犯》，载《现代刑法讲座》（第5卷），成文堂1982年版，第369页。

那么，这种行为无价值的具体内容究竟是什么呢？根据笔者的理解，应包含以下两个方面的内容：从主观的方面进行考察，是行为人侵害法规范的意思。但仅有这种意思的话还只是对法的潜在的危险。只有实际地产生了这种意思实现的可能性时，对法的潜在危险才会现实化。从客观的角度进行考察，必须是能够实现上述意思的行为。行为人将要侵犯的刑法规范就是构成要件，而这种构成要件的实现就意味着法益侵害。简言之，这里的行为无价值应理解为在主观上具有抵触构成要件的意思，在客观上具有引起法益侵害的可能性的行为。

在明确了上述行为无价值的具体内容之后，接下来要考虑的是，中止能否消灭这种行为无价值。笔者认为是可能的。首先，中止行为人放弃了犯意（反规范的意思）而避免了犯罪结果的发生。因此，从主观方面来考察，由于行为人放弃了的犯意（反规范的意思）即避免实现犯罪的意思（规范的意思），因此可以认为具有从反规范的意思向合法的意思的转换。其次，从客观方面来看，由于行为人实施了避免犯罪实现的行为，因此可以认为是消灭了曾经产生过的法益侵害的危险性。如果笔者的上述理解正确的话，那么在实施了中止的情况下，通过违法的意思向合法的意思的转换，就消灭了行为无价值的主观的要素即反规范的意思。最后，通过避免实现犯罪结果，也消灭了客观的要素即法益侵害的危险性。因此，立法者对中止犯所要求的“任意性”要件，即“反规范的意思向合法的意思的转换”；而“中止行为”的要件，即“消灭对法益侵害的危险性”。不过，这里有一点应当注意，通过中止行为所消灭的是行为人所实现的违法状态，而不是消灭它的未遂行为的违法性。因为行为人所实施的违法的先前行为这一事实是不可能消灭的。这里所说的消灭意味着先前行为所产生的违法状态在中止行为以后不再延续。

另一个需要考虑的问题就是，尽管中止者将自己所实现的违法的状态在此后加以消灭，但是他毕竟曾经一度进入违法的领域，对这种行为人为何不进行处罚？笔者认为可以将这一问题的答案求之于刑法中的“刑法的谦抑性”。罗克辛关于补充性原则做了如下论述，“之所以允许处罚侵害法益的行为或违反福祉目的的行为，是为了维持共同生活的秩序。进行处罚的是迫不得已的情况下，如果民法及其他公法的手段能够处理的话，那么就没有必要使用刑法。这是因为任何刑罚，都对科处者意味着法益侵害。这种侵害甚至可以剥夺生命，总之可以对个人的自由进行限制。因此刑罚是法共同体的最严厉的反应，只能作为最后的手段加以使用。如果在具有使用更宽大的措施就可以维持或恢复法秩序，而使用刑罚的话，那么刑罚就失去了社会必要性这一存在根据。而且由于科刑者的泛滥，刑罚规定虽意图促进法的平稳，然而却引起了混乱的结果。以此而论，法益应当受双重保护，即刑法的保护与刑法以前的保护。如果刑法使用过度的话，刑法反而会产生它所希望预防的状态。”①

根据这种思维，作为处罚对象的行为应是具有极高的社会有害性（违法性）的行为。因此，没有达到这一程度的行为即使对社会有害也不成为刑罚处罚的对象。立法者只是将具有极高违法性的行为作为犯罪，但如果该行为实施后由于某种事由其行为所实现的违法状态被消灭，该行为就已经不再具有极高的违法性，这时根据具体情况从补充性原则的精神出发，有时能否定对行为的处罚。中止犯就属于这种情况。中止者先前的行为已形成了高度的违法状态，但此后自己消灭了这种状态，实现了恢复法秩序的结果。而且，在没有中止行为结果就会发生的场合，通过他的中止行为避免了引起法益侵害这种更重违法状态的发生。有鉴于此，刑法作出了回避。因此，中止者在曾经实施了违法行为这一点上与从未实施者相比，会在道德层面与社会层面受到不同的处理，但在刑法层面则应做相同的处理。所以，可以认为中止犯的规定是为了在犯罪后实

---

① ［德］Roxin, Sinn und Greezen staatlicher Strafe, Jus 1966, S,382, I. Sp.

现刑法的这种内在的补充性原则而设立的。

补充性原则正如考夫曼所言，具有抑制“刑法的肥大化”的机能。[①] 而立法者是分两个阶段来抑制“刑法的肥大化”的。第一阶段是通过只将具有高度违法性的行为构成要件化，而将作为处罚的对象的行为抑制在必要的最小限度的范围内（构成要件定立前的补充性原则）。第二阶段是对已经构成要件化的行为，在实施之后由于某种事由而认为该行为处罚的必要性减少时，通过不处罚而否定该行为的犯罪性（构成要件定立后的补充性原则）。[②] 可见，德国刑法中对中止犯的规定就是在第二阶段抑制“刑法肥大化”的规定。

综上所述，笔者认为，在德国对中止犯不处罚的规定，其政策根据在于实现了构成要件定立后的补充性原则，而法理论的根据在于中止使违法状态得以消灭。

（二）对日本的分析

由于日本的刑法与德国不同，对中止犯不是不处罚而是进行刑罚的必要的减免，能否将日本刑法中对中止犯减免处罚的根据也求之于刑法内在的补充性原则呢？笔者的回答是肯定的，但是认为必须对与德国刑法的不同之处做一定的修正与说明。

首先，关于日本刑法中免除刑罚的规定。根据补充性原则的要求，鉴于刑罚对被科处者伴随有重大的法益侵害，因而应尽量避免使用刑罚手段。这样一来，即使不采用德国式的不处罚，而如日本式的刑罚的免除，即在承认成立犯罪的基础上，采用不科处刑罚的方法也能够实现补充性原则的目的。因此，也可以认为立法者试图以这种方法实现补充性原则。即通过在刑法中设立中止犯的规定，

---

① ［德］Kaufmann, Subsidiaritätsprinzip und Strafrecht, in：Festschrift für Henkel, 1974, S. 103.

② 参见［日］町田行男：《中止未遂的理论》，现代人文社2005年版，第37～38页。

德国刑法的意图是，在犯罪后抑制“刑法的肥大化”，而日本则是为了防止“处罚的肥大化”。

其次，对日本刑法中刑罚的减轻规定的说明。这就不如对刑罚免除的说明那样容易。的确，虽然是减轻但仍然是科处了刑罚，所以就不能完全实现补充性原则。笔者认为，在考察这一问题之前，必须首先思考日本刑法为什么要并列规定对中止犯的刑罚的免除与减轻。与德国对中止犯不处罚或不成立犯罪相比，日本刑法在刑罚的免除之外还规定了刑罚的减轻，从表面上看对中止犯处理似乎较德国严厉。但是，笔者认为，从实际的处罚效果上看，两国之间对中止犯的处理并没有太大的差距。

例如，甲基于杀人的故意向乙射击使其负致命伤，此后甲后悔而实施相应的救助行为，使乙未死亡，但留下严重的后遗症。在这种情况下，只要承认甲的任意性与中止行为（没有异议），那么就能肯定成立杀人罪的中止。

然而，德国即使对杀人罪承认中止犯，但只要使乙负伤了，甲就应当承担伤害罪既遂的责任，这属于加重的未遂的情况。所谓加重的未遂，是指行为人所中止的重罪中包含了轻罪的既遂的情况，或者说重罪的中止犯中包含了轻罪的既遂犯。① 在这种加重的未遂的情况下，对于成立既遂的轻罪能否处罚，在德国有争议，但现在一般都认为应当处罚。②

与此相对应，日本的情况则与德国的不同。在上述案例中只要认为甲成立杀人未遂的中止，尽管使乙负伤，也不能对甲认定成立伤害罪的既遂。可见，德国与日本对甲的处理是不同的，那么导致这种不同的原因何在呢？笔者认为，在日本，刑法理论认为杀人未

---

① 张明楷著：《未遂犯论》，法律出版社、成文堂联合出版1996年版，第425页。

② ［日］町田行男：《中止未遂的理论》，现代人文社2005年版，第40页。

遂与伤害罪存在法条竞合关系，在这种情况下，伤害罪被杀人未遂所吸收，因此没有成立伤害罪的余地。由此，上述案例中甲仍然只成立杀人的中止未遂一罪，不因伤害罪而受处罚。与此相对应，德国是不处罚中止犯或不成立犯罪，上述案例中甲就不成立杀人未遂罪，所以不能说伤害罪被吸收，因此产生了甲因独立的伤害罪而受处罚的可能性。

日本刑法之所以有减轻处罚的规定，有其合理的根据。那是因为如果只有对中止未遂免除处罚的规定的话，就会导致对具体问题处理的不公正。就如前述案例那样，行为人抱有杀意而给被害人以致命伤，但此后通过任意地中止行为挽救了被害人的生命，因而成立中止犯，一方面，伤害为杀人未遂所吸收不再成立伤害罪；另一方面，如果杀人未遂的中止犯必须被免除刑罚的话，那么只要被害人死亡结果没有发生，无论给其留下了多重的后遗症，行为人都不能因此受处罚。进而言之，由于日本刑法中有暴行罪与胁迫罪，如果行为人实施了暴行、胁迫的行为，那么将会以这些罪的既遂犯受到处罚，而以强奸或强盗为目的实施上述行为，如果此后中止了夺取或者奸淫行为的话，应作为强奸罪或强盗罪的中止未遂免除刑罚，而已经既遂的暴行、胁迫，因被吸收而没有存在的余地，谈不上对其进行处罚的问题。显然，这一处理结论是不妥当的。于是，为了避免上述不合理，就有必要在刑法中设立对中止犯减轻处罚的规定。在前述案例中，对甲考虑量刑时就可适用对中止犯减轻处罚的规定，就可以避免因对甲的免除刑罚而导致的不合理性。因此，立法者对中止犯在刑罚的免除之外还承认刑罚的减轻。

因此，在日本，原则上对中止犯应免除刑罚，但在中止未遂中已经成立轻罪的既遂的场合（加重未遂）应减轻刑罚。由此可见，除了有罪无罪的差别之外，从德国与日本对中止犯最后的处理结果上看基本上没有差别。德国虽然不处罚中止犯，但在加重的未遂的场合还是能成为处罚的对象，而日本虽然对中止者规定了免除刑罚，但在加重的未遂的场合仍应受到处罚，即对其减轻处罚。

笔者认为，将对中止犯减免刑罚规定的立法理由求之于补充性原则，也是可行的。首先，对中止犯免除刑罚的规定的立法理由是行为人亲自消灭所产生的违法状态，以及补充性原则。因此，反过来说，只要行为人没有消灭其行为所产生的违法状态，就不能成立中止，对行为人就应处刑。回到上面的例子，行为人为了救助被害人的生命采取了行动，的确是亲自消灭了自己行为所产生的对他人生命的危险这种违法的状态。在这个意义上，可以认为他成立杀人罪的中止。但是，基于他先前的行为导致对方留有严重的后遗症，所以不能认为杀人未遂中所包含的伤害罪也中止了，因为行为人并没有消灭伤害罪中的违法状态。如果要对上述中止者免除刑罚的话，还必须消灭伤害罪中的违法状态。否则的话，由于违法并没有完全消除，所以只能是刑罚的减轻。据此，只有行为人完全消灭了自己行为所产生的违法状态时，方能免除刑罚。与此相对应，行为人虽然成功地中止了意图实施的犯罪，但并非消灭了包含于其中的轻罪的违法状态，因而只能适用刑罚的减轻。

综上所述，在加重未遂的场合，就行为人所意图实现的犯罪（如杀人罪）而言，虽然达到了防止既遂的目的，但只要这种犯罪中所包含的轻罪（如伤害罪）成立了既遂，由于从轻罪的角度看，并没有达到防止犯罪的目的，所以就只能对其进行刑罚的减轻处理。而在不存在加重未遂的场合，由于完全达到了防止犯罪的目的，所以可以对其免除刑罚。

通过上述分析，笔者对德、日刑法中的中止犯立法理由问题的思考所形成的结论是：行为人由于先前的行为曾经引起了违法状态，但此后亲自消灭了这种状态，并以此为基础对已经形成的未遂的违法性①加以修正，以这种修正后的违法评价为基础考虑对行为人的可罚性程度时，从刑法内在的补充性原则的观点出发，认为中止所实现的违法性没有达到犯罪的强度，因而对中止犯作不处罚的

① 这里的违法性是同时以对行为无价值与结果无价值的考察为必要。

规定（德国），或者虽然达到犯罪的强度，但没有达到科处刑罚的强度，抑或达到科处刑罚的强度，因没有达到行为人所意图实现的犯罪的违法性的强度，而对中止犯作减免处罚的规定（日本）。

二、对我国中止犯立法理由的论证

基于我国的犯罪论体系与德、日等大陆法系国家的犯罪论体系存在很大不同，因此对中止犯立法理由的考察，从表面上看，它是分属于不同理论层面的问题，但是从实质的考察内容上看却是基本相同的，即都是对影响处罚（刑事责任）的诸因素的考察。根据我国刑法第24条第2款的规定："对于中止犯，没有造成损害的，应当免除处罚；造成损害的，应当减轻处罚。"因此，从立法上看，我国与德国的情况不同，与日本则是相同的。即在肯定其犯罪性的前提下，讨论对其减免处罚的立法理由。笔者认为，与日本犯罪论体系的较大差异，决定了我们不可能将日本的研究成果直接照搬进来，但却不能否认，这些研究成果对开拓我们的研究思路大有裨益。笔者以下对我国关于中止犯立法理由问题所形成的结论，主要源于对日本相关理论的思考。

笔者认为，对中止犯立法理由的研究，就是对刑事责任根据的考察。根据张明楷教授的论述："刑事责任是质与量的统一，刑事责任的根据也存在质与量的根据问题。所谓质的根据，是回答行为人应否负刑事责任的问题；所谓量的根据，是回答行为人负多大的刑事责任的问题。很明显，后者是建立在前者的基础之上的，即只有在应当负刑事责任的前提下，才能进一步研究行为人应负多大刑事责任的问题；如果行为人不负刑事责任，则不应再论及负多大刑事责任的问题。可见，刑事责任的根据是具有层次性的。"①

首先，就中止犯刑事责任质的根据而言，根据我国刑法理论通

① 张明楷著：《刑事责任论》，中国政法大学出版社1992年版，第35页。

说的观点，“我国刑法之所以对犯罪未完成形态追究刑事责任，就是因为犯罪未完成形态完全具备了与既遂形态的基本犯罪构成有所不同的修正的犯罪构成的诸要件，完成了主观犯罪故意与客观危害行为的有机结合。此乃犯罪未完成形态负刑事责任最基本、最重要的主客观相统一的根据，这也正是我国刑法认定犯罪未完成形态具有应罚性的主要立法精神所在”①，即行为符合修正的犯罪构成是中止犯承担刑事责任的形式根据。而符合犯罪构成的行为具有严重的社会危害性，从这个意义上说，具有严重的社会危害性是中止犯承担刑事责任的实质根据。在我国，尽管有学者对修正的犯罪构成的概念提出了异议。但是，学者们在中止犯应当承担刑事责任这一点上是没有异议的。

其次，就中止犯刑事责任量的根据而言，我国刑法规定的是刑罚的减免。关于中止犯免除处罚的根据问题以及减轻处罚的根据问题，我国学者的主要观点，笔者已在本章第二节做了一定的分析与评价。笔者认为，我国学者对这一问题的研究基本的思路是正确的。但是，在具体观点的论证上不够严谨，也不够深入。

笔者认为，可以将我国的中止犯的立法理由求之于社会危害性的减少以及刑法内部的谦抑性。具体论证如下：

（一）法律根据

对中止犯的减免处罚的法律根据，笔者同意张明楷教授的观点。即是因为行为人的中止行为使本欲实施到底的犯罪的社会危害性的减少。笔者认为，对中止犯的减免处罚的法律根据的考察，归根到底就是对刑事责任程度根据的考察，具体而言是对影响刑事责任程度的诸因素的考察。而这里的“影响刑事责任程度的诸因素”，是指犯罪构成要件之外的影响行为的社会危害性和人身危险性大小因素，即犯罪构成要件之外，凡是能够说明行为的社会危害

① 高铭暄、马克昌主编：《刑法学》，北京大学出版社、高等教育出版社2000年版，第149页。

性和人身危险性的事实，都是我们这里应该考察的对象。首先，在我国刑法理论中，社会危害性是一个主客观相统一的概念，所以笔者认为，说明行为的社会危害性的事实，也应包括主观与客观两个方面。具体到中止犯，从客观方面说，行为人彻底放弃犯罪或者有效地防止犯罪结果发生的行为，使得犯罪结果没有发生。即中止行为在客观上消灭了既遂结果发生的危险性。而从主观方面说，行为人停止现行的犯罪行为的自动性，是没有发生犯罪结果的主观原因，说明了行为人实现了反规范意思向适法意思的转化，表明了行为人的主观恶性大为减小。上述主客观两个方面说明了中止行为使行为人本欲实施到底的犯罪的社会危害性程度大大减低。其次，关于中止行为人的人身危险性，有学者认为，中止犯减免刑罚的根据之二为人身危险性减小，这里的人身危险性主要是指再犯可能性，中止犯已经实施的犯罪行为征表了行为人一定程度的人身危险性，但其后弃恶从善的中止行为则征表了行为人的人身危险性的减小。当然，由于中止犯罪的动机不同，其人身危险性减小的程度也不一样，但是不可否认，至少在某些场合，中止犯的人身危险性有一定程度的减小。① 笔者不同意这一观点。因为中止犯的成立并非以弃恶从善为必要条件，所以不能因此断言，所有中止犯都存在人身危险性的减小。而且论者后面的补充说明也表明论者意识到了这个问题。笔者并不否认在某些场合，中止犯的人身危险性有一定程度的减小，但是我们这里讨论的是中止犯的立法理由问题，关注的是中止犯的共性，如果仅以部分中止犯存在人身危险性的减少作为根据来探究中止犯的立法理由问题，就难以得出正确结论。所以，笔者认为，由于人身危险性的减小于中止犯不具有普遍性，不能作为对中止犯减免处罚的根据之一。所以，对中止犯减免处罚的法律根据应为行为人的主客观相统一的中止行为使本欲实施到底的犯罪的社会危害性大为减小。也许有学者会因为“社会危害性”概念本身

---

① 张平著：《中止犯论》，中国方正出版社2005年版，第66页。

存在的问题而对本书的观点提出质疑，但是笔者认为，使用“社会危害性”这一概念本身并没有什么问题，问题在于你如何去解释它的内涵与结构，而没有必要否认它。正如张明楷教授所言：“不管如何强调犯罪的形式特征或者法律属性，都不可否认犯罪具有本质特征，否则便否定了犯罪本身。”①

（二）政策根据

对中止犯的减免处罚的政策根据，笔者认为应求之于刑法内在的谦抑性。日本刑法学者平野龙一教授认为，刑法的谦抑性包含以下内容：第一，刑法的补充性。即使是有关市民安全的事项，也只有在其他手段，如习惯的、道德的制裁即地域社会的非正式的控制或民事的制裁不充分时，才能发动刑法。第二，刑法的不完整性。即刑法发动的范围是有限的。它不介入市民生活的每个角落。第三，刑法的宽容性。即使市民的安全受到侵犯，其他控制手段没有充分发挥效果，刑罚也没有必要没有遗漏地都处罚。在现代社会，人不或多或少侵犯他人就不能生存下去，因此，各人在某种程度上必须相互忍耐他人的侵犯。如果对所有的侵犯行为都禁止，反而容易阻碍个人的自由活动。②

我国的张明楷教授认为，刑法的谦抑性，是指刑法依据一定的规则控制处罚范围与处罚程度，具体地说，凡是适用其他法律足以抑制某种违法行为、足以保护合法权益时，就不要将其规定为犯罪；凡是适用较轻的制裁方法就足以抑制某种犯罪行为、足以保护合法权益时，就不要规定较重的制裁方法。③ 梁根林教授认为，非犯罪化、非刑罚化作为当代世界性刑法改革运动的两大主题，是作

---

① 张明楷著：《刑法学》，法律出版社 2003 年版，第 98 页注释。

② 参见［日］平野龙一：《现代刑法的机能》，载平野龙一编：《现代法 II——现代法与刑罚》，岩波书店 1965 年版，第 21 ~ 22 页。

③ 张明楷著：《刑法的基础观念》，中国检察出版社 1995 年版，第 143 页。

为现代刑法基本刑事政策的刑法谦抑性原则的直接要求。[①] 而王明星博士在他的专著《刑法谦抑精神研究》一书中则进一步指出："刑法的谦抑精神以刑法的有限性、迫不得已性和宽容性为内容，而若要实现这些内容的要求，却是非犯罪化、非刑罚化以及轻刑化莫属。这是因为非犯罪化、非刑罚化以及轻刑化充分体现了刑法的谦抑精神，能够切实实现刑法的有限性、迫不得已性和宽容性。"[②] 接着，他对非犯罪化、非刑罚化以及轻刑化的概念以及具体内容做了详细的说明。他认为，所谓非犯罪化，是指刑事立法机关将现行刑法中所规定的轻微犯罪行为或者无被害人的犯罪、受害人是自己的犯罪改为或者解释为合法行为或者一般违法行为的刑事立法活动。[③] 所谓非刑罚化，是指刑事立法机关或者司法机关通过立法或者司法的方式，对于某些比较轻微的犯罪或者较轻的未成年人犯罪而适用刑法所规定的非刑罚处罚方法，或者附条件的不执行原判刑罚，使刑事处罚手段缓和化。[④] 所谓轻刑化，是指国家在刑事立法或者刑事审判过程中，对于符合刑法分则所规定的犯罪构成的行为，能动用较轻刑罚就能达到刑罚的最佳效果的，就决不动用较重的刑法。[⑤]

根据王明星博士的论述，在现代社会，非犯罪化、非刑罚化以及轻刑化都是刑法谦抑性原则的体现。笔者认为，我国刑法对中止

---

① 参见梁根林：《非刑罚化——当代刑法改革的主题》，载《现代法学》2000 年第 6 期。

② 王明星著：《刑法谦抑精神研究》，中国人民公安大学出版社 2005 年版，第 183 页。

③ 王明星著：《刑法谦抑精神研究》，中国人民公安大学出版社 2005 年版，第 187 页。

④ 王明星著：《刑法谦抑精神研究》，中国人民公安大学出版社 2005 年版，第 199 页。

⑤ 王明星著：《刑法谦抑精神研究》，中国人民公安大学出版社 2005 年版，第 209 页。

犯减免处罚的规定，是符合刑法谦抑性原则要求的非刑罚化以及轻刑化在刑事立法中的反映。首先，由于我国刑法的规定已经确立了中止的犯罪性。所以这里不讨论中止犯以刑法谦抑性为根据的非犯罪化问题。这与德国的情况不同。对中止犯立法理由的考察，是在肯定犯罪性的基础上对刑事责任程度根据的考察，所以这里需要讨论的是作为刑法谦抑性原则体现的非刑罚化以及轻刑化的问题。笔者认为，我国刑法第 24 条第 2 款对中止犯应当免除处罚的规定是刑法谦抑性非刑罚化要求的体现，而对中止犯应当减轻处罚的规定则是刑法谦抑性轻刑化要求的体现。从刑法第 24 条的规定中，我们不难发现，我国对中止犯适用“减轻处罚”或者“免除处罚”是以是否“造成损害”为标准的，显然造成损害与否对中止犯所承担的刑事责任在程度上产生了重要影响。对于没有造成损害的中止犯，在性质上它属于比较轻微的犯罪，在刑事立法上，根据谦抑性原则非刑罚化的要求，就应该对其做免除刑罚处罚的处理；对于造成一定损害的中止犯，由于其所反映的社会危害性减轻的程度比没有造成损害的中止犯要小，因此对其的处罚应相对重一些，但考虑到其上仍存在社会危害性的减轻，所以在刑事立法时，根据谦抑性原则轻刑化的要求，就应该对其做减轻刑罚处罚的处理。正如张明楷教授所言：“关于谦抑性的第二个含义的问题是，对于已经确定为犯罪的行为，如果以较轻的刑事责任方式足以抑制某种犯罪行为、足以保护合法权益，就不要用较重的刑事责任方式。”①

综上所述，笔者认为，关于我国的中止犯的立法理由应当从社会危害性的减少以及刑法内部的谦抑性两个方面来说明。

① 张明楷著：《刑法的基础观念》，中国检察出版社 1995 年版，第 159 页。

第三章　时间性

第一节　概　　说

一、时间性的意义

根据德、日刑法的规定，中止犯的成立条件是：第一，必须已经着手实行犯罪；第二，必须基于自己的意志即任意性；第三，必须有中止行为；第四，必须没有发生侵害结果即没有既遂。而条件一与条件四中包含了中止犯成立的时间性条件，中止犯成立的时间性，即中止犯发生的时空范围。在德、日刑法中中止犯成立的时空条件与未遂犯相同，即始于实行着手终于既遂之前。而实行着手与没有既遂这两个问题往往是在讨论未遂犯的具体问题时进行说明。因此，德、日刑法理论在讨论中止犯成立条件时，只说明任意性与中止行为两个条件，而没有对时空条件进行特别论述，但这并不表示中止犯的成立没有时空条件的限制。根据我国刑法对中止犯的具体规定，尽管学界对中止犯成立条件的概括不完全相同，但基本内容是相同的。不过较之德、日，我国中止犯成立的时空范围与未遂犯不同，即除了始于实行着手终于既遂之前这一阶段外，还包括预备阶段。因此，在讨论中止犯的成立条件时就需要对时间性条件做特别说明。我国刑法理论通说认为中止犯成立条件应包括四个方面的内容，即时间性、自动性、彻底性与有效性。时间性是中止犯成立的第一个条件，也是最能反映我国特色的一个条件。不过对

“预备阶段的中止”有无存在的可能性与必要性的问题，不仅在我国学者中存在不同意见，在德、日学者中对这一问题也存在争议。除了“预备阶段的中止”的问题外，关于中止犯的时间性，还存在两个争议较大的问题，即实行行为终了的判断问题以及危险犯的中止问题。笔者下面拟就上述三个问题做具体分析与探讨。

二、“在犯罪过程中”的含义

中止犯成立的时间性，即中止犯发生的时空范围。在我国，根据刑法第24条第1款对犯罪中止概念的规定中，中止必须发生在犯罪过程中。尽管我国学者对条文中规定的“在犯罪过程中”的理解在表述上不尽相同，但观点基本是一致的。它是指从犯罪预备行为发生开始到形成犯罪既遂形态之前的这段时间。中止是相对于既遂这一犯罪完成形态的一种未完成形态，是行为人没有完成其犯罪意图的情况，因此中止只能发生在犯罪终点之前。根据我国刑法理论通说的观点，中止可能发生在三个阶段，即预备阶段、实行阶段和实行后阶段。也就排除了在预备行为开始实施之前，以及犯罪呈现结局以后中止发生的可能性。在我国，尽管刑法没有规定中止犯的种类，但根据刑法对中止犯时空范围的规定，对应于中止发生的三个不同阶段，刑法理论将中止分为三种类型：预备阶段的中止、实行阶段的中止和实行后阶段的中止。由此可见，中止犯在时间性上不同于预备犯与未遂犯。确切地说，中止犯成立的时空范围要大于预备犯与未遂犯。因为预备犯只能发生在预备阶段，而未遂犯只能发生在实行阶段和实行后阶段。

在德、日刑法中，中止犯成立的时空范围是自实行着手开始至侵害结果发生（既遂）之前。这是就总体而言的，但是德、日刑法又进一步将中止分为两种类型，即未实行终了的未遂的中止（着手中止）与实行终了的未遂的中止（实行中止）。着手中止是指已经着手实行犯罪，但在实行行为终了之前，基于自己的意志而停止实施犯罪行为；而实行中止是指在实行行为终了之后，结果发生之前，基于自己的意志，采取某种措施防止了结果的发生。所以，着手中止发生的时间是自实行着手开始至实行行为终了之前，而实行中止的发生时间是在实行行为终了之后至结果发生之前。

我国对“犯罪过程”时空范围的界定，即从犯罪预备行为发生开始，到形成犯罪既遂形态为止。显然，从刑法规定所反映的中止犯的时间性看，我国与德、日是不完全相同的，相同的是都可以发生在实行着手以后形成犯罪既遂形态之前，不同的是我国的中止可以发生在预备阶段，而德、日却不包括预备阶段。从中止的类型上看，德、日是两种，我国是三种，我国的实行阶段的中止对应于德、日的着手中止，而我国的实行后中止对应于德、日的实行中止。

第二节　预备阶段的中止

一、德、日刑法中的预备中止

德、日刑法中的预备中止不同于我国刑法中的预备阶段的中止，它指的是预备罪的中止。所谓预备罪，是指着手之前的准备行为，当刑法规定将这种行为作为犯罪处罚时，这种犯罪就是预备罪。[①] 而所谓预备中止，是指已经进行了某种犯罪准备之人，基于自己的意志放弃了着手实行犯罪。[②] 德、日刑法以不处罚预备犯为原则，处罚的只是少数极为严重的犯罪的预备罪，即对预备的处罚以刑法的规定为限。例如，日本刑法分则规定了8种预备罪，即杀人预备罪、内乱预备罪、外患预备罪、强盗预备罪、放火预备罪、伪造通货预备罪、私战预备罪、绑架勒赎预备罪。由于德、日刑法

---

① 张明楷：《外国刑法纲要》，清华大学出版社1999年版，第281页。

② ［日］香川达夫：《中止未遂的法的性格》，有斐阁1963年版，第152页。

的中止犯存在时空范围是以实行着手为起点的，所以就出现了对预备中止能否类推适用或准用中止犯规定的问题。对于这个问题，存在以下三种观点。

1. 否定说

首先，否定说以犯罪预备的本质为根据，认为预备中存在“中止”是难以想象的。有学者认为，预备罪是一种举动犯，只要行为人实施了预备行为，就成立预备罪的既遂。而一旦既遂就无适用中止犯规定的余地。还有学者主张，即使从形式的方面看，预备罪里也不包括与其基本构成要件同质意义上的实行行为。所以，所谓的着手未遂、实行未遂的观念是不存在的，以这些观念为前提的中止的观念也是不存在的。也就是说，观念上只存在预备是否仅作为犯罪成立、是否可罚的问题，而不存在预备中止的问题。[①] 其次，从刑事政策说的立场出发。持否定说的学者认为在着手实行后，由于法益侵害的危险性逼近，所以有必要构架一座“返回之路的黄金桥梁”，但在离既遂还有相当长距离的预备阶段，并没有必要构架这座桥梁。[②] 再次，从罪刑均衡的角度。有学者明确指出，即使预备不类推适用中止未遂的有关规定也不会引起刑罚的不均衡，因此没有必要为了刑罚的均衡而承认类推适用。不均衡是由于解释的误算所致，既然刑法已经设定了预备罪，就表明这种犯罪是应受处罚的犯罪，所以即使在着手实行后中止了实行行为，也未必会使预备罪的罪责丧失；而且，对于设定了预备罪的基本犯罪，即使是在中止未遂的情况下也不会都免除处罚，如果将刑罚的免除仅限于预备罪不予处罚的犯罪的中止未遂，那么将完全不会引起刑

① ［日］藤木英雄：《刑法总论讲义》，弘文堂1975年版，第265页以下。

② ［日］平野龙一：《刑法总论Ⅱ》，有斐阁1975年版，第338页。

罚的不均衡问题。[1]

对于德国刑法中中止犯的规定（旧法第46条第2款，新法第24条第1款）是否可以类推适用于预备罪，也一直存在争议。否定类推适用的观点认为，预备罪是“形式上已经完了的犯罪”(formell vollendetes)，所以“预备中止”是不可能存在的，所以也就不能类推适用在文理上以未遂犯为前提的中止未遂的规定。本来德国刑法对于分则所规定的一定的预备罪就包括了个别揭示了中止行为特别规定的情形（第83条a之第2款、第311条c之第3款第2项、第316条c之第4款等），但否定说将这些规定理解为例外的措施，主张假设中止未遂的规定可以类推适用于预备罪，那么这些特别规定存在的根据也就丧失了。[2]

2. 肯定说

首先，从预备罪的本质出发，肯定说强调的是预备罪的非独立性。认为将预备罪作为预备——未遂——既遂这一犯罪发展阶段中的一个阶段，它与未遂一样，预备也是被修正的构成要件，是与基本构成要件有关的一个概念，如果作为预备的发展阶段的未遂，可以适用刑法第43条但书的规定，那么在预备阶段就停下来的行为也同样应当受到法律的恩典。[3] 其次，肯定说站在刑事政策说（包括合并说）的立场上，从防止结果发生这一政策的立场出发，认为在着手实施以前的预备阶段承认刑罚的必要减免会更有利于使行为人放弃预备。同时，肯定说还站在责任减少说或者违法性减少说的立场，认为从责任减少或违法性的减少出发，同样也可以推导出

---

① ［日］植松正：《再订刑法概论Ⅰ总论》，劲草书房1974年版，第335～336页。

② ［日］城下裕二：《预备中止》，载《札幌学院法学》第8卷第2号。

③ ［日］掘内捷三：《预备的中止》，载《刑法判例百选Ⅰ总论》（第二版），有斐阁1984年版，第156页。

“预备中止”与“中止未遂”是同样的。① 再次，肯定说站在罪刑权衡论的角度，指出假若对预备罪不能准用中止未遂的规定，那么着手实行后进行中止有免除刑罚的可能性，而着手实行前的预备阶段的放弃行为则要作为预备罪受到处罚，完全没有免除处罚的可能性，这是很明显的刑罚不均衡。例如，准备抢劫之人，用手枪对准了对方之后任意地放弃则可以被免除处罚，而用手枪对准对方之前任意地放弃不但不被减免处罚而且还要被处于“二年以下徒刑”(刑法第 237 条)，这是极不合理的。大多数支持肯定说的论者都以刑罚的均衡论作为主要根据，也有一部分持肯定意见的论者仅以此为根据。

但是，根据刑罚的均衡论，对于预备罪可以类推适用中止未遂规定的范围，肯定说中又有三种见解。第一，对于所有的预备罪都承认刑的不均衡的见解；第二，仅在对预备罪的处罚较之中止未遂重时承认刑的不均衡的见解；第三，将预备罪分为独立罪和非独立罪，仅在后者承认刑的不均衡的见解。② 但是，第三种见解都被作为“二分说”加以单独探讨。

3. 二分说

二分说认为，独立的预备罪不可能成立中止犯，但非独立的预备罪能够成立中止犯。二分说原则上立足于肯定说，但同时二分说对预备罪的本质及刑罚的均衡性又做了进一步的分析：对于非独立的预备罪，二分说与肯定说观点一样，认为如果不承认类推适用刑法第 43 条但书的规定，那么在“预备中止”与中止未遂之间就会产生刑罚的不均衡。而对于独立罪的预备罪，由于即使在实行着手后中止，该预备罪也不会被基本犯所吸收，所以即使不承认类推适用刑法第 43 条但书的规定，也不会产生刑罚的不均衡问题。③

---

① ［日］内藤谦：《中止犯（3）》，载《法学教室》第 113 号，第 73 页。

② ［日］城下裕二：《预备中止》，载《札幌学院法学》第 8 卷第 2 号。

③ ［日］西原春夫：《刑法总论》，成文堂 1977 年版，第 272 页。

在日本，学界的通说是肯定说，但是判例却以否定说为主。我国学者张明楷教授对上述三种观点作了如下评述，他认为，上述三种观点都具有一定的道理，但都有缺陷。否定说具有解释论的理由，肯定说具有合目的性的理由；换言之，否定说有利于法的安定性（严格依照法律规定作出解释、进行适用），而肯定说则有利于实现具体的妥当性（有利于实现刑罚的均衡）。反过来，否定说与肯定说的缺陷也相当明显，即否定说忽视了合目的性，肯定说有损法的安定性。折中说将对法的安定性的损害控制在最小限度内，并实现了合目的性，但单纯从刑罚均衡的角度肯定部分预备犯的中止，并没有说服力，甚至给人以自相矛盾的感觉。[①] 笔者同意张教授的结论，的确在法的安定性与法的合目的性存在矛盾的情况下，在刑法的解释上，如何做到最大限度地兼顾两者的价值，是件非常困难的事。

二、我国刑法中的预备阶段的中止

（一）应否设立“预备阶段的中止”

在我国，预备阶段的中止也被称为预备中止，其时空范围始于预备行为的开始，终于犯罪实行行为着手之前。具体是指行为人在犯罪预备行为开始后，实行行为着手前，自动放弃犯罪意图，不再继续实施犯罪预备行为或者没有着手犯罪实行行为的情况。显然，预备阶段的中止也有两种情形：其一是行为人在犯罪预备行为实施完毕之前，自动放弃犯罪意图，不再继续实施犯罪预备行为的情况；其二是行为人已将犯罪预备行为实施完毕，但在实行着手之前，自动放弃犯罪意图，没有着手犯罪实行行为的情况。

我国学界对预备阶段的中止的特征的界定不存在争议，但是近来却有不少学者从刑事立法的角度对刑法中应否设立预备阶段的中

① 张明楷著：《未遂犯论》，法律出版社、成文堂联合出版 1996 年版，第 461 页。

止问题提出了质疑。例如，有的学者首先从分析大陆法系国家刑法的具体规定入手，他指出，大陆法系国家对中止犯的规定都有一个共同点，即在中止犯的时间范围方面均未将犯罪预备阶段包括在内。然后进一步从实然与应然两个角度进行分析，认为在实然上，犯罪预备阶段应当包括在犯罪中止的时间范围之内，因为这是我国刑法的规定。而在应然上，不应将犯罪中止的时间范围规定为“在犯罪过程中”，即应明确规定犯罪中止以着手实行犯罪为起点，排除犯罪预备阶段成立犯罪中止的情况。其原因在于：首先，犯罪预备的立法方式有很大的弊端；其次，将犯罪中止的时间范围扩大到犯罪预备阶段并不现实，已不符合我国刑法中的主客观相统一的原则；再次，预备中止犯的规定不符合当今“非犯罪化”的世界刑法思潮。[①] 也有论者从辩证法以及犯罪中止的理论基础（立法本意）来看，认为不宜将犯罪预备阶段的中止规定为犯罪，犯罪中止的行为也随之不能从预备阶段开始。[②] 还有学者认为，我国刑法应借鉴多数国家或地区的做法，原则上仅处罚着手实行行为后的中止犯，而不应将预备阶段的中止犯纳入刑法调控的范围。理由如下：其一，从预备阶段的中止所反映的客观危害性与行为人的人身危险性来看，没有必要动用刑罚；其二，从各国的刑事立法例来看，均规定只是处罚发生在着手实行犯罪阶段的中止犯，而将预备阶段的中止犯排除在处罚范围之外；其三，就司法实践来看，对预备阶段的中止予以处罚的情况十分罕见。[③] 但是，笔者认为上述观点过于绝对，笔者认为不宜将犯罪预备阶段的中止犯排除出刑法调

---

① 参见赵秉志主编：《犯罪总论问题探索》，法律出版社 2003 年版，第 460～462 页。

② 参见袁彬：《犯罪中止研究》，中国政法大学 2003 年硕士学位论文，第 13 页。

③ 参见张平著：《中止犯论》，中国方正出版社 2005 年版，第 266～267 页。

控的范围。理由笔者将在后面做具体分析。

(二) 对我国预备阶段中止之规定的评价

笔者认为，正是由于我国刑法对中止犯成立的时空范围的规定不以着手实行为前提，对所有预备行为均能适用中止犯减免刑罚的规定，所以就不存在如德、日刑法理论中对预备罪的中止能否适用或准用中止犯规定的争论。但是，正如笔者前面所论述的，我国学者对我国刑法将预备阶段的中止纳入调控范围则是一片批评之声。笔者不能同意上述学者的观点。因为如果像上述论者建议的那样，对中止犯的时空范围重新界定，即排除预备阶段，而以实行着手为中止的时空范围的起点。这样一来，就意味着任何预备行为都不可能成立中止，那么对于那些严重的犯罪诸如故意杀人罪、抢劫罪以及绑架罪的预备行为的中止都不以犯罪论，这样一来势必不利于对合法权益的保护，而且还会带来新的问题。

其一，预备阶段的中止有两种情况：一是行为人在犯罪预备行为实施完毕之前，自动放弃犯罪意图，不再继续实施犯罪预备行为的情况；二是行为人已将犯罪预备行为实施完毕，但在实行着手之前，自动放弃犯罪意图，没有着手犯罪实行行为的情况。很显然，后一种情形所反映的社会危害性大于前一种情形。那么，就前一种情形而言，行为人自动放弃犯罪意图，不再继续实施犯罪预备行为。表明行为人已经开始实施预备行为了，但是根据预备行为本身的性质分析，它属于整个犯罪行为的一部分，如果不是因为某种原因停顿下来，预备行为就会进一步发展为实行行为，最终导致危害结果的发生。因此，尽管预备行为并非导致结果发生的直接原因，但是预备行为已经对刑法保护的合法权益构成了威胁。预备阶段的中止是在预备行为的进行过程之中的停顿，而在主观罪过支配下的“严重犯罪”的预备行为一旦开始实施，就不能否定它的犯罪性，那么作为预备阶段发展过程中的中止，也不应否定其犯罪性了。而对于这里的“严重犯罪”的界定，应该对行为的社会危害性程度进行综合性判断。不过，这一判断标准很抽象且不具有可操作性。

在国外刑法中犯罪有轻罪与重罪之分，而我国尽管刑法中没有对此作出明确划分，但是根据刑法第 67 条的规定，对犯罪后自首，其中“犯罪较轻”的可以免除处罚。这一规定暗示了从逻辑上我国刑法理论研究中也可将犯罪划分为重罪与轻罪。以本书不成熟的考量，可将这里的“严重犯罪”理解为法定最低刑为 3 年以上有期徒刑的犯罪。不过，这一观点的合理性还有待进一步论证。

其二，从日本的情况来看，因为日本对中止犯的处罚规定与我国比较相似。尽管没有规定对所有的预备犯都处罚，而仅以刑法分则的规定为限。这些预备罪从性质上看，都是极为严重的犯罪。对于这些犯罪也并没有因为中止而否定其犯罪性，所以日本学者的讨论集中在是否类推适用或准用中止犯的规定的问题，而不是成立犯罪与否的问题。因为日本刑法对中止犯的规定不是不处罚，而是减免处罚，而作为前提的是确立其犯罪性。那么，对于像日本刑法中规定的预备罪，对这些预备罪的中止，根据我国上述批评论者的观点，都做非罪化处理是否妥当？

其三，尽管在我国自 20 世纪 90 年代开始，受绝对客观主义的影响，主张在刑法总则中废除处罚预备犯以及犯罪预备阶段中止的呼声很高，笔者不否认它有一定的合理性，但是伴随科技的高度发展，现代社会已变成了一个危险社会，德、日等发达国家为体现对特殊法益的保护，如对环境犯罪的处理，已体现了刑法保护前置化的倾向。因此，为了应对日渐危险的社会，我们不应轻易否定预备阶段中止的可罚性。

其四，笔者认为，我国关于预备中止的规定有利于解决德、日刑法理论中争议较大的共犯脱离的问题。例如，日本有学者认为，日本的中止犯只限于着手实行之后，而在着手实行之前，亦存在脱离共犯关系的现象，因此，需要以共犯关系脱离之概念弥补犯罪中止规定涵盖范围过窄之缺陷。[①] 共犯脱离理论产生的很大原因是源于日本刑法对中止规定涵盖范围过窄。所以笔者认为上述论者的观点过于片面，是一种就事论事的表现。

其五，笔者认为，由于我国刑法第 13 条规定了“情节显著轻微”的情况，因此这一限制性规定不会导致预备阶段中止的处罚扩大化。另外，我国刑法对没有造成损害的中止犯，规定应当免予处罚，对预备阶段的中止同样适用，非刑罚化同样可以体现刑法谦抑性的要求。

基于上述理由，笔者认为，我国刑法对中止犯的规定是比较理想的。因为它较好地确保了法的安定性与法的合目的性。

第三节　实行行为终了的判断标准

在德、日刑法理论上，对未终了未遂与终了未遂概念的认识已经不存在争议。所谓未终了未遂，是指还没有将引起结果所必要的行为全部实施完了的情况，而终了未遂则是全部实施完了的情况。存在激烈争议的是对引起结果所必要的行为完毕与否的判断问题。尤其是对诸如甲基于杀意用可连续发射子弹的枪支向乙射击，仅射击了一次，在有可能进行第二次射击时停止了的情况。到底是应当视为未终了未遂还是终了未遂，理论上存在尖锐的对立。笔者拟就这一问题展开如下探讨：

一、德国的学说及评析

在德国，关于实行行为终了与否的判断标准，存在三种见解，即行为计划说、全部行为说以及个别行为说，并且这三种观点呈三足鼎立的状态。

---

① 参见陈家林著：《共同正犯研究》，武汉大学出版社 2004 年版，第 289 页。

1. 行为计划说

行为计划说由1960年1月15日联邦最高法院（BGH）的判例①所主张。该案简要案情是：分居中的妻子为打扫卫生而回家，丈夫试图与妻子搭话，但妻子完全不予理睬。感到愤怒的丈夫用登山用的匕首刺入妻子心脏下方至少7厘米深，然后马上拔了出来。妻子痛苦地呼叫并从丈夫手中夺过匕首扔到走道上，急忙离家赶往医院。此后，丈夫两次试图自杀。联邦最高法院在判决中指出："有关犯罪行为在刑法第46条第2款（终了未遂的中止——译者注）意义上终了与否的问题，要由行为人在开始实施行为时，为了实现该当构成要件的结果，认为何种行为是必要的，以及准备实施什么样的行为所决定。他按照预定的计划实施了这些行为时，未遂就是终了的。与此相对，如果行为人在开始实施犯罪行为之前，并未对实行行为作出限定，那么就会产生如下问题，即行为人决意不再继续实施实行行为时，他对之前的行为期待何种效果或是否认为行为可以继续实施，就难以判断。"②

根据判例的这一立场，在决定未遂是否终了时，首先应看行为开始时，行为人是否有犯罪计划。如果有的话，那么计划完了时，未遂就终了了。因此，对于上述设例，如果甲只是计划通过开一枪杀死乙的话，那么在射击失败后，即使有再开第二枪的可能，仍然属于终了未遂。与此相反，如果在行为开始时，行为人在事前并没有犯罪计划的话，那么在停止行为时行为人本人的认识就很重要。如果他不认同先前行为已经引起的结果，并且认识到行为有继续实施的可能性时，是未终了的未遂，反之则是终了未遂或欠效犯。

行为计划说在理论界得到了威尔泽尔和毛拉赫（Maurach）的支持。然而，理论界对该说的评价并不高，有学者对该说提出了如下几点批评：

---

① ［德］BGHSt. 14，S. 74ff.

② ［德］BGHSt. 14，S. 79.

（1）盖伦指出，按照该说，如果行为人打算通过数个手段行为来实现犯罪计划，在实施了其中一部分行为后，放弃了进一步实施剩下的行为，即使其中一部分行为已经产生了结果发生的危险，但还有中止犯成立的可能性。[①] 例如，原先的犯罪计划是先用匕首刺杀对方，使其身体虚弱后再投入海中溺死。在刺伤对方后因为同情对方而放弃了投入海中的行为。这时，由于行为人并没有将犯罪计划实施完毕，所以是未终了未遂。那么即使认识到已经实施的刺伤行为有发生死亡结果的可能性，只要有放弃投入海中这种单纯的不作为就有可能承认中止犯的成立。然而，通说认为，中止行为以结果回避的意思为必要，因而认识到结果发生的可能性而停止后续行为的场合，不能说有结果回避的意思。因此，按照行为计划说，是否也会否定这里的中止行为呢？

为了避免上述批判，也有学者对行为计划说进行了修正。认为行为人即使没有将计划的行为全部实施完毕，但是只要对他而言认为先前实施的行为有发生结果的可能时，在这一阶段的未遂就是终了的。但是这种修正实际上是放弃了根据行为人的计划来判断实行行为的终了时期，也等于否定了行为计划说本身。

（2）有批判认为，该说会使犯罪时考虑到多种犯罪方法的"危险的"[②]、"冷血的"[③] 行为人比其他犯罪人处于更有利于成立中止的地位。也就是说，拥有多种犯罪手段的行为人比一般的行为人更有可能成立中止犯。再者，在先前的行为失败后，在行为人存在继续实现犯罪的可能性的情况下，会因行为人犯罪计划的有无而

---

① ［德］Geilen, Zur Abgrenyung zwischen beendeten und unbeendeten Versnch, JZ 1972, S. 340, 1. Sp.

② ［德］Jescheck, Lehrbuch des Strafrechts, Allgemerner Teil, 4. Aufi., 1988, S. 488.

③ ［德］Maurach/Gossel/Zipf, Strafrecht, Allgemeiner Teil, Teilband, 2, 7. Aufl., 1988. S. 61, Rn. 25.

作出不同的处理。例如，企图一枪杀死被害人的行为人在射杀失败后，尽管存在发射第二枪的可能性，然而行为人成立中止的可能性却不及没有开几枪计划的行为人。

（3）根据行为计划说，在行为人有计划时，应以实施行为时行为人的感知为标准来判断未遂的终了与否；而在行为人没有计划时，应以先前的行为停止时行为人的感知为标准。但是这种划分标准忽视了区分未终了未遂与终了未遂的意义。如前所述，区分两者的意义在于确定中止行为的类型，既然如此就应当以停止行为时行为人的感知作为标准。在行为开始时，行为人并不一定能准确预测行为的发展。例如，计划在第一枪打偏时就开第二枪的情况下，第一枪是否命中在行为时是不可能预测的，只有以停止行为时的状况为基础才能够确定什么样的行为适于阻止结果的发生。也就是在打偏的情况下，放弃第二枪的不作为；而在打中的情况下，则需要积极救助的作为。①

（4）最后，如克劳斯（Krauß）所指出的那样，即使当初有犯罪计划，此后也可能发生变更。而行为计划说却不能正确处理这种情况。②

笔者认为，如果行为人还存在将犯罪继续实施下去从而达到既遂的可能性，只要行为人在这种情况下通过放弃后面的行为就能够消灭既遂结果发生的危险性，那么无论计划的有无，都可以承认中止的成立。对中止行为而言，重要的是既遂结果发生的危险性的消灭与否，而不是行为人计划的有无。

由于行为计划说存在上述缺陷，于是在 1982 年 12 月 3 日联邦

① ［日］山中敬一：《着手中止与实行中止》，载《关大法学》第 34 卷第 3·4·5 号，第 257～259 页。

② ［德］Krauß，Der strafbefreiende Rücktritt vom Versuch，Jus 1981，S. 884，r. Sp.

最高法院的判例[①]中被放弃。简要案情是：甲出于盗窃的目的潜入同居的女性的房间，由于被对方发现便想杀死对方后逃跑。因此，基于确定的杀意用匕首刺向对方，由于遭到抵抗，便掐住对方的脖子使其昏迷。但此后由于并不明确的理由甲停止了犯罪行为。此时他已经无法判断被害人的生死，而认为可能死了，于是逃离了犯罪现场。法庭的意见如下："行为人在最后的实行行为之后……认为该当构成要件的结果有可能发生时，通例认为未遂是终了的。但是，在这种场合，行为人是否有行为计划并不是问题。在判断行为人根据其感知是否'放弃继续实施所为'时——除了欠效犯的场合——不应当由其在着手实施时是否对引起结果的方法有无考虑，或考虑的详细程度所决定。"

2. 全部行为说

全部行为说主张，行为人在实现犯罪时所用的最初的手段失败之后，他还留有其他手段且该手段与行为人先前的行为被认为是单一的行为（Tat）时，即使先前的行为对于结果的发生是充分的行为，也应认为在后来的行为完毕之前，未遂没有终了。联邦最高法院在 1956 年 12 月 30 日的一个判决中采用了全部行为说的结论。[②]案情如下：

被告人因自己的行为遭未婚妻解除了婚约，他为了使对方回心转意，约女方在车中谈话，请求对方同意再度交往，但遭到了拒绝。行为人因而情绪激动，决定对对方施加有可能致死程度的暴力，他使用放在后座上的瓶子猛烈殴打对方头部。他知道这样并不能使对方死亡，由于车内狭窄，行为人认为无法用瓶子进行更猛烈的殴打，他基于杀人的决意，在考虑到不得不用其他方法实现犯罪的情况下，用双手掐住对方的脖子试图掐死对方。但行为人却又在对方昏迷后突然停止了犯罪行为。其停止的原因是认为对方已经死

---

① ［德］BGHSt. 31，S. 170ff.

② ［德］BGHSt. 10，S. 129ff.

亡还是改变了主意，无法确定。此后，被害人清醒过来后逃走了。

对于这一案件，联邦最高法院确定了以下原则：（1）与行为人预料的相反，在最初的手段失败之后，决定采用其他方法实现同一犯罪决意时，通例认为存在自然行为的单一性。但是，当行为人认为最初开始使用的一定手段有问题时，第二个行为可以视为独立的行为。（2）（停止在未遂阶段的）最后行为的中止，只要其不是与全部事态相独立的部分，就应当视为形成单一性的所有的行为。理论上与上述判例一样，对于在何种场合数个行为能够形成单一的行为，理论上一般认为可求之于竞合论中的“自然行为的单一性”。

对此，持个别行为说的学者做了如下批判：“在确定未终了未遂的范围时，关键问题在于基于任意停止行为的继续实施的结果，一个或者数个未遂是否应作为未遂行为不可罚。而不是数个未遂是否显示为一个可罚的行为。”[①] 也就是说，竞合论中的问题是复数未遂在什么范围内应作为一个未遂行为加以处罚，而中止论中则是数个未遂在什么范围内应作为一个中止犯而不处罚。两者分属不同的领域，因此将竞合论中的“自然行为的单一性”这一概念适用于中止犯论是不妥当的。鲍曼（Baumann）也从个别行为说的立场出发，认为对开了99枪没有命中目标的人而言，以没有开最后的第100枪为理由，能够消灭前面99枪的杀人未遂的可罚性是不合适的。[②] 但是，海因彻尔－海内克（Heintshel－Heinegg）认为，如果行为人没有中止，上述行为就只能根据德国刑法第22条的规定，作为一个未遂加以处罚。因此，在中止的情况下也应当作为刑法第24条（中止规定）的一个未遂行为加以处理。因此，不处罚上述

① ［德］Ulsenheimer, Grundfragen des Rücktritts vom Versuch in Theorie und Praxis, 1976, S. 236.

② ［德］Baumann/Weber, Strafrecht, Allgemeiner Teil, 8. Aufl., 1977, S. 516.

99 次开枪行为，没有任何的不合理。[①] 贝格曼（Bergmann）也认为，竞合论中的未遂行为的单一性与中止犯论中所讨论的是一回事，当然可以在中止犯论中使用“自然行为的单一性”这一概念。[②]

关于全部行为说还有一个问题，就是如何理解这种自然行为单一性的具体内容。耶塞克（Jescheck）曾列举承认这种单一性的条件是：“部分行为接连实施在时间上的关联、未遂行为的反复仅导致不法内容在量上的提高、单一动机的状况仍存续”[③] 等。具体而言，应当综合考虑以下因素来认定行为的单一性：首先，从事实的角度看，能够承认中止的行为与之前的行为之间故意的同一性。没有认定有新的故意，并且两者的行为都是针对同一法益的侵害。另外，这些行为在时间以及场所上都是密接实施的。其次，从规范的角度看，两者行为之间的违法性与有责性的内容只有量的差异而没有质的差异。应当综合考虑以上因素来认定行为的单一性。

3. 个别行为说

个别行为说主张，行为人在中止前所实施的行为是否是引起结果的充分行为，如果答案是肯定的，就应该承认是未遂的终了。这种学说的根据主要有以下三点，即刑事政策上的根据、事实上的根据以及理论上的根据。但是德国学者的论述方法主要是通过否定全部行为说来肯定个别行为说。下面依次加以讨论。

（1）刑事政策上的根据。如果如全部行为说那样，认为行为人为实现犯罪所准备的数个手段行为形成了单一的行为时，即使这

---

① ［德］Heintshel - Heinegg, Versuch und Rücktritt, ZStW, Bd. 109. 1997, S. 42.

② ［德］Bergmann, Eeinzelakts - oder Gesamtbetrachtung beim Rücktritt vom Versuch? ZStW, Bd. 100, 1988, S. 356.

③ ［德］Jescheck, Lehrbuch des Strafrechts. Allgemeiner Teil, 4. Aufl., 1988, S. 489.

些手段各自都是能引起结果的充分行为，但只要最后的行为还没有完毕，未遂就没有终了。因此，为了顺利实现犯罪而准备了数个手段的行为人，比一般的人在成立中止的问题上得到了更有利的处置。

例如，只打算用绞杀的手段杀人的行为人，由于对方身强力壮而失败时，就没有了中止的可能性。与此相对，同样计划用绞杀手段但准备在万一不能的情况下使用匕首的行为人，在绞杀失败后没有使用匕首，这就有成立中止的可能性。但是，对于这种精心准备犯罪计划的狡猾的行为人，反而在刑法上得到了更有利的对待，从刑事政策上看是不妥当的。①

笔者认为，对全部行为说的上述批评值得商榷。首先，与一般人相比，准备了数个犯罪手段的人并不必然总是属于危险的人。例如，职业杀手事先经过了专门训练，充分考察了犯罪现场，精心设计了逃跑路线，但从一开始就准备只使用单发手枪一枪击中对方。作为职业杀手与因为口角而产生杀意，用偶然持有的可以连发的枪连续开枪直至把对方打死的行为人相比，显然前者比后者更具狡猾性、危险性。因此，仅以行为人所使用的手段的个数来判断犯罪者的危险性是不正确的，还应当考虑其他的因素。其次，即使根据个别行为说，对于计划周密的、狡猾的并且危险的行为人而言，有时也可能会比一般的行为人在刑法上得到更有利的对待。例如，比较下面两种情况：为了毒杀他人只打算一次下毒就实现杀人目的的情况，与害怕被发觉而每日使用微量的砒霜，以伪装成自然死亡的假象而最终实现杀人目的的情况。应该说，后者比前者更为恶劣。但是，无论是全部行为说还是个别行为说，在成立中止犯的问题上，都会是后者比前者得到更有利的处置。因为前者只需一次投毒行为，未遂就终了，所以如果这一次投毒行为失败的话（例如，将

① ［德］Geilen, Zur Abgrenyung zwischen beendeten und unbeendeten Versnch, JZ 1972, S. 338, 1. Sp.

下毒的咖啡递给对方，但对方一时疏忽将杯子打翻），就没有中止的可能性（欠效犯）。而与此不同的是，后者在最后的投毒行为实施完毕之前未遂都没有终了，所以仍然有基于不作为而中止的可能性。这样的话，做了周密准备的行为人更具成立中止的可能性。

这里有一点需要说明，即数个行为在刑法上被视为单一时，法律效果也是同一的。所以，在这种单一性范围内所产生的刑法处置上的不平等是刑法所默认的。关于这一点，可以从罪数论上加以说明。例如，行为人出于杀害的目的用手枪开一枪但失败了，与连续三次射击但都失败了相比较，无论行为人射击次数多少，理论上都没有争议地认为仅构成一个杀人未遂。然而，虽说两者都失败了，前者实现犯罪的机会只有一次，而后者则有三次，在此意义上，可以说后者更加危险。但尽管如此，也没有人认为后者应成立三个未遂行为。法律对一次射击也好，三次射击也好，都只作为一个未遂行为，赋予同一法律效果。这说明法容忍了二者之间危险性的差异。

中止也是如此。比较一个行为导致的未遂与数个行为导致的未遂，通常后者形成未遂的期间更长，因此中止的可能性更大。然而，即使是数个行为导致的未遂，但只要承认其行为的单一性，法律就将其作为一个未遂，与一个行为导致的未遂同样处理。显然对于两者之间在中止成立范围上的差异，立法者采取了容许的态度。那么对于周密计划，准备了数个犯罪手段的行为人更具中止成立的可能性，就应该看作是法所容许的。

从刑事政策上看，罗克辛做了如下论述：行为人用瓶子或者扳手向对方施加能引起死亡强度的殴打，但对方并未马上死去时，行为人仍有呼叫医生等其他方法来救助对方性命的中止的可能性。而对于行为人基于杀意用瓶子殴打被害人，只要殴打是引起人死亡的充分的行为，在只打一次就停止了的情况下，即使没有发生死亡的危险，行为人呼叫医生等进行中止的可能性就不存在（基于杀意用瓶子等的殴打，如果是引起人死亡的充分行为的话，根据个别行为说就是终了未遂)。因此，按照个别行为说，“用并不危险的方法殴打的行为人没有中止的可能性，而实施对生命有危险的殴打的行为人，仍然有中止的可能性。”① 笔者也认为，在这一点上的确不合理，但是仅以此为由而否定个别行为说，笔者认为不妥。因为不仅仅是个别行为说会产生这一不合理，采用全部行为说同样存在这一问题。例如，甲基于杀意用只装了一颗子弹的手枪向乙射击，但没有命中。在这种情况下，个别行为说自不必说，就是全部行为说也认为没有开第二枪的可能性，是终了的未遂。而且由于子弹射偏了，甲也没有通过救助、治疗等行为来进行中止的可能性。但是，如果第一枪就命中了乙，但他并没有死，这时无论根据上述两说中的哪一种学说，甲都还有通过救助等进行中止的可能性。显然，后一种情况与前一种情况相比，行为人给对方生命造成了更大的危险，但在中止的成立上反而更具可能性，这的确不合理。但是并非仅个别行为说会产生这种不合理，所以简单地放弃个别行为说并不能解决这一问题。

不过，罗克辛又提出了下列批判，即某人基于杀意实施了最初的殴打之后，对于是否中止产生犹豫。按照个别行为说，只要最初的殴打是引起死亡的充分的行为，那么就不能承认中止的成立。这样的话，行为人可能会作出与其因在杀人未遂的中途停止而受到起诉继而被处罚，不如杀死对方而避免受处罚的选择。但是，与救助相比更可能促使杀害行为发生的结论在理论上是没有说服力的。②当然，由于一般的犯罪者根本不会知道个别行为说等学说，所以，实际上发生上述情况可能性几乎为零，但并不能因此而否认对个别

① ［德］Roxin, Der fehlgeschlagene Versuch, Jus 1981, S. 8, 1. Sp. 作同样的批判的还有［日］山中敬一:《着手中止与实行中止》，载《关大法学》第34卷第3·4·5号，第269~270页。

② ［德］Roxin, Der fehlgeschlagene Versuch, Jus 1981, S. 8.

行为说的不合理的批判。①

采用个别行为说的雅克布斯承认，为实现犯罪准备了数个手段的考虑周密的行为人比并非如此者在中止的问题上得到了更有利的对待，② 以及个别行为说从刑事政策上看的不利之处。③

（2）事实上的根据。按照全部行为说，中止的有无判断存在由被告人供述的内容所左右的危险。例如，行为人在射杀失败后，实际上并没有其他的犯罪手段，无法实现犯罪，但仍然通过律师的提醒或自已的思考，捏造说自己在失败后，本打算准备用匕首刺杀对方但中止了。这时，根据全部行为说，如果承认射杀行为与刺杀行为组成一个单一的行为的话，就可以以刺杀行为的中止为理由承认中止犯的成立。这样的话，只要无法证明被告人的供述是虚假的，就不能不承认其构成中止犯，因而缺乏妥当性。④

不可否认，上述情况的确存在。但是根据案件审理时所查明的各个具体情况，可以推断出中止时行为人的感知内容。例如⑤，行为人以杀害的目的用手枪射击后而停止的情况，与用匕首刺杀后而停止的情况，与用钝器殴打之后而停止的情况，只要手枪中还有子弹或随身携带有子弹，或者匕首、钝器仍然处于可以使用的状态，如果没有特殊的情况，应当承认行为人认识到还有继续实施行为的可能性。相反，如果并非如此，则可以否定行为人的认识。再者，如果行为人在使用某种手段实施犯罪失败后，自己主张还有用别的

---

① ［德］vgl. Roxin, Der fehlgeschlagene Versuch, Jus 1981, S. 8, r. Sp.

② ［德］Jakobs, Strafrecht, Allgemeiner Teil, Studienaufgabe, 2. Aufl., 1991, S. 749, Anm. 30.

③ ［德］Jakobs, Strafrecht, Allgemeiner Teil, Studienaufgabe, 2. Aufl., 1991, S. 749, Rn. 30.

④ ［德］Geilen, Zur Abgrenyung zwischen beendeten und unbeendeten Versnch, JZ 1972, S. 338, 1. Sp.

⑤ 本书之所以举杀人罪的例子，是因为全部行为说与个别行为说的对立就是与杀人罪的中止有关而展开讨论的。

方法实施的可能时，就需要分析其事实上是否处于还可使用别的手段的状态。如果他所指的别的手段是用手枪或匕首的话，那么看他当时是否有拿到手的可能；如果是用绞杀或拳头进行殴打的话，就需要通过考察他与对手的体力情况，分析其是否认识到有继续实施的可能。

当然，有时通过上述方法也难以明确行为人的认识内容。这时就需要通过考察被告人的供述内容来决定中止的有无。对此，笔者认为，只要没有证据证明其供述的内容是虚假的，就不能否认中止存在的可能性。这种判断方法并不限于上述场合，当犯罪成立与否取决于行为人主观意愿时，也会发生同样的事情。在判断任意性的有无时，当缺乏作出判断所需的客观事实时，被告人的答辩也可能起到决定性的作用。例如，行为人实际上是因为听到风声，却误认为主人回家而停止盗窃，在供述时，如果行为人由于听从律师的建议或基于自己的思考，供认说是由于受到良心的谴责而停止时，在没有证据证明其口供是虚假的情况下，就不得不承认其任意性。因此，认为采用全部行为说会使中止的判断由被告人的供述所左右的批评意见是值得商榷的。

(3) 理论上的根据。这里仅介绍对此问题做了深入研究的乌尔真海姆与雅克布斯的观点。

首先，乌尔真海姆指出，“在实施了适于引起结果发生的行为后，从行为人的角度来看，能否达到既遂就完全由偶然的因素所左右。因此，在意图的构成要件没有实现的场合，实际所实施的行为并不是基于保护被侵害法益的有意识的转向行为。德国旧刑法第46条以及德国现行刑法第24条第1款（都是关于中止犯的规定——译者注），要求充足基于不法减少的免责要素，而不是基于上述转向行为。在此限度内，应当成为考虑对象的是，在认识到最初的实行行为失败后，放弃了进一步实施行为。更准确地说，未遂之所以欠缺结果无价值，是由于行为人保护法益的决意。”①

在行为人继续攻击对方时就能够发生结果的场合，不继续攻击的行为明显是“有功劳的”。但这种情况仅以行为未达既遂为前提，即仅在未遂的可罚性的框架之内，作为减轻责任的事由加以考虑，除此之外没有任何意义。②

与此相对，对于上述“结果的不发生不是由于偶然因素，而是行为人有功的行为，因而不处罚中止”的见解，雅克布斯认为这种观点只能适用于一部分场合。③ 他在明确了未遂的可罚性的基础上，对乌尔真海姆的观点提出了批评，他认为，并非任何偶然都是对行为人有利的因素。行为人在未确保行为影响力的情况下放弃，那么对他而言，行态就已经终了，即行为人已经与现在及以后的行为发展无关了。在这种情况下，行为人即使放弃了反复实施，也不能改变过去所实施的行为的意义及效力。④

他还在之后的论文中对此做了更详细的说明。他认为，未遂中的不法与既遂的情况一样都是“规范违反”，即“不允许的危险行态”。⑤ 行为人实施了抵触规范的行态，在脱离该行态时，该行态就成为过去的事情。然而，何时才能承认行为人脱离行态呢？这应是他丧失对此后的世界的影响力之时，这是因为此时行为人丧失影

---

① ［德］Ulsenheimer, Grundfragen des Rücktritts vom Versuch in Theorie und Praxis, 1976, S. 233.

② ［德］Ulsenheimer, Grundfragen des Rücktritts vom Versuch in Theorie und Praxis, 1976, S. 234.

③ 雅克布斯承认偶然有时会对行为人有利。Jakobs, a. a. O. (Jus) S. 716, 1. Sp.

④ ［德］Jakobs, Des Bedutung des Versuchsstadiums für die Voraussetzungen eines strafbefreienden Rücktritts, Jus 1980, S. 715, r. Sp.

⑤ ［德］Jakobs, Rücktritt als Tatänderung versus allgemeines Nachtatverhalten, ZStW, Bd. 104, 1992, S. 83.

响力的世界与仍保有影响力的世界出现了分水岭。① 他还指出，具有变更可能的只有现在而不是过去。对于过去开始的现在仍有修正可能的行态，可以无条件地承认不处罚的中止。而在其他场合，即过去的行态现在已经无法变更时，或者现在没有产生任何变更的机会时，这种行态就完全成为过去。在这种场合，即使撤回，也是新的行态，或此后的行态。②

由此可见，尽管乌尔真海姆与雅克布斯同样持个别行为说，但他们观点的具体内容并不相同。就前面的设例，甲基于杀意用可连续发射子弹的枪支向乙射击，仅射击了一次，在有可能进行第二次射击时停止了的情况。如果甲在打第一枪失败后，停止了进行第二次射击的行为，根据个别行为说也不成立中止。究其原因，根据乌尔真海姆的观点，是因为最初的失败是由于偶然所导致的，而不是行为人的“功劳”所导致的。而根据雅克布斯的见解，是因为最初的行为已经不能变更了，已经过去了，对于过去的行为不能考虑中止。

不过，从观察问题的角度分析，乌尔真海姆与雅克布斯的上述观点都不是基于规范的角度，而是从事实角度观察得出的结论。

笔者认为，之所以会出现上述争议，是因为个别行为说是仅通过事实的考察方法得出的结论。如果从规范的角度来观察，情况就会不同。法律对于数个行为，尽管各自都能引起结果发生，但也可以视为单一的行为，与一个未遂行为具有相同的法律效果。即使从事实上看是多个行为，但根据德国刑法的规定，从规范的角度进行考察，对之进行的违法的评价、责任的评价与对一个未遂行为的评价在本质上是相同的（如果评价存在质的差异的话就会构成其他

---

① ［德］Jakobs, Rücktritt als Tatänderung versus allgemeines Nachtatverhalten, ZStW, Bd. 104, 1992, S. 85.

② ［德］Jakobs, Rücktritt als Tatänderung versus allgemeines Nachtatverhalten, ZStW, Bd. 104, 1992, S. 86.

的罪）。例如，行为人开了三枪，尽管对被害人形成三次死亡的危险，但从规范的角度看与开一枪产生一个危险的情况没有不同。因此，在单一的违法、责任的评价框架内所存在的危险是所谓的连续的一个危险，在这种连续的一个危险发展期间，事实的情况姑且不论，从规范上看，未遂并未终了。因此，在上述案例中，甲停止第二次开枪，就中断了第一次开枪行为到第二次开枪行为的连续的危险，因此可以成立中止犯。此外，第二次行为在最后的行为终了之前其危险仍在继续，因此仍有成立中止犯的余地。

二、日本的学说与判例

1. 日本的学说概况

在日本，关于实行行为终了时期的判断，存在主观说、修正的主观说、客观说、遮断说以及折中说等不同见解。

（1）主观说。主观说认为应以行为人的计划、认识内容为标准来决定实行行为的终了时期。例如，在用手枪杀人的场合，如果行为人计划开一枪的话，那么开一枪后实行行为就终了，而如果行为人计划开两枪，那么只有开完第二枪才是实行行为的终了。因此，基于杀意开枪，第一发未中，行为人在可以开第二枪时停止下来。根据主观说，如果行为人计划是开一枪的话，其实行行为就已经终了，没有中止成立的可能性，只能成立障碍未遂。但如果行为人是计划开两枪的话，则有中止的可能性。牧野英一、宫本英脩、泷川幸辰以及佐伯千仞等学者采取主观说。①

例如，牧野英一在他的《刑法总论》一书中就“实行的终了”问题作了如下阐述。“可以连发的枪，由于第一枪就已经具有了发生结果的可能性，所以依据客观说，即使行为人停止了第二枪的发

① 采用主观说的有［日］宫本英脩：《刑法学粹》，弘文堂1931年版，第378~379页；［日］牧野英一：《刑法总论（下卷）》，有斐阁1959年版，第634页；［日］泷川幸辰：《刑法讲义》，弘文堂1933年版，第168页。

射，也已经没有了成立中止未遂的余地。然而，根据主观说的立场，由于行为人事先打算连开数枪，所以直到数枪都已击发为止实行仍在继续。因而在停止第二枪的场合是中止未遂。”①

而对于实行着手采用主观说的宫本英脩也认为，“着手中止要求中止是在犯罪实行中所实施的。而是否在实行中则依犯人的主观所决定。在犯人仅有一发子弹的场合，开一枪而未命中时，就已经没有了成立中止的余地，但在有数发子弹，并且行为人有全部发射的意思的场合，直到全部发射完还处在实行中。”② 因而采用的也是主观说。

然而，对于实行的着手并非立足于主观说的学者，就实行行为的终了问题也有采用主观说的。例如，泷川幸辰对实行的着手采用的是客观说，但对实行的终了采用的却是主观说。“着手未遂的中止是行为人抛弃此后的实行，即停止继续实施行为。判断是不是继续只能根据行为人的犯罪计划而定。在还打算向未死亡的人开第二枪的场合，实行并未终了。这种继续如果不是基于行为人自己的意思而抛弃的话，那么已经存在的实行着手仍然可以照样继续实行。”③

山中敬一认为对主观说最有力的批判是，在行为人的行为（开第一枪的行为）已经产生了导致结果（死亡）发生的危险性的场合，如果行为人主观上认为行为还未完了的话，就是着手未遂，在这种场合，只要行为人不实施接下来的攻击（开第二枪），就能成立中止。而这一结论是不合理的。④ 再如，大塚仁、大谷实都指出，实行行为是主客观的统一体，故实行行为是否终了，也应当综

① ［日］牧野英一：《刑法总论》，有斐阁 1948 年版，第 354 页。

② ［日］宫本英脩：《刑法大纲总论》，弘文堂 1932 年版，第 185 页。

③ ［日］泷川幸辰著：《犯罪论序说》，王泰译，法律出版社 2005 年版，第 123 页。

④ ［日］山中敬一：《中止未遂的研究》，成文堂 2001 年版，第 199 页。

合主客观两个方面的事实进行判断，而不能仅根据主观层面作出决定。主观说就存在这种理论与方法论上的缺陷。除此之外，平野龙一还指出，主观说存在实践上的问题。采用主观说会导致结论的不均衡，有时甚至会产生一些奇怪的结论。①

庄子邦雄在他旧版的《刑法总论》一书中采取的是主观说，②不过也许正是因为考虑到主观说存在上述缺陷，于是，他在其新版的《刑法总论》一书中明确指出“应以客观说为根据”。③可见，他的观点已经发生了改变，即由主观说转变为了客观说。

（2）修正的主观说。修正的主观说认为，在已经实施的实行行为的部分没有引起结果发生危险的场合，着手中止与实行中止的区别在于行为人的主观；而在已经实施的实行行为的部分引起了结果发生的危险的场合，无论主观如何都是实行未遂，所以应以积极的结果防止行为为必要，从而对上述主观说做了修正。例如，佐伯千仞在他的《刑法讲义总论》一书中一方面认为“犯罪是否在实行中应由行为人的主观加以决定”，④同时还应考虑客观的“行为续行可能性”以及“结果发生的危险”。也就是说，即使行为人主观上还有继续实施行为的计划，但如果客观上没有续行可能性的话，实行就已经终了。“此外，即使行为人打算反复、继续实施行为，但如果他此前的行为已经设定了发生结果的可能性的话，那么仅仅停止继续实施行为是不成立中止的。”⑤齐藤金作、中义胜等也以主观说为基础，同时认为在产生“发生结果的危险”的场合，

---

① 参见张明楷著：《未遂犯论》，法律出版社、成文堂联合出版1996年版，第388～389页。

② ［日］庄子邦雄：《刑法总论》，青林书院新社1969年版，第614页。

③ ［日］庄子邦雄：《刑法总论》，青林书院新社1981年版，第397页。

④ ［日］佐伯千仞：《刑法讲义总论》，有斐阁1968年版，第325页。

⑤ ［日］佐伯千仞：《刑法讲义总论》，有斐阁1968年版，第326页。

实行行为已经终了。①

（3）客观说。客观说主张以行为的外部形态或发生结果的现实危险性为标准区分实行行为是否终了。例如，手枪中有8发子弹，行为人只开了一枪，并导致被害人极为轻微的伤害。客观说认为，向被害人开一枪的行为本身就属于足以致人死亡的行为，既具有发生结果的现实危险性，故不管行为人主观上如何考虑，该杀人行为已经实行终了。②

战后主张客观说的是植松正。他认为着手未遂与终了未遂应根据“实现事实所必要的行为”是否实施终了来加以区别，终了未遂常常是障碍未遂，不成立中止未遂，“终了”应根据客观加以决定，因此在意图使用可以连续射击的枪杀人时，如果第一枪没有命中，未实现杀人意图的话，此时行为就已经是终了未遂了，即尽管行为人实施了足以致人死亡的行为，而且实施终了，但由于没有发生杀人结果，故属于终了未遂。而且，其发射行为显然是由于技能的拙劣、对方的逃避以及其他障碍而未能奏效，故属于障碍未遂。因此，一旦行为终了，由于意外障碍而未发生结果，就没有认定为中止犯的余地。③

植松正还认为，对于终了未遂是无法“扩张中止犯的概念的”。仅仅在“如果放置就当然地会达到既遂的情况”下行为人通过行为加以防止时，才“例外地允许比照固有的中止犯类推适用

---

① ［日］齐藤金作：《刑法总论》，有斐阁1955年版，第213页。此外，［日］野村稔所著的《未遂犯研究》（1984年）第455页以下主张修正的主观说比齐藤说论述得更详细。

② 转引自张明楷著：《未遂犯论》，法律出版社、成文堂联合出版1996年版，第389～390页。

③ ［日］植松正：《刑法概论Ⅰ（总论）》，劲草书房1974年版，第328～329页。

刑罚的减免规定。”①

与主观说一样，客观说既存在理论与方法论上的缺陷，也存在实践上的问题。例如，大塚仁与大谷实都指出，实行行为是主客观的统一体，对实行行为的终了时期也必须将主客观两个方面综合起来进行判断，而不能仅根据客观方面进行判断。客观说就存在这种理论与方法论上的缺陷。再如，曾根威彦指出了客观说实践上的问题，曾根举例说，甲打算发射两枪杀害乙，但开第一枪后便放弃了开第二枪……根据客观说，即使第一发子弹没有击中，但是既然出现了致人死亡的现实危险，其实行行为便终了，成立障碍未遂。但是，如果乙被击中因而负伤，甲采取适当措施防止死亡结果发生时，则可能成立中止未遂，这就有失均衡。② 山中敬一也指出，植松正认为在达到了终了未遂，但并未产生“结果发生的危险”的场合，由于已经是障碍未遂，因此，不允许类推适用中止的规定。而对于在最初的行为产生了更大的危险的行为人却允许类推适用中止减免刑罚的规定。这种对于产生较小危险的行为人，反而没有中止（类推）的余地的结论显然是不合理的。③

（4）遮断说。遮断说主张以是否引起了“不遮断因果关系就发生结果”这种状态为标准区分实行行为是否终了。如果引起了不遮断因果关系就发生结果这种状态，实行行为就终了；反之，实行行为则没有终了。例如，西原春夫教授在其《刑法总论》中指出，对于实行行为何时终了的问题，应该“根据是否引起不遮断因果关系就会发生结果的状态来加以区别的做法是适当的”。④ 笔

---

① ［日］植松正：《刑法概论Ⅰ（总论）》，劲草书房1974年版，第330页。

② 转引自张明楷著：《未遂犯论》，法律出版社、成文堂联合出版1996年版，第391～392页。

③ ［日］山中敬一：《中止未遂的研究》，成文堂2001年版，第200～201页。

④ ［日］西原春夫：《刑法总论》，成文堂1977年版，第292页。

者认为，实际上该观点就是认为，行为一旦产生了结果发生的危险时，就是实行行为的终了。

遮断说对实行行为的终了时期认定比客观说晚。根据遮断说，如果第一枪就击中，给被害人造成了倘若放任不管就会死亡的重伤，那么就属于“不遮断因果关系就发生结果”的状态，故实行行为终了；如果第一枪没有击中，实行行为就还没有终了；如果第一枪没有击中，接着开第二枪，但也没有打中被害人，实行行为也还没有终了；如果第一枪没有击中，接着开第二枪，给被害人造成了倘若放任不管就会死亡的重伤，实行行为就终了。①

中山研一将遮断说的标准与行为的单一性以及行为续行可能性的标准加以综合，他认为，首先，应以是否处于“客观的作为一个构成要件该当行为的一部分，发射第二枪是可能的情况下”作为标准。在其内部，以后的不作为还是存在中止成立的可能性，但通过前后联系，在引起了“不遮断因果关系结果就会发生的状态”的情况下，不作为就已经不能满足了，还必须为了防止结果而实施积极的作为。②

（5）折中说。折中说又被称为构成要件单一说，该说主张将行为时的客观事实与行为人的主观内容综合起来进行客观判断，以决定实行行为的终了时期。胜本勘三郎、平野龙一、福田平、大塚仁以及大谷实等学者采取折中说。但是学者们所主张的折中说在内容上却不完全一致。

胜本勘三郎认为，行为人携带装有10发子弹的枪杀人，连续开枪数发，但未能命中，尽管枪里面还有子弹，但仍然停止了此后的行为，对于这种情况应视为一个行为，认定为中止犯。而所谓“一个行为”，是无数的行为由于在时间和场所上密切相连而结为

① 转引自张明楷著：《未遂犯论》，法律出版社、成文堂联合出版1996年版，第392～393页。

② ［日］中山研一：《刑法总论》，成文堂1982年版，第437页。

一体，在判断是否“一个行为”时，应以“在时间及场所上密切相连的前后行为基于犯人的意思而连接成一体”为标准进行判断。胜本勘三郎的折中说将是否“一个行为”的标准，求之于行为在时间、场所的连续性这种客观的要素，以及行为人的意思这种主观的要素，将两者综合起来加以确定。他的思路是以“行为的单一性”这一观点为基础。

福田平认为，实行行为具有主观、客观两个方面的构造，因而其终了时期也应对实行行为的主观、客观两个方面进行综合考量来加以判断。对于连续开枪的案例，福田认为“在第一枪命中被害人时，如果没有积极的防止结果的行为就不成立中止犯。在第一枪没有命中时，如果开第二枪在客观上是可能的，而行为人主观上也认识到这一点，但仍然放弃了开第二枪的话，就可以视为中止犯。”他认为，已经在客观上产生“结果发生的危险”的时候是实行未遂，除此之外，如果客观上存在行为继续实施的可能性，主观上在中止时也认识到这一点时，单纯的不作为就可以成立中止。

平野龙一认为，认定中止必须对当时的客观事实与行为人的主观内容综合起来进行客观的判断。但是，他的思路与其他学者不同，即不是从区别着手未遂与实行未遂着手，而是从“能否肯定中止行为”的角度来论述这一问题。

平野龙一的折中说有如下要点：第一，想用一发子弹杀人时，“客观上作为一个构成要件该当行为的一部分，在存在开第二枪的可能时，行为人也认识到这一点，但并没有开枪，是通过不作为防止了该当构成要件的结果。”第二，想用两发子弹杀死对方时，“如果即使没有行为人第二次的开枪行为，因果关系的进程也会产生该当构成要件的结果发生，在行为人认识到这一点的情况下，如果不亲自遮断因果关系进程，就不是中止”。

接下来他又指出，对于在第一次射击后，行为人没有认识到上述事态时，存在以下两种情况：一是在试图用一发子弹杀人时，即使这一发子弹客观上产生了结果发生的危险，而且即使行为人对此没有认识，只要行为存在续行可能性及行为人对之有认识，这种情况下单凭不作为也能成立中止。二是在试图用两发子弹杀人时，存在结果发生的危险性，但行为人没有这种认识，因而行为人不会实施积极的结果防止行为，因而也丧失了中止的可能性。[①]

山中敬一对平野龙一的观点提出两点质疑，其一，他指出，在试图用一发子弹杀人的场合，在产生了结果发生的危险性时，如果行为人认识到这一点，却没有采取积极的结果防止行为，就不成立中止。那么打算开一枪杀人还是开两枪杀人，在“行为人有认识”这一点上就没有什么区别。这也就说明行为人在行为开始时的主观意图对结论没有任何影响。其二，在行为人试图用两发子弹杀人时，行为人对结果发生可能性的认识是否能够决定中止行为的形态的问题。根据平野龙一的观点，在行为人对结果发生的可能性有认识时，如果没有积极的结果防止行为，就不成立中止。而在没有这种认识的情况下，由于无法实施防止行为，所以也就没有成立中止的可能性。也就是说，与这种认识的有无没有关系，只要有客观的结果发生的危险存在，就要求有积极的结果防止行为。这就说明，行为人的认识对于决定中止行为的形态不起任何作用。而与平野龙一持相同观点的木村静子教授认为，“行为是否终了之所以成为问题……是为了决定中止行为的形态。因此，不应当由单纯的客观事实，而应由行为人对之的认识来加以决定的思路是正确的。”对此，山中敬一指出，“这可以说是表明了平野说之方法的基本定位的命题。然而，上述引用的前半部分的命题与后半部分的命题并不必然具有论理上的关联性。也就是说，决定中止行为形态的问题与能否肯定中止行为的问题是有区别的，而上述引用则混淆了两者。对于能否肯定中止行为的问题，的确行为人的认识可能是重要的。但是，对于决定形态（作为或不作为）而言，‘认识’则不具有特

① ［日］平野龙一：《中止犯》，载《刑事法研究》（第2卷），有斐阁1981年版，第409页以下。

别的意义。”①

笔者认为，比较清楚地阐述了折中说的具体内容以及理论依据的是大谷实。他认为，“实行行为是由行为人的意思与外部的行为构成的，因此，对实行行为的终了时期也必须综合二者进行判断。客观上有继续实施实行行为的必要，而且处于可能继续实施的状态，行为人认识到这种情况时，实行行为还没有终了。与此相对，实行行为正在发生结果，也没有再继续实施实行行为的必要，或者客观上不可能继续实施实行行为，或者即使可能继续实施但是行为人没有认识到可能继续实施时，都应认定实行行为已经终了。”“例如，以杀人的故意使用实际上装有两发子弹的枪支，第一，第一枪命中他人，并具有导致死亡的危险时，是实行未遂；第二，第一枪没有命中，而行为人误认为只有一发子弹而停止开枪的，是实行未遂；第三，开了一枪但没有发生致人死亡的危险，行为人知道还有一发子弹却不再开枪的，是着手未遂；第四，两枪都没有命中时，是实行未遂。”②

从以上对德国与日本的各种学说的评述中可以看出，日本的主观说基本对应于德国的行为计划说，客观说基本对应于个别行为说，而折中说则基本对应于全部行为说。因而对德国前两说的批判基本可以适用于对日本的主观说以及客观说。笔者认为，由于上述主观说与客观说的缺陷都相当明显，相比较而言，折中说较为可取。正如马克昌教授所言：“犯罪行为是主观与客观的统一，实行行为亦然。脱离了行为人的主观意思，就很难认定实行行为的性质的始终。因此主观说与客观说都不免失之于片面性，折中说则是可

① ［日］山中敬一：《中止未遂的研究》，成文堂2001年版，第201~203页。

② 转引自张明楷著：《未遂犯论》，法律出版社、成文堂联合出版1996年版，第395~396页。

取的。”①

2. 日本的典型判例

从日本典型判例对上述学说的采用情况来看，几乎很少有采取主观说的，有部分判例采取客观说，但是大多数判例采取的是折中说。

判例一：证券公司售卖员乙与其朋友甲，为了掩盖侵占顾客丙的股票的事实，假称登山，计划将丙诱至丹泽山加以杀害。承担杀人任务的甲，在第二天早上对熟睡的丙，首先用附近的人头大的石头三次砸向丙的头部，然后用携带的毛巾绞住丙的头将其按入水中。由于丙反抗并试图逃跑，于是甲用拳头击中丙的脸部使其跌倒在水中，但丙仍然爬起来逃跑。甲从丙的伤情判断他跑不远，不想一转眼丙就跑得无影无踪了。甲考虑到如果丙向昨天路过的小屋中的人求救就会很麻烦，于是起身追赶。在甲带着杀人用的刀逼近丙时，看到丙已经跌倒在水中，头部流血，处于神志不清的状态，还问甲“你是谁?”甲看到丙的样子觉得很可怜，于是便停止了杀害行为，并对丙实行了紧急治疗后将丙送往医院。

这就是日本有名的丹泽山事件。② 东京地方裁判所认为此案件中的多个自然行为是一个未遂，所以承认中止犯的成立。但是判决的结论是依据上述哪种学说呢？首先，可以肯定的是判决的结论不是依据主观说。因为如果是依据主观说的话，那么作为其前提就必须判断行为人的多个自然行为是否在行为人计划之内。但判决并未在这一方面展开分析，而仅仅是讨论行为人用附近的人头大的石头三次砸向丙的头部，然后用携带的毛巾绞住丙的头将其按入水中的行为，是不是能够引起丙死亡的行为。那么，能否认为依据的是客

---

① 马克昌著：《比较刑法学原理——外国刑法学总论》，武汉大学出版社 2002 年版，第 596 页。

② ［日］东京地方裁判所 1965 年 4 月 28 日《判例时报》第 10 号第 17 页。

观说呢？如果是依据客观说的话，那么就应当讨论行为人用石头三次砸向丙的头部的暴行是否都具有引起死亡结果的可能性，然而判决并未作这样的认定，即“被告人甲……在想到停止犯罪行为之前已经对丙施加了暴行，由此使丙头部受伤，这种伤……”此外，“被告人甲用石头砸丙头部的行为是具有致死可能性的危险行为”。由此可见，判决是将三个行为合一来判断对丙的死亡可能性的有无。但是，对于此案中行为人这样反复用石头砸向丙的头部的行为，根据客观说，原则上应讨论每一次行为是否能够引起法益侵害。例如，对于某人基于杀意用手枪向对方连开三枪的情况，就不应当将三次开枪合并起来判断引起死亡的可能性，而应当分别做判断。从这一点上看，可以说否定了客观说。此案从两点上可以说明采取的是折中说。其一，将行为人用石头三次砸向丙的头部的行为视为一个行为判断死亡可能性的有无。其二，认为行为人的多个自然行为构成一个未遂。因此，此案承认中止犯的成立，采取的是折中说。

判例二：甲与丙因丙与其妻的通奸关系而起纠纷，便与乙共谋杀死丙。乙用日本刀向坐在甲、乙前面的丙的右肩砍了一刀，丙倒在面前的镜子上，乙打算再补上一刀结束丙的性命时，甲命令乙停止，乙也答应了甲，停止了攻击行为，此后甲让乙等数人将丙送往医院。[1]

本案问题的焦点在于，乙最初的一刀是否已经是杀人实行行为的终了，原审裁判所肯定了这一点，故认定甲与乙的行为成立障碍未遂。但是，东京高等裁判所则否定这一点而承认中止未遂。“被告人等也没有认为被告人乙对丙的最初的一刀就能够杀死丙，所以乙还打算继续实施攻击行为。而丙所受之伤的程度也只是右肩部长约 22 厘米的切创，伤口深度没有达到骨头……因此，不能如原审

---

① ［日］东京高等裁判所 1976 年 7 月 14 日《判例时报》第 834 号第 106 页。

那样认为被告人等对丙杀害的实行行为因一击而终了……据此，本案正相当于前述的着手未遂的情况。”

从判决要旨可知，此判决也不是基于主观说，因为未遂的终了与否不是根据行为人的计划内容，而是取决于第一刀是否造成致人死亡的危险。关于本案的结论究竟是根据客观说还是折中说，仅从判决的文字是难以得出结论的。不过笔者认为，两种学说都可以说明上述结论。

判例三：甲准备杀死患精神病的妻子乙，然后自杀。他首先用威士忌瓶子向睡着的乙的左前额进行了一次殴打，然后，用缺了数厘米的剪刀对乙的咽喉部和右颊连刺十几次，最后，再用电饭煲的插座线绞乙的颈部。但在见到乙出血时，感到惊愕同时还产生了强烈的怜悯感，于是停止了犯罪行为并呼叫救护车。[①]

对此，横滨地方裁判所川崎支部承认甲的上述一系列行为成立中止未遂，理由如下：“参照前述伤害、出血的程度、被害人受伤后能够自己消毒并打电话等状况，本案具有浓厚的实行行为终了前放弃实行的着手中止的色彩”，犯罪后“马上呼叫救护车不能说没有实施防止结果的真挚的努力，而被害人也确实免于死亡，在这一方面又具有实行中止的要素。结果，本案虽不能否定外部的障碍的存在，但并不是因此而终止于未遂，而应认为是由于积极的自己的意思中止了杀害行为的案件。”

可见，本案未将未遂的终了的有无求之于行为人的计划内容，而是求之于甲的多个自然行为有无对乙造成死亡可能性的判断，而且这种判断不是就上述每一个举动，而是总括进行的。因此，本案的判决是与判例一样根据的也是折中说。

判例四：甲因相爱的女朋友乙对自己的态度突然变冷淡，便意图确认对方的真实想法。他打算如果证明对方以前是欺骗自己的话

---

① ［日］横滨地方裁判所川崎支判 1977 年 9 月 19 日《判例时报》第 876 号第 128 页。

就杀死对方，然后自杀。因此，甲携带绞杀用的拉链赶往对方经营的快餐店。在那里，他从对方的反应中确信了对方真的是在欺骗自己，于是基于同归于尽的想法用拉链勒住对方的脖子，并使用现场的菜刀从左向右在对方的脖子上划了一刀。在看到大量鲜血涌出后，甲感到震惊，于是通过警察署呼叫救护车，并在救护车到来前应乙的请求对伤口进行了紧急的处置。①

对于本案，裁判所认为成立中止未遂，但判决也未采用主观说。因为从甲携带绞杀的拉链可推测他当初的计划是用拉链绞杀。但尽管如此，裁判所仍是在对包括此后用菜刀行凶在内的行为进行考察后承认中止的成立。但判决是根据客观说还是折中说，与判例二的判决一样，并不明确。

通观上述四个判例，可知：①上述判例没有采用主观说；②将未遂是否终了的判断时期不是求之于行为时而是求之于中止时②（只要不采用主观说便当然如此）。③从判例的结论来看，均可以认为是根据折中说，即通过对行为单一性的判断。首先，判例二至判例四中的行为都是在同一场所、同一时间内实施的，判例一虽不完全一样，但场所、时间也都比较接近。其次，是对同一被害人基于继续的杀意而继续实施犯罪行为的。最后，各个行为都不存在性质上的差异。因此，上述四个判例都可以认为具有行为的单一性。

三、对我国中止行为类型划分标准的再认识

德、日刑法理论一般以实行行为是否终了来划分中止行为的类型。所以，研究实行行为的终了问题具有重要的意义。而根据我国刑法理论通说的观点，中止行为类型的划分并非以实行行为终了为标准。因此，在研究中止犯的问题时讨论实行行为终了的问题，似

---

① ［日］宫崎地方裁判所都城支判 1984 年 1 月 25 日《判例时报》第 525 号第 302 页。

② 都是从行为对被害人所造成的伤害程度来判断死亡的危险性。

乎没有什么意义。但是，有论者指出，尽管以实行行为是否终了为标准来划分中止行为的类型不具有妥当性，但并不能因此认为从概念上明确实行行为终了时期完全没有实际意义。虽然对积极中止来说没有意义，但是对消极中止而言，则必须以犯罪的实行行为尚未实施终了为前提，因此从这个意义上说有研究实行行为终了这一问题的必要。另外，实行行为是否终了的问题对放弃重复侵害行为的认定也具有重要意义。① 但是，笔者不同意这一观点，理由如下：

（1）我国刑法理论之所以在中止行为类型的划分上否定以"实行行为终了"为标准，是因为在有些实行未终了的情况下也需积极作为的中止行为。也正因为存在这种情况，通说认为我国对中止行为类型的划分与德、日不同。但是，笔者认为，出现与德、日上述不同的根本原因并不在于我们没有以"实行行为终了"为划分标准，而是缘于我国通说关于实行行为终了的判断所采取的标准。有论者将这一标准概括为主观说与法律规定说的折中说。② 按通说的观点，所谓犯罪实行行为是否终了，是在法定犯罪构成所限定的客观行为范围内，以犯罪分子自认为实现其犯罪意图所必要的全部行为是否都已实行完毕为标准。以故意杀人罪为例，犯罪分子持刀将被害人砍成重伤，他自知实现其杀死被害人之犯罪意图所必要的行为尚未实施完毕，被害人尚未死亡也不是必死无疑，他也可以继续实施完毕其杀害行为，即此时犯罪行为尚未终了，但是这种情况下，行为人要成立中止，就必须以积极的行为来防止死亡结果的发生。③ 由此可见，是由于采取了这种折中说才导致"在有些实行未终了的情况下，也需积极作为的中止行为"这一结论的产生。但是，笔者认为，这种折中说的判断标准不够明确。根据这种折中

① 参见张平著：《中止犯论》，中国方正出版社 2005 年版，第 124 页。

② 张平著：《中止犯论》，中国方正出版社 2005 年版，第 131 页。

③ 参见高铭暄主编：《刑法学原理》（第二卷），中国人民大学出版社 1993 年版，第 338～339 页。

说，上述例子中，对实行行为终了的判断就应是行为人自认为已将法律规定的构成要件的客观行为实行完毕。具体到故意杀人罪，即行为人自认为将故意杀人罪规定的杀人行为实行完毕，就是实行行为终了。如果以此为标准的话，那么上述案例所述情况就既可以认定是实行行为终了，也可认定为未终了。因为将他人砍成重伤的行为是否属于法律规定的故意杀人罪的构成要件的客观行为，具有不确定性。比如，有的行为人基于杀死被害人的故意，但是他并没有选择一刀将对方刺死，而是将对方刺成重伤让对方失血过多而死。因此，将他人砍成重伤的行为对有些行为人来说，是可以认定为“行为人自认为将刑法规定的杀人罪的杀人行为实施完毕”，所以上述案例所述情况也可认为是实行行为的终了。

综上所述，笔者认为，以上述折中说为标准来判断是否实行终了是不妥当的。而且在我国，对于在未实行终了的情况下，什么时候成立中止要求行为人必须有积极的作为，什么时候只需要消极的不作为，在理论上没有提供一个明确的判断标准。

（2）在我国采取以实行行为是否终了为标准来划分中止行为的类型并无不妥，在笔者看来，关键问题在于对实行行为终了的判断。对此，笔者赞同张明楷教授的观点。他认为，“在此所讨论的行为是否实行终了，应与是否需要采取积极措施防止犯罪结果发生以及行为人的主观认识内容联系起来考察：如果行为人认识到单纯放弃犯罪行为就不会发生犯罪结果，事实上也是如此，则应认为行为未实行终了；行为人自动放弃犯罪行为的，便成立中止。如果行为人认识到需要采取积极措施防止犯罪结果发生，事实上也是如此，则应认为行为实行终了；行为人采取措施防止结果发生的，就成立犯罪中止。如果行为在客观上并没有终了，但行为人误认为终了，因而不继续实施犯罪行为的，成立犯罪未遂……”[①] 笔者认为，可以将该说概括为主客观相统一的折中说。如果按此说处理上

---

① 张明楷著：《刑法学》，法律出版社2011年版，第343～344页。

述案例所述的情况，就是行为人将被害人砍成重伤，从行为人的主观上分析，他已认识到此时需要采取积极措施防止被害人死亡结果的发生，而从客观事实上评价也是如此。因此，应该认为是杀人行为实行终了了。对此，行为人只有采取措施防止结果发生的，才可能成立犯罪中止。由此可见，按上述观点不会得出“在有些实行未终了的情况下，也需积极作为的中止行为”的结论，从而避免讨论在未实行终了的情况下，什么时候成立中止要求行为人必须有积极的作为，什么时候只需要消极的不作为的问题。

（3）对中止行为类型的研究，实行行为是否终了是一个不可回避的问题。尽管有论者认为，实行行为终了时期的认定仅对认识与理解中止犯的“消极中止”这一中止行为形态以及对放弃重复侵害行为性质有着重要的意义。[①] 但是，笔者认为，既然对“消极中止”这一中止行为形态的认识离不开对实行行为终了时期的认定，这实际上也说明了实行行为终了时期的认定对中止行为类型划分的意义。而且像这样分开考虑的思维方式还容易形成理论上的混乱，笔者认为，与其这样不如换一种思考方法，即从对实行行为终了时期的判断入手。在实行行为终了时期的判断问题上，如果采取张明楷教授的观点，则不仅可以解决对中止行为的分类问题，而且也可以解决对放弃重复侵害行为的定性问题。

所谓放弃能够重复实施的侵害行为，是指犯罪人已经着手实行特定的犯罪行为，未能发生预期的危害结果。在能够重复实施同一性质的侵害行为并造成预期危害结果的情况下，放弃了犯罪的继续实行，因而使预期的危害结果不再发生的情况。它一般具有以下几个特征：一是犯罪人已经着手犯罪，亦即已经开始实施既定的侵害行为。二是第一次的侵害行为未发生预期的危害结果。三是犯罪分子能够继续实施同一性质的侵害行为，即行为人根据当时的客观实

① 参见张平著：《中止犯论》，中国方正出版社 2005 年版，第 132 ~ 133 页。

际情况和自己的主观认识，认为能够继续实施侵害行为，直至造成预期的危害结果。四是预期的危害结果始终没有发生。即由于犯罪人放弃重复侵害，最终避免了危害结果的发生。①

正如姜伟教授分析的那样，放弃能够重复实施的侵害行为有两种形式：一是行为人的第一次侵害未造成任何危害结果，或者只造成比较轻的危害结果，这时行为人主动放弃重复侵害，行为人所追求的、法定的犯罪结果就不会发生，就可以成立中止犯。二是行为人的第一次侵害造成比较重的危害结果，行为人虽然主动放弃了重复侵害行为，但对被害人置之不理，可能因伤重导致死亡。这时行为人只有积极地挽救被害人的生命，若被害人未死亡，则成立中止犯。② 有论者认为，放弃能够重复实施的侵害行为是未实施终了的实行行为，如上述姜伟教授所论述的那样，在上述未实行终了的场合，成立中止除消极地放弃继续实施犯罪行为外，还必须积极地防止结果发生。可见，论者是立于通说的立场，即在未实行终了的情况下，中止行为有时要求必须是消极的不作为，有时则要求必须是积极的作为。

但是，笔者认为，如果在实行行为终了时期的判断问题上采张明楷教授主张的折中说，可以更好地解决放弃能够重复实施的侵害行为的认定问题。对于上述第一种情况，说明行为人认识到单纯放弃犯罪行为就不会发生犯罪结果，并且事实上也是如此。因此，第一种情况涉及的是未实行终了的中止问题。而第二种情况说明行为人认识到需要采取积极措施防止犯罪结果发生，而且事实上也是如此。所以，第二种情况则是涉及实行终了的中止问题。对于第一种情况的中止行为要求是消极的不作为，而对于第二种情况的中止行为则要求是积极的作为。笔者认为，尽管从结论上看与通说是一致

① 马克昌主编：《犯罪通论》，武汉大学出版社 1999 年版，第 475 ~ 476 页。

② 参见姜伟著：《犯罪形态通论》，法律出版社 1994 年版，第 198 页。

的，但是相比较而言，张明楷教授的观点能够保持理论上的贯通与一致，而且在思路上也更清晰。

第四节　危险犯的既遂与中止

由于中止犯成立的时空性条件与犯罪的既遂有关，我国学者在结果犯和行为犯的既遂及中止问题上没有太大的争议。所谓结果犯，是指已发生法定的犯罪结果为既遂标志的犯罪。所谓法定的犯罪结果，是指犯罪行为通过对犯罪对象的作用而给犯罪客体造成的物质性的具有可测量性的有形的损害结果。结果犯的特征表明在实施预备行为至发生法定的犯罪结果之前的整个犯罪过程的任何阶段都有可能成立中止犯。所谓行为犯，是指以法定的犯罪行为的完成为既遂标志的犯罪。这里的行为从开始实施到完成是有一个过程的，而且行为要达到法律要求的程度才能视为完成。所以，只要法定犯罪行为尚未完成，就可能成立中止犯。对于举动犯，因为举动犯是一着手实行犯罪就告既遂的犯罪。所以，举动犯是不可能存在实行中止以及实行后中止的，但仍可能成立预备阶段的中止。由于对我国刑法中是否存在举动犯的问题，学者们存在不同的认识，而且即使承认其存在，在我国刑法中所占比例也是相当少的。但是对危险犯的既遂与中止的问题却存在较大的争议。

一、危险犯的既遂

（一）危险犯有无既遂

关于危险犯有无既遂的问题，在我国学界存在肯定说与否定说之争。

1. 否定说

有学者认为，“刑法分则规定的危险犯，实际上是犯罪未遂”，无既遂可言。因为“犯罪的‘未得逞’就是指未达到行为人预期的犯罪目的。”而“在危险犯中，行为人的目的绝不仅仅是造成某种危险，而是为了造成某种危害结果。当没有造成危害结果，仅仅出现某种危险时，行为人实际上是未得逞，即没有达到目的。”[①]有学者指出，危险犯并不属于既遂犯，而只不过是与之相对应的实害犯的未遂犯。就此意义而论，危险犯并没有其独立的价值，而仅仅是法律对某些具有特别重大危害的实害犯的未遂形态的一种专门规定及称谓而已。[②]

2．肯定说

有学者认为，危险犯实际上是实害犯的未遂犯，而被立法者设置为既遂。[③]有学者认为，因为某些犯罪的危害性特别严重，于是通过设立危险犯的方法将这些犯罪的既遂提前到发生危险的时刻。[④]但是，在肯定说内部，学者们的观点也不相同。如有学者认为，危险犯只有既遂形态，不可能有未遂及其他未完成形态。[⑤]也有学者认为，危险犯既有既遂形态，也有未遂等未完成形态。[⑥]

根据我国刑法理论的通说观点，我国刑法分则的规定是以犯罪既遂为标准的，具体来说，一个人的行为如果符合刑法分则规定的某种犯罪构成的全部要件，就表明该行为成立既遂了。例如，马克昌先生主编的《刑法学》一书的观点就认为，刑法分则对各种犯

---

① 侯国云主编：《中国刑法学》，中国检察出版社 2003 年版，第 198 页。

② 参见冯亚东、胡东飞：《犯罪既遂标准新论》，载《法学》2002 年第 9 期。

③ 参见陈兴良著：《陈兴良刑法学教科书之规范刑法学》，中国政法大学出版社 2003 年版，第 126 页。

④ 参见姜伟著：《犯罪形态通论》，法律出版社 1994 年版，第 118 页。

⑤ 转引自刘明祥：《论危险犯的既遂、未遂与中止》，载《中国法学》2005 年第 6 期。

⑥ 参见张明楷：《危险犯初探》，载马俊驹主编：《清华法律评论》（1998 年第 1 辑），清华大学出版社 1998 年版，第 131 页。

罪是以犯罪既遂为标准加以规定的。[①] 若以上述通说的观点为基础，那么关于危险犯有无既遂的问题，结论应该是肯定说。笔者认为，作为否定说的立论基础是有缺陷的。首先，不应将行为人预期的犯罪目的发生与否作为既遂的判断标准。因为这一标准显然违背了我国刑法的主客观相统一的原则。并且还会导致对同一犯罪既遂的认定，会因为行为人的预期犯罪目的的不同而出现既遂标准不一致的情况，但是笔者认为，犯罪既遂应该是法律评价，这样才可以避免多元性与随意性。另外，危险犯作为我国刑法规定的常见的故意犯罪类型，不可能仅有未遂形态而没有既遂形态。所以，笔者认为，危险犯是有既遂形态的。而且不仅只有既遂形态，还存在犯罪未完成形态。

（二）危险犯的既遂标准

关于危险犯的既遂标准问题，我国刑法理论界存在以下几种观点：

1. 犯罪目的实现说

该观点主张，应当以犯罪目的是否实现作为认定既遂的标准。如果行为人实现了预期的犯罪目的，就构成既遂犯。有学者认为，既遂犯只存在于直接故意犯罪中，而直接故意犯罪都有犯罪目的。犯罪目的的实现即意味着犯罪愿望的满足，也意味着整个犯罪活动的完成。因此，对所有的直接故意犯罪来说，都可以通过对其犯罪目的的分析，来确定其犯罪的既遂和未遂。[②]

2. 危险状态发生说

该观点认为危险犯的既遂与否应当以造成某种危害结果的危险状态是否发生作为判断的标准。有学者认为，刑法分则条文规定的

---

① 参见马克昌主编：《刑法学》，高等教育出版社 2003 年版，第 140 页。

② 转引自马克昌主编：《犯罪通论》，武汉大学出版社 1999 年版，第 491 页。

犯罪都是以既遂犯为标本的。危险犯也不例外，而刑法分则条文明文规定，只要造成了严重结果的危险（即危险状态），危险犯就满足了既遂的条件，就成立既遂。[①] 所以此说又被称为“构成要件齐备说”，此说为我国刑法理论的通说。也有学者认为，危险犯也是结果犯，但是结果犯的结果并非仅限于实害结果，而是还包含危险结果。而危险结果是犯罪行为使刑法所保护的社会关系处于即将受到实际损害的危险状态，作为结果犯是以结果的发生作为既遂的条件，所以危险犯以发生危险状态为既遂。[②]

3. 犯罪结果说

该说认为，危险犯不宜以发生危险状态为既遂标准，而应该以行为发生了行为人所追求的、行为性质所决定的犯罪结果，即发生了行为的逻辑结果，作为既遂的标准。刑法分则的规定并非是以犯罪既遂为标本，而是犯罪的成立条件。[③] 所以“全部构成要件的齐备与否，应是划分罪与非罪的标准，而不是划分完成罪与未完成罪的标准。”[④] 很显然，这里的结果不包括危险结果，即不包括危险状态。有学者虽然也持“犯罪结果说”，但是提出这里的结果是法规范所要求的结果，而不是行为人主观上所追求的结果。危险犯既可能是行为犯，也可能是危险犯，对于危险犯中的行为犯，应当以法定的行为实行完毕作为既遂的标准，而对于危险犯中的结果犯，

---

① 转引自刘明祥：《论危险犯的既遂、未遂与中止》，载《中国法学》2005 年第 6 期。

② 参见鲜铁可著：《新刑法中的危险犯》，中国检察出版社 1998 年版，第 14 ~ 15 页。

③ 参见张明楷：《危险犯初探》，载马俊驹主编：《清华法律评论》（1998 年第 1 辑），清华大学出版社 1998 年版，第 130 ~ 131 页。

④ 参见李洁著：《犯罪结果论》，吉林大学出版社 1994 年版，第 225 ~ 226 页。

则应当以法规范所要求的结果的发生为既遂标准。①

4. 脱离自力控制说

该观点认为“当行为人的行为造成一定的抽象危险状态后，行为人没有采取措施消除这种危险状态，以至于使该危险状态脱离行为人自力控制而使受保护法益产生具体危险时构成危险犯罪既遂。”危险犯的行为过程可以视为由前后相继的两个阶段构成，行为人在前一阶段引起一定的危险状态后，行为人就负有将这种危险消除的义务。当其有义务消除且能够消除而没有消除并导致其个人无力消除时，才视为最终完成了犯罪，构成犯罪既遂。例如，甲为颠覆列车而将一三角铁置于铁轨上，这就算完成了第一阶段的行为。如果甲在此后离开了现场，那也就失去了对其行为发生后果的控制，使交通安全处于危险状态，应以既遂论；如果甲未离开现场且列车通过之前搬走了三角铁，则不能以既遂论。②

对于“犯罪目的实现说”将预期的犯罪目的的实现与否作为既遂的判断标准，笔者认为是有缺陷的，关于这一点，笔者在对否定说评价中已经指出，故不再赘述。“脱离自力控制说”的提出，是为了解决危险状态出现后不能成立中止的问题，论者提出作为危险犯既遂的危险状态不是一着手就可以认定的，还需要有一个过程。但是论者将这一危险状态界定为“脱离行为人的自力控制”的时点。那么什么样的情况才能认定为“脱离行为人的自力控制”呢？如果行为人将一三角铁置于铁轨上后即离开现场，行至与作案现场距离较远的地方，突然悔悟，但是因为距离较远，已无法赶在火车到来之前将三角铁搬开，他想起了有个朋友住在附近，于是打电话让朋友帮其将三角铁搬开。那么，这种情况算不算“脱离行

---

① 参见刘明祥：《论危险犯的既遂、未遂与中止》，载《中国法学》2005 年第 6 期。

② 参见吴丙新：《危险犯停止形态研究》，载《山东公安专科学校学报》2003 年第 2 期。

为人的自力控制”？如果其朋友在火车到来之前将三角铁搬开了，行为人是否成立中止。如果其朋友没有帮其将三角铁搬开，又应该如何处理呢？按论者的观点，这应该属于“脱离行为人的自力控制”，就已经既遂了。但是对于其朋友在火车到来之前将三角铁搬开了，如果认定成立中止，采用“脱离自力控制说”又将如何解释呢？笔者认为“脱离自力控制说”所主张的标准具有不确定性，很难理解和操作。

实际上，我国学界对危险犯既遂标准之争主要集中在“危险状态发生说”与“犯罪结果说”。两说之争主要源于对刑法分则规定的解读不同。但是，笔者认为，两说均有其优点与缺陷，对于“危险状态发生说”，笔者认为，其最大的优点在于标准明确易于把握，因为其标准具有法定性。但是，在中止犯的问题上，采用“危险状态发生说”的学者不能较好地回答对于行为人的行为在导致了刑法规定的第 116 条、第 117 条以及第 118 条的危险结果出现后，行为人采取有效措施，避免了第 119 条的严重后果出现的情况，为什么要按照实害犯的中止来处理，而不是认定为危险犯的既遂，将行为人防止严重结果发生的积极行为作为既遂后的量刑情节对待？并且对刑法第 119 条到底是实害犯的规定还是结果加重犯的规定还存在争议。如果按有的学者的分析，刑法第 119 条是对结果加重犯的规定，而持“危险状态发生说”的学者大多主张结果加重犯没有成立中止的余地。所以上述情形就不成立中止。对于“犯罪结果说”而言，因为它不存在适用刑法第 119 条的问题，所以可以避免与第 119 条的适用有关的争议。而且将上述情况认定为危险犯的中止，从理论体系上看更符合一般人的思维逻辑，即在危险犯的理论层面上解决这一问题。但是，“犯罪结果说”以行为人所追求的、行为性质所决定的犯罪结果的发生作为判断所有类型犯罪既遂的标准。笔者认为，这一标准也存在一定问题，即如何理解“行为人所追求、行为性质所决定的结果”。尽管这一标准可以通过学理解释使其更加明确，但是基于我国目前司法人员的整体素质，这一标准不具有可操作性，会因此带来认定上的问题。例如，对于刑法第247条规定的刑讯逼供罪，如果采用“犯罪结果说”，就可能被司法人员认为，因为行为人最终没有获得口供而否定其既遂成立的情况。对于认为这里的“犯罪结果”是“法规范所要求的结果”的观点。笔者认为，这一观点的确可以克服不具可操作性的弊端，但是根据该学者的观点，既然刑法所规定的危险状态只是危险犯的成立条件，而非既遂条件，就说明法规范所反映的是成立条件，那么又如何考察犯罪既遂所要求发生的“法规范所要求的结果”呢。

笔者认为，上面两种观点孰优孰劣，无法作出选择，而且从对上述情况的处罚效果看是基本相同的。但是从理论研究服务于实践这一点出发，“危险状态发生说”因易于操作，所以更具现实性。

二、危险状态出现后的中止问题

（一）能否成立犯罪中止

在司法实践中，经常发生危险犯的法定危险状态出现后，行为人自动采取有效措施消除了危险状态的情况。这种情况能否成立犯罪中止，我国刑法理论界存在否定说与肯定说之争。①

（1）否定说认为，根据我国传统的刑法理论以及刑法的规定，就危险犯而言，法定的危险状态出现后，既遂即告成立。既然已经成立既遂了，就没有中止犯存在的余地。如果认为危险犯的中止可以发生在犯罪既遂以后，那会使犯罪停止形态论所阐明的犯罪中止的统一概念和基本原理受到破坏。况且，对自动防止实害结果发生的危险犯，即使不认定为中止犯，也可以在量刑上作为从宽情节考虑，因而不会影响罪刑相适应原则的贯彻。

（2）肯定说认为，上述情况应该认定为犯罪中止。但是对具

① 否定说与肯定说之争转引自刘明祥：《论危险犯的既遂、未遂与中止》，载《中国法学》2005年第6期。

体的理由说法不一：其中，对危险犯的既遂持“犯罪结果说”的论者认为，危险状态的出现并非就是犯罪既遂，而只有犯罪结果发生才是犯罪既遂，在此之前行为人自动采取措施解除危险状态，阻止了犯罪结果的发生，自然属于犯罪中止。但对危险犯的既遂持“危险状态发生说”的论者提出了几种不同的理由。有的认为，危险状态的出现虽然是犯罪既遂的标志，但根据我国刑法关于犯罪中止的规定，犯罪中止只能在犯罪结果出现之前，但不限于既遂之前。因此，危险状态出现后犯罪结果发生前仍然可能成立犯罪中止。也有的认为，应当借用对“放弃重复侵害行为”以犯罪中止论的法理，因为危险状态出现后，行为人自动采取措施解除危险状态，这同打一枪未把人打死而决定不再开第二枪之类的所谓“放弃重复侵害行为”实质上并无不同，也应该同样视为犯罪中止。还有的认为，将危险犯既遂后行为人自动、有效地防止实害结果发生的情形认定为犯罪中止，虽与既遂后不能成立犯罪中止的传统观点相悖，但这有利于鼓励犯罪分子及时悔悟，避免危害结果的发生。所以，应作为一种例外情形来看待。

尽管否定说的观点保持了和我国传统理论以及刑法规定的一致性。但是，如果按照否定说的主张将上述情形作为从宽量刑情节来考虑，首先应该考虑的是危险犯已经既遂了。所以，若仅将上述情形作为一般的从宽量刑情节来对待，则再怎么从宽也是很难达到免除处罚的程度的。但是，肯定说的学者按犯罪中止来处理，根据我国刑法的规定，对上述情况应该免除处罚。因此，否定说不利于鼓励犯罪人中止犯罪，也会由此导致对更大合法权益的侵害。

因此，笔者赞同肯定说，但是对于具体理由，笔者不同意借用对“放弃重复侵害行为”以犯罪中止论的法理来加以说明，以及纯粹基于鼓励犯罪分子及时悔悟，避免危害结果发生的需要，而做特别例外的处理的观点，这两种观点的缺陷是比较明显的。对“放弃重复侵害行为”以犯罪中止论，是因为仍符合中止犯成立的条件，这里强调的是时空条件，即它仍处在行为未实行终了，犯罪尚未既遂的阶段。但是上述情形与“放弃重复侵害行为”在性质上是不同的，所以不能做比照处理。而纯粹基于鼓励犯罪分子及时悔悟，避免危害结果发生的需要，而做特别例外处理的观点，笔者认为，这样处理不仅会使刑法对中止犯成立条件的规定形同虚设，从而影响刑法的严肃性，而且会颠覆我国刑法的传统理论的基础，因而是不可取的。

由于否定说的支持者很少，所以笔者认为在我国，关于危险状态出现后的中止问题的争议焦点并非是能否成立中止的问题，而是成立哪一类型犯罪的中止问题。

（二）是实害犯的中止还是危险犯的中止

在我国，以“危险状态发生说”作为危险犯既遂标准的学者一般都认为，在发生危险犯的法定危险状态后，行为人自动采取有效措施消除了危险状态的，可以认定成立中止。尽管对于危险犯而言已经既遂，但是可以是相对于实害犯或结果加重犯的中止。大多数论者认为是相对于实害犯的中止，也有极少数论者认为是对结果加重犯的中止①。不过，我国刑法理论的通说认为，结果加重犯没有中止犯的存在余地。因此，对于上述情形应该属于什么样的中止之争，归根到底就是“实害犯的中止说”与“危险犯的中止说”之争。

持“实害犯的中止说”的论者认为，我国刑法对犯罪中止的时间限制，只要求发生在犯罪过程中，同时刑法只是规定了有效防止危害结果发生，是实行行为完成后成立犯罪中止的必要条件，并没有对犯罪的类型做具体区分。因此，可以认为，无论何种犯罪，只要存在着发生犯罪结果的可能性，在结果发生之前，都应当给予

① 参见陈鑫：《危险犯中止问题初探》，载《中国青年政治学院学报》2005年第3期。

行为人自动有效地防止结果发生的权利。[①] 将危险犯既遂后行为人防止实害结果发生的行为认定为危险犯相对应的实害犯的中止，不仅符合实害犯中止的三大条件，而且符合罪刑相适应原则。[②]

而不赞成实害犯的中止说的学者指出，首先，实害犯与危险犯应该是分属于两种有重大差异的不同类型的犯罪，而同一种犯罪不可能既是危险犯又是实害犯；其次，刑法第 119 条是对结果加重犯的规定，而结果加重犯是不可能成立中止犯的；再次，如果认为是结果加重犯的中止，那就会出现危险犯的普通犯既遂与结果加重犯并存的现象，而对于同一犯罪不能认为在既遂之后，还存在犯罪中止的问题；最后，以"实害犯的中止"认定，对处理案件并无多大益处。[③] 因而该学者主张"危险犯的中止说"。

笔者认为，无论采取上述哪种观点，最后的处理结果基本上是相同的。之所以存在"实害犯的中止说"与"危险犯的中止说"之争，仅仅是从理论上探讨用哪一种观点来解释更合理。但是，笔者认为上述两种观点都存在一定的缺憾。所以，最好的解决办法是通过立法直接将上述情形作为对危险犯免除处罚的情节加以规定，即可以基于刑事政策的需要作出特别规定。这样处理从国内外的刑事立法上看也是有据可循的。例如，我国刑法第 390 条规定，对行贿人在被追诉之前主动交代行贿行为的，可以减轻或免除处罚。很显然，这种情况不属于自首，但是刑法出于刑事政策的考虑作出了这样的规定。这一情况不仅在我国存在，国外的刑事立法中也存在，如日本刑法第 207 条规定，2 人以上实施暴行伤害他人的，在

① 参见马克昌主编：《犯罪通论》，武汉大学出版社 1999 年版，第 466 页。

② 参见鲜铁可著：《新刑法中的危险犯》，中国检察出版社 1998 年版，第 130 页。

③ 参见刘明祥：《论危险犯的既遂、未遂与中止》，载《中国法学》2005 年第 6 期。

不能辨别暴行所造成的伤害的轻重或者不能辨认何人造成了伤害时，即使不是共同实行的，也依照共犯的规定处断。因此，应当认为，这一规定是以不存在共犯关系也仍然适用为前提。由此，笔者认为，我国刑法对于危险犯的中止问题是可以基于刑事政策的需要作出特别规定的，这样既能够避免因认定犯罪中止引发的争议，而且还可以从根本上解决问题。

（三）对《澳门刑法典》第 23 条规定的解读

笔者认为，讨论危险状态出现后的中止问题，就有必要关注《澳门刑法典》对这一问题的相关规定。《澳门刑法典》第 23 条第 1 款对中止未遂的规定是：“行为人因己意放弃继续实行犯罪，或因己意防止犯罪既遂，或犯罪虽既遂，但因己意防止不属于该罪状之结果发生者，犯罪未遂不予处罚。”对该规定，理论上有两种不同的解读。

有论者认为，这里的“犯罪虽既遂，但因己意防止不属于该罪状之结果发生者”的规定，主要是针对危险犯而言的。实际上也等于是从立法上认为“危险犯”会出现这样的情况，即犯罪因危险的存在已构成既遂，只要与该危险直接相关的危害结果还没有发生，行为人还有以自己的行为防止危害结果发生的机会。如果有效地防止了危害结果发生，也构成犯罪中止。[①] 对此，有学者评价道：“承认危险犯既遂之后的中止，有鼓励行为人防止实害结果发生的积极作用；但它毕竟与犯罪未遂的概念相矛盾。《澳门刑法典》第 21 条第 1 款明文规定，犯罪未遂的重要特征之一是：‘犯罪未至既遂’，如果已经既遂，也就不可能再成为未遂。因此，这种犯罪未遂与犯罪中止概念的矛盾是无法克服的。”[②] 有的学者指出，“既然已经‘犯罪既遂’，就谈不上‘犯罪未遂’之成立问题；

---

① 参见赵国强著：《澳门刑法总论》，澳门基金会 1998 年版，第 88 页。

② 马克昌：《中国内地刑法与澳门刑法中犯罪未完成形态比较研究》，载《武汉大学学报》（人文社会科学版）2000 年第 1 期。

在故意犯罪发展阶段，行为实行终了而犯罪结果尚未发生时，行为人因己意防止结果发生无疑可以成立犯罪中止，但如果说这是既遂后所产生的犯罪中止，则是极不恰当的”①

不过也有学者认为，该规定在表述上较为含混，究竟成立的是危险犯的中止还是实害犯的中止，语焉不详。如果成立的是实害犯的中止，则可以否定上述批评。因此，论者认为对澳门刑法关于犯罪既遂后仍可成立犯罪中止的规定，有进一步加以研究的必要；最起码的一点是，单纯根据关于犯罪中止的字面规定，还不能断然认为澳门刑法已经确认了危险犯既遂后仍可成立危险犯的中止。②

笔者考察了《澳门刑法典》分则对相关危险犯的具体规定，发现《澳门刑法典》只是规定了危险犯，而没有像内地刑法那样规定与危险犯相对应的实害犯或结果加重犯。例如，第276条关于妨害运输安全罪的规定。所以对《澳门刑法典》第23条第1款规定的“不属于该罪状之结果”是不可能作为实害犯的结果进行评价的。因此，《澳门刑法典》的这一规定就是将危险犯既遂后行为人自动、有效地防止实害结果发生的情形规定为成立犯罪中止。这纯粹是基于鼓励犯罪分子及时悔悟，避免更为严重的危害结果发生，是一种特殊例外的规定。笔者也不否认它有积极的一面，但是该规定却与《澳门刑法典》第21条第1款的规定相矛盾，这极大地影响了刑法的严肃性，而且在理论上也是对既遂后不能成立犯罪中止这一理论基础的否定。

① 赵秉志著：《外向型刑法问题研究》，中国法制出版社1997年版，第366～367页。

② 王志祥著：《危险犯研究》，中国人民公安大学出版社2004年版，第305～306页。

第四章 自动性

我国刑法理论所讨论的中止犯的自动性即德、日刑法理论所讨论的中止犯的任意性。根据《德国刑法典》第 24 条第 1 款以及《日本刑法典》第 43 条但书的规定，成立中止犯，必须是行为人“因自己的意思”中止犯罪。“因自己的意思”在德、日刑法理论中通常被称为中止的任意性。而且任意性也是障碍未遂与中止未遂的本质性区别所在，是凸显中止犯个性的重要特征。因此，德、日刑法理论都非常重视对“任意性”这一条件的研究，形成了观点不同的各种学说。

第一节 国外的学说及其评析

一、德国的学说及其评析

（一）欠效犯的理论

1．欠效犯的概念与本质

《德国刑法典》第 24 条第 1 款规定，实施中止行为，放弃行为的继续实施或者阻止其完成。其中，关于未终了未遂的中止的“放弃”，按照词语的本来含义，是指本来能够继续实施但没有实施。可见放弃是以实行行为的继续可能性为前提的。因而在欠缺这种继续可能性时，即使行为人中断了实行行为，也不是放弃。因而，应否定中止犯的成立。[①]

例如，甲基于杀意向乙开枪，能击发而没有击发，就属于能够继续实施杀人的行为而没有继续，因而是放弃。与此相对，如果甲想向乙开枪，但因为发现手枪里没有装子弹而无法击发因而未开枪，由于已经不可能继续杀人行为，所以不是“放弃”。

以前的学说将上述两种情况都作为任意性的问题加以处理，但现在仅在第一种情况下讨论任意性的问题，而第二种情况则根本不需要讨论任意性的问题，因为已不属于“放弃”，所以应否定中止犯的成立。在第二种情况下，由于手枪中无子弹因而杀人失败了，这被称为“欠效犯”（这是因为德语中的 fehlgeschlagener Versuch 与法国刑法中的 delit manque[②] 一样被翻译为“欠效犯”[③]）。在日本被译为“失败的未遂”或“欠效未遂”。

一直以来，通常只是在实行终了的未遂中才承认欠效犯。但是现在对未终了未遂也可以承认欠效犯。有学者认为，作为判断任意性标准的弗兰克公式实际上也可以成为未终了未遂中欠效犯的判断

---

① ［德］vgl. Roxin, Der fehlgeschlagene Versuch, Jus 1981, S. 1. 1. Sp.

② 最近法国很多学者用 infraction manquee 这一用语取代 delit manque。

③ 关于欠效犯的论文，有［德］Roxin, Der fehlgeschlagene Versuch, Jus 1981, S. 1ff；［德］Gössel, uber den fehlgeschlagenen Versuch, ZStW. 87, 1975, S. 3ff（前者是肯定的立场，后者是否定的立场）。［日］齐藤诚二：《关于所谓的欠效未遂》，载《警察研究》第 58 卷，1987 年 1 号 3 页以下、3 号 3 页以下；［日］园田寿：《关于“欠效未遂”》，载《关大法学》第 32 卷第 3·4·5 合并号，第 59 页以下（两者都是肯定的立场，但后者对欠效未遂的成立范围认定得更宽，所以意见还是有所不同）。

基准。[①] 即在行为人“能而不欲”的场合应承认放弃，而在“欲而不能”的场合应否定放弃。

施米德霍伊泽最早主张这种意义上的欠效犯概念。他认为欠效犯是“行为人认为在实行阶段（按我国通说的划分——笔者注）的行为已经不具有达到他的行为目标的可能性的情况”。[②] 此外，这一概念的主要支持者罗克辛认为，“欠效犯是指已经无法继续，因而也就说不上放弃的未遂”，[③]“它存在于行为人认识到在具体的行为框架内已经无法达到其目标的情况下，至少是行为人主观上如此认为的场合”。[④]

现在的德国不仅理论上支持欠效犯这一概念的人越来越多，[⑤] 而且承认这一概念的判例也开始出现。[⑥] 不过，在该理论适用范围的问题上意见并不一致。所以该理论尚需进一步完善。当然，也存

---

① ［德］Roxin, Der fehlgeschlagene Versuch, Jus 1981, S. 2, r. Sp; Ulsenheimer, Grundfragen des Rücktritts vom Versuch in Theorie und Praxis, 1976, S. 319f; Rudolphi, SK. Bd. I, Allgemeiner Teil, 1. 1975, S. 189, Rn. 19; Otta, Grundkurs Strafrecht, Allgemeine Strafrechtslehre, 4. Aufl., 1992, S. 247; Jakobs, Strafrecht, Allgemeiner Teil, Studienaufgabe, 2. Aufl., 1991, S. 752, Anm. 55.（弗兰克公式包含了任意性与欠效犯双方的判断标准）。

② 按照 Ulsenheimer 的观点，并不是 Schmidhauser 最先将欠效犯的概念作这种理解。Ulsenheimer, Grundfragen des Rücktritts vom Versuch in Theorie und Praxis, 1976, S. 303.

③ ［德］Roxin, Der fehlgeschlagene Versuch, Jus 1981, S. 1, 1. Sp.

④ ［德］Roxin, Der fehlgeschlagene Versuch, Jus 1981, S. 1, r. Sp.

⑤ 承认欠效犯的学者有罗克辛、Ulsenheimer、鲁德尔菲、奥托、克拉克等。

⑥ 联邦最高法院在 1986 年 4 月 10 日的判决中承认存在欠效犯这种独立的事例群，对他们应否定存在不处罚中止的可能性。因此，当行为人认识到通过继续实施事实上不可能引起结果发生时（即使客观上是可能的），就存在欠效犯。BGHSt. 34. S. 52ff.（bes. S. 56f）. vgl. BGHSt. 20, S. 279f.

在否定这一理论的学说。[①]

鲍曼认为应否定欠效犯的概念，他将相当于欠效犯概念的情况理解为中止时的意思欠缺的问题。[②] 而同样持否定态度的格塞尔（Gössel）则认为，作为中止行为中放弃的要件，有放弃决意与法益侵害的行态的终了可能性，欠效犯属于其中一种要件。[③] 此外，他认为，欠效犯的场合，是欠缺未终了未遂中的放弃或者终了未遂中的既遂的阻止行为。[④]

日本也有学者提出应否定欠效犯这一概念。例如，山中敬一教授认为，欠效犯的问题应被定位为作为中止行为前提要件的“行为的续行可能性”的问题，从而明确认为欠效犯属于中止行为的领域[⑤]。也有学者认为可以将其作为任意性的问题处理。[⑥] 因而，没有必要承认这一概念。

对此，日本学者町田行男博士认为，欠效犯并非属于先于中止行为之前的应独立调查的范畴，而应属于中止行为的领域。也就是说，如果将中止行为理解为消灭法益侵害危险性的行为，那么实施

---

① 否定欠效犯的有 Gössel、Herzberg、Baumann、Weber、Mitsh。

② ［德］Baumann/Weber/Mitsh，Strafrecht，Allgemeiner Teil，10. Aufl.，1995，S. 567，Rn. 16.

③ ［德］Maurach/Gössel/Zipf，Strafrecht，Allgemeiner Teil，Teilband，2，7. Aufl.，1988，S. 72 – 74，Rn. 62 – 70.

④ ［德］Gössel，Üben den fehlgeschlagenen Versuch，ZStW；Bd. 87，1975，S. 37f.

⑤ ［日］山中敬一：《中止犯》，载《现代刑法讲座》（第 5 卷），成文堂 1982 年版，第 388 ~ 389 页；［日］山中敬一：《着手中止与实行中止》，载《关大法学》第 34 卷第 3 · 4 · 5 号，第 311 ~ 320 页。

⑥ ［日］清水一成：《中止未遂中“基于自己的意思”的意义》，载《上智法学》第 29 卷第 2、3 号，第 226、270 页。［日］盐见淳：《中止行为的构造》，载《中山先生古稀祝贺论集》（第 3 卷），成文堂 1997 年版，第 255 页。

中止行为的前提，就是存在应被消灭的危险性。① 但是，在欠效犯的场合，承认这种危险性的存在是困难的。这是因为如果在实行行为实施完毕之前，实行行为就已经不存在继续实施的可能性，那么此前所实施的实行行为也就不是危险行为。就前述第二种情况而言，甲用手枪瞄准乙所产生的乙死亡的危险性，在判明手枪没有子弹的瞬间就消失了。对于终了未遂中的欠效犯也是一样的。例如，行为人用只装了一发子弹的手枪向对方开枪却打偏了的场合，虽然实施了引起人死亡的必要的行为，但只要子弹打偏了，那么就不存在应被消灭的对方死亡的危险性。因此，町田行男认为，欠效犯是与作为中止行为前提条件的中止时的危险性的存在与否有关的问题。因而应属于中止行为的领域讨论的问题，而不是如罗克辛②或判例所认为的那样，即它属于与中止行为、任意性相并列的独立的范畴。此外，他还认为，应对未实行终了的欠效犯与实行终了的欠效犯作统一的理解。即两者都是提示不存在中止时的危险性的概念。③ 而对于德、日有些学者提出应否定欠效犯这一概念，町田行男认为该概念有必要存在。这是因为否定中止行为的事由并不是单一的，而是包含下面四种情况：第一种情况，不存在应由中止行为来加以消灭的危险性的场合；第二种情况，不存在由中止行为来消灭危险性的客观的可能性；第三种情况，中止行为确实没有使危险性接近消灭的场合；第四种情况，缺少中止的故意的场合。其中，欠效犯作为否定相当于第一种情况的中止事由时是有意义的。因此，他认为在中止行为的领域内，在作为否定中止的固有事由这一点上应承认该概念（欠效犯是否定中止行为的消极的要件）。他将

---

① 盐见淳在《中止行为的构造》第 253 页中也认为，中止行为时危险没有消灭是一个要件。

② [德] Roxin, Der fehlgeschlagene Versuch, Jus 1981, S. 1. 1. Sp.

③ [日] 町田行男：《中止未遂的理论》，现代人文社 2005 年版，第 193 页。

欠效犯定义为：无论实行行为是否终了，由于在中止时已经不存在应由中止行为消灭的对法益侵害的危险性，所以中止行为成为不可能的场合。

2. 欠效犯的范围

承认欠效犯概念的各学说对于其成立范围的认识也不一致。根据町田行男博士的归纳，存在对以下三种场合的讨论：①

第一，不可能实现基本构成要件的场合。这包括：一是事实上不可能的场合；② 二是法律上不可能的场合③。关于第一种情形的例子有：甲基于盗窃的故意打开了金库，但里面却没有钱的场合（对象的不能④）与甲基于杀意向乙开枪时，才发现未装子弹的场合（方法的不能⑤）。在这些场合，甲分别着手了盗窃、杀人的实行行为，但由于此后判明的对象或方法的不能而使犯罪不能完成。

关于第二种情形的例子，如果尽管甲基于强盗或强奸的故意对乙实施了暴行或胁迫行为，但乙自愿为甲提供财物或者自愿以身相许，且不是由于甲的暴行或胁迫行为所致。由于强盗罪或强奸罪要求实施了违反对方意思的行为，但只要乙同意，那么甲就无法继续实施此后的实行行为。

---

① ［日］町田行男：《中止未遂的理论》，现代人文社2005年版，第195～201页。

② 承认这种场合欠效犯的有Roxin、Ulsenheimer、Schmidhäuser、Rudolphi、Otto、Wessels、Lackner、Massen、Eser、Tröndle等。

③ 承认这种场合的欠效犯的有Roxin、Ulsenheimer、Lackner、Massen、Eser。与此相对，Tröndle不承认法律上不能场合的欠效犯。

④ 在日本的判例中，将行人绊倒想夺取其怀中之物时，由于行人并未携带东西无法达到其目的的案件（大审院判决1914年7月24日《刑录》第20卷第873页）就相当于这种情况。

⑤ 在日本的判例中，出于强奸的目的袭击妇女，由于对方激烈的抵抗未能插入就射精，因而无法达到其目的而离开犯罪现场的案件（高松高等裁判所1952年10月16日《刑集》第5卷第2134页）就相当于这种情况。

第二，不可能实现行为人所意图实施的犯罪计划的场合。行为人虽有一定的犯罪计划，但其不可能实现时，也可以承认欠效犯。这包括特定犯罪对象的不存在；特定犯罪对象的部分存在；特定犯罪对象的事后变质。

特定犯罪对象的不存在，是指诸如甲试图杀害乙而侵入其寝室，在准备向床上开枪时注意到睡着的并不是乙而是丙，这是行为人意图作为目的的犯罪对象不存在的情况。在这种场合，甲通过向丙开枪是可以实现杀人罪的构成要件。但他意图杀害的是乙而不是丙。因此，只要乙不在，甲就不可能实现意图的犯罪。①

德国著名的橡胶球事件②就属于这种情况。甲与乙注意到别人家的庭院里有一红色的物体，以为是橡胶球。甲想把该球赠送给他的妹妹，就让乙去把球取出来。但乙进入庭院拿起该物体后发现它不是球，于是又将之放回原处，而将事先并没有打算窃取的布娃娃拿走了。对此，法院判决甲是盗窃的间接正犯，乙由于没有占有的意思③，所以是有故意的工具（但双方都是中止未遂④）。

帝国法院（RG）将这一案件作为任意性的问题加以处理，因此就有了如下判决："正如所认定的那样，两名被告人故意的内容只是取得被他们认为是橡胶球的物品，并由甲占有。从事实情况上看，乙以实现取得这种特定物为目的，并且没有被与他意思无关的外部的情况所妨碍。特别是乙的意思没有受到因为发现了对象是与他期待相反的木制球这一事实所妨碍。而是由完全内部的原因，即

---

① 承认这种场合的欠效犯的有 Roxin、Ulsenheimer、Rudolphi、Wessels、Lackner、Massen、Eser。此外，Herzberg 虽不承认欠效犯，但认为在杀害目的所指的对象不在的场合，欠缺 Aufgeben（犯罪的放弃）。

② ［德］RGSt. 39，S. 37ff. 而且，此判例作为关于有故意的工具的判例也很有名。

③ 与日本不同，德国认为除了自己占有之外不承认不法占有的意思。由于乙是为了让甲占有而实施盗窃，所以乙欠缺这种意思。

④ 日、德有一部分学者将这一判例作为单独直接正犯加以论述。

知道事实真相后仔细思考的结果，于是乙将已拿到手的木制球再放回了原处。因此，尽管乙认为继续实施原来意图的行为并非不可能，但仍然自发地，即任意地加以了放弃”。①

然而，这里乙的犯罪目的就是窃取橡胶球。只要发现不存在橡胶球，窃取行为的继续实施就是不可能的，也就说不上放弃。帝国法院（RG）虽然认为乙“尽管认为继续实施原来意图的行为并非不可能”，但对实际上并不存在的橡胶球的窃取行为的继续为何不认为是不可能的呢？这样认定是有一定问题的。此外，即使将本案理解为任意性的问题，那么承认乙任意性的本判决也是有问题的。也就是说，乙认为是橡胶球的物体实际上并不是橡胶球，判例认为这一事实并不妨碍犯罪的实现，但乙正是由此事实妨碍了犯罪，因而，就不能承认其存在任意性。②

特定犯罪对象的部分存在，是指诸如负债累累的甲企图窃取金钱还债，为此侵入了他认为很有钱的乙家，但在乙家仅发现了很少的金钱，这种情况就属于特定犯罪对象的部分存在。也就是特定犯罪对象虽非完全不存在，但又没有达到行为人所预想的程度。在这种场合，对部分存在的特定犯罪对象的侵害也可以实现构成要件。然而，只要不存在行为人所预想的完整的特定犯罪对象，那么他所意图的犯罪的实现就是不可能的。③ 就上述案例而言，甲如果窃取了乙家的钱财，那么可以实现盗窃罪的构成要件，但无法达到窃取还债所必要的金钱的犯罪目的。

---

① ［德］RGSt，39，S. 39f. 此外，关于甲的罪责，vgl. S. 40ff.

② 将本案这样由于不存在一定之物，或不存在应盗窃之物而中止的情况视为任意性的问题，否定中止未遂的有 Allfeld、Frank、Kohraush、Lange、Maurach、H · Schroder、Dreher、Tröndle（Tröndle 虽承认欠效犯，但将这种情况视为任意性的问题）、H · Mayer（盗窃时只发现无价值之物、想杀害却认错了人）、Baumann、Weber、Mitsh。在法国则有 Larguier。

③ 承认这种场合的欠效犯的有 Roxin、Schmidhäuser、Derselbe、Rudolphi、Jakobs、Lackner、Massen、Eser。

这类事件还有著名的300马克事件①。甲为了开始自己的事业需要大约300马克的资金，他在乙的饮食店吃饭时想到要窃取店中的现金。于是关闭了饮食店的入口，以匕首威胁店主交出金钱，在制服了店内的客人与店主之后，他打开抽屉发现其中仅有二三十便士，于是什么都没有拿就逃走了。

联邦最高法院（BGH）将这一案件作为任意性的问题加以处理。对于判断基准问题，判决指出，“原则上必须从行为人的本来计划，即对他所欲窃取的物的量或价值所抱的感知出发。此时，明确行为人是为了何种目的来使用所盗之物是有益的”。② 在此基础上，判决指出：“刑事部也是从这种考虑出发。被告人是为了从店主那里夺取大约300马克的金钱，虽然抽屉中并不是没钱，但却比行为人所期望的要少。刑事部认为这些事实很重要，这是正确的。抽屉中的金钱仅是他所需要的数额的十分之一，被告人由于数额太少而愤怒地停止了夺取行为。刑事部否定行为人构成刑法第46条第1项意义上的不处罚的中止，这是正确的。”③

然而，只要抽屉中有数十便士，那么继续实施以获取创业所必需的资金为目的的强盗行为就是不可能的，所以根本不需要询问任意性的有无，④ 作为欠效犯认定，即以已经属于中止行为不可能的情况加以处理就足够了。

特定犯罪对象的事后变质，是指特定的犯罪对象虽然完全存在，但由于实行着手后特定犯罪对象的性质发生了变化，实现行为人所计划的犯罪是不可能的情况。⑤ 诸如，甲希望窃取高价的观赏

---

① ［德］BGHSt. 4，S. 56ff.

② ［德］BGHSt. 4，S. 56，vgl. 59f.

③ ［德］BGHSt，4，S. 60.

④ 将本案这样由于客体数量的不足而中止的情况作为任意性的问题从而否定中止犯的有 Allfeld、Sauer、威尔泽尔、Maurach、Dreher、Tröndle；日本则有清水一成。

⑤ 承认这种场合的欠效犯的有罗克辛、Rudolphi、Eser。

鱼，但在窃取的过程中不小心将鱼弄死了的情况。此时，作为甲盗窃的特定犯罪对象的观赏鱼虽然完全存在，但只要鱼死亡了，那么鱼的价值就降低了，实现窃取高价观赏鱼的行为人最初的目的就不可能实现了。

德国有名的纱窗事件[①]也属于这种例子。甲等（人数不明）企图窃取纱窗，在用棒子往外拉时不小心戳了一个洞，因为无法使用而停止了窃取行为。与前面两个判例一样，帝国法院将本案作为任意性的问题加以处理，判决如下："导致被告人等放弃犯罪既遂的念头的动机，不存在于单纯内心的领域，不是基于他们自由的意思决定，而是由于发生了妨碍窃取行为的外部的情况，这些情况促使行为人等决定放弃盗窃。这种情况存在于本人意思之外。只是因为纱窗的损坏不是被告人等有意为之，而且他们所感知的情况是：自己不愿意再与对自己已经无用、无价值的物品发生关系。因为他们实施盗窃事由的目的受挫，成为被告人的意思决定的障碍，对于是否具有任意性而言，重要的是行为人放弃所着手的犯罪行为的实行的动机。"[②]

然而，这里被告人等的犯罪目的就是夺取没有受损的纱窗，只要它受损，那么行为人等就不能实现当初所意图的犯罪计划，也就说不上对实现犯罪意图的放弃，因而是欠效犯。以中止行为不存在为理由来否定中止犯就足够了，而没有必要将它作为任意性的问题。[③]

---

① ［德］RGSt. 45. S. 6f.

② ［德］RGSt. 45. S. 7.

③ 李斯特认为由于毁损了物品使盗窃失去价值因而中止的情况是不任意的（v. Liszt/Schmidt, Lehrbuch des deutschen Strafrechts, 26. Aufl., 1932, S. 317, Anm. 14）、Dreher 否定上述纱窗事件的任意性，而 M·E·Mayer 认为因物品失去作用为理由的中止（无论是一开始就坏了还是行为人自己破坏的），都存在任意性。M·E·Mayer, Der Allgemeine Tail des Deutschen Strafrechts, 2. Aufl., 1923, S. 372, Anm. 11.

对于前面第一种、第二种场合，虽然分类上有差别，但德国的学说一般都肯定欠效犯（当然，否定这一概念的除外），而关于手段的不能意见则有分歧。

第三，手段不能的场合，是指诸如甲用无法检验出来的毒药企图毒杀乙，但在将放入毒药的酒杯递给乙时，不小心将杯子摔了。虽然他还有其他的毒药，但由于已经没有这种检验不出来的毒药，所以甲放弃了对乙的毒杀［赫鲁斯卡（Hruschka）所举之例］①）。甲的犯罪目的在杯子落地的瞬间就已经不可能实现了，那么能否与前述的第一种、第二种场合的情况一样，也承认欠效犯呢?②

乌尔泽海姆持肯定说，他认为，“这是因为实现犯罪的方法，即行为的手段、犯行现场以及犯罪时间，都与特定犯罪对象一样，在各个场合对于行为人的计划而言都是重要的”。③ 他指出行为的客体与手段的区别在于:“行为人对‘不可能’的这种认识，在前者中是与他所希望的某地点的东西相关联，而在后者中则是与实行的‘方法’相关，仅此而已。而行为人没有继续实施的动机是同样的。即行为人通过继续实施其犯罪计划来接近其目标的机会已经丧失。由此，不能说是‘放弃’④。”⑤

但是，手段不能的场合与上面的第一种、第二种场合是有差别的。即使行为人所意图的犯罪手段对他的犯罪计划而言是重要的，

---

① ［德］Hruschka ，Zur Frage des Wirkungsbereichs eines freiwilligen Rücktritts vom unbeendeten Versuch，JZ 1969，S. 498.

② 除下述的 Ulsenheimer 以外，承认关于手段不能的欠效犯的还有 Hruschka、Rudolphi、Dreher、Tröndle.

③ ［德］Ulsenheimer，Grundfragen des Rücktritts vom Versuch in Theorie und Praxis，1976，S. 322.

④ ［德］Ulsenheimer，Grundfragen des Rücktritts vom Versuch in Theorie und Praxis，1976，S. 323.

⑤ 此外，对这种见解的批判见 Roxin，Der fehlgeschlagene Versuch，Jus 1981，S. 5f.

但特定犯罪对象与手段对于实现犯罪所具有的意义是有本质区别的。一般人在计划实施犯罪时，都是希望通过该犯罪来实现所意图的结果。由此，在行为人所意图的结果不可能实现的瞬间，他的中止行为就不可能了，因而就是欠效犯。在特定对象不存在的场合，因为不能侵害其意图侵害的对象，所以是不可能实现行为人所意图的结果的。然而，在行为人所预定的手段不能的场合，由于特定对象是存在的，所以他通过变更手段仍然可以实现所意图的结果。当然，行为人通过当初所预定的手段来实现犯罪计划可能会受到挫折，但只要存在特定对象，那么实现他最终目的的结果就仍然是可能的。不过在特定对象不存在的场合，一般是不可能通过变更侵害对象来实现所意图的犯罪结果的。需要强调的是，只能承认对特定对象的欠效犯。即该对象对行为人而言属于特定的场合。而对于手段的不能，则不能够承认欠效犯。

此外，有学者认为，如果承认欠效犯的概念，那么，行为人的计划越周密就越能肯定欠效犯，中止犯的成立也就越困难。[①] 但是笔者认为，计划的周密与否考察的是犯罪方法、犯罪时间、地点、犯罪后逃跑路线等有关内容，而不是与犯罪对象有关的内容，笔者原则上只就犯罪对象不存在的情况承认欠效犯。

综上所述，笔者认为，欠效犯理论可以避免对任意性判断所产生的争议，对于判断中止犯的成立具有积极的意义。对于在行为人不能实现中止犯构成要件的场合，或者由于犯罪对象不存在而不可能实现其所意图的犯罪计划的场合，可以不将其作为任意性的问题处理。在这些场合不需要讨论任意性，可以直接以不可能存在中止

---

① ［日］清水一成：《中止未遂中“基于自己的意思”的意义》，载《上智法学》第29卷第2、3号，第223页。肯定欠效犯的Schmidhäuser也认为就欠效犯而言，行为人“行为目标设定得越窄，失败的可能性就越大”，从而承认了这一点。Schmidhäuser, Strafrecht, Allgemeiner Teil, Studientbuch, 1. Aufl., 1982, S. 362, Rn. 77.

行为而否定成立中止犯。

在这里，笔者认为还有一点需要强调，即“欠效犯”的概念与后面论述的“不能未遂”的概念是不同的。笔者将两者的不同概括为两点：首先，作为欠效犯，它仅限于对象不能的场合，而不能未遂却没有此限制；其次，对于欠效犯，行为人在主观上已经认识到了先前实施的行为已不可能导致既遂结果的发生，由于不存在导致既遂结果发生的危险性，因此也就不可能实施消灭危险的中止行为了。而不能未遂是行为人在中止行为实施以前，尽管先前实施的行为按一般人的标准考察存在危险，但在客观上已经不具有导致既遂结果发生的可能性，但是行为人在主观上却认为仍具结果发生的可能性。对于“不能未遂”而言，在一般人以及行为人看来，仍然存在需要由中止行为消灭的结果发生的危险性。因此，对欠效犯可以直接认定为未遂犯，而不能未遂则仍有承认中止犯的可能。例如，行为人正准备射击时，发现对象并不是自己要杀的甲，而是和甲长得很相像的自己的朋友乙。这种情况就属于欠效犯。而行为人以杀人的故意投放没有达到致死量的毒药而不能致被害人死亡，这种情况就属于不能未遂。

（二）心理的任意性

现在的德国，关于任意性的判断标准，存在心理的任意性判断与规范的任意性判断的对立。心理的任意性判断，是通过行为人所感知的外部的事态是否使其失去中止的余地来判断任意性。换言之，即以行为人自由选择的可能性或程度来决定任意性的有无。与此相对，规范的任意性判断，是指上述外部的事态使行为人中止的理由是否为法律所承认来判断任意性。这是以中止事由是否为法所承认来决定任意性的有无。对心理的任意性判断与规范的任意性判断的论述，笔者拟从两个角度展开：其一，理论的角度。运用该标准进行判断所得结论是否与第一章关于中止犯的立法理由的结论相矛盾。其二，实践的角度。标准是否具有明确性及运用该标准进行判断的结论在实践中是否妥当。

关于心理的任意性判断的学说大致可以分为三种，即主观说、客观说以及归责可能性说。笔者下面将对这三种学说分别进行讨论。

1. 主观说

主观说主张将外部的事态是否使行为人丧失中止的余地的判断标准求之于行为人的主观方面。不过在主观说内部仍存在观点上的分歧，又形成了如下几种观点：

（1）弗兰克公式。

众所周知，弗兰克公式是指行为人“能达目的而不欲”时停止犯罪的，应肯定任意性。相反，“能达目的而不欲”时停止犯罪的，应否定任意性。但笔者认为，关于这一公式还有若干应进一步明确的内容。

首先，需要明确的问题是弗兰克公式中“能达目的”的含义是什么。德、日学者对此有两种理解：其一，是指实现构成要件；其二，是指行为人所意图的犯罪计划的实现。例如，甲以为站在前面的人是乙而举枪瞄准，但随后发现并不是乙，于是停止了射击行为。此时，如果“能达目的”是指前者的话，那么由于甲能够实现杀人罪的构成要件，所以对停止行为应承认任意性。与此相对，如果以后者为标准，那么由于甲所意图杀害乙是无法实现的，所以应否定任意性。例如，中义胜教授就是将“能达目的”理解为实现构成要件。他指出“认为是真钻石项链，触摸时发现是模仿品而没有盗窃就回去了”的场合，根据弗兰克公式应成立中止犯。因为窃取仿制品的行为仍然可以实现盗窃罪的构成要件。① 但是，德国帝国法院（RG）的判决，认为行为人在具有“夺取一定之物或指向一定种类的对象的故意”的场合，如果没有发现该种物品时应否定任意性。② 因此，笔者推断，帝国法院是将“能达目的”

① ［日］中义胜：《讲述犯罪总论》，有斐阁1980年版，第212页。

② ［德］RGSt. 55. S. 66.（有关此判决的后述）。

理解为后者，即行为人所意图的犯罪计划的实现。

其次，需要明确的问题是对“能达目的”中“能”即“能够”怎么理解？关于这一点，日本的木村龟二教授认为，“这种‘能够’，一般可以区分为两种意义。其一，指‘行为的伦理的可能性’；其二，指心理的物理的可能性。于是，弗兰克公式中的‘能达目的’或者‘不能达目的’中‘能够’指的是上述哪种含义呢？例如，孩子向父亲、母亲开枪，在心理上、物理上是可能的，而在伦理上则是不可能的。因此，如果不能将弗兰克公式中对‘能够’理解限制在一定含义之内的话，那么就难将其视为解决问题的标准。如果仅从这一点来看，弗兰克公式并不一定能发挥作用。”[①] 总之，木村教授认为，弗兰克公式中的“能够”到底指的是伦理上的可能性，还是心理的、物理的可能性，标准并不明确。

不过也有学者认为，木村的批判并不正确。因为弗兰克公式在承认任意性的场合，认为“并不一定必须出于伦理的动机（如后悔）”。[②] 如果反过来理解这句话，是否可以认为如果动机是符合伦理的，那么就应承认任意性呢？如果这样的话，由于行为人在伦理上无法实施的场合，也不能否定其任意性。所以“能够”应当是指心理的、物理的可能性而不是伦理的可能性。[③]

笔者认为，从宏观的理论的角度来考察弗兰克公式，它是符合中止犯设立的基本思想的。这是因为根据这一公式，中止犯必须是只要想实施就能够实施犯罪的人，为了使这种人停止犯罪，就有必要架设黄金桥（黄金桥理论）。或者尽管是只要想实施就能够实施

---

① ［日］木村龟二：《中止未遂的概念》，载《刑法的基本概念》，有斐阁1949年版，第254页。

② ［德］Frank. Das Strafgesetybuch für das Deutsche Reich, 18. Auful., 1931, S. 97.

③ ［日］町田行男：《中止未遂的理论》，现代人文社2005年版，第204页。

犯罪的人，但放弃实施犯罪，对于这样的人，在刑法上是值得称赞的，所以允许给予其不处罚的褒赏（褒赏说）。或者对于原本能够达成犯罪而没有使犯罪既遂的人，可以认为他有自己返回合法世界的能力（刑罚目的说）。对于这些人，对其不科处刑罚，符合刑法的谦抑精神（谦抑说）。但是如果具体考察，就会发现弗兰克公式与中止犯的基本思想相矛盾。因为弗兰克将自己的公式适用于发觉或害怕发觉的场合，他认为基于被发觉因害怕处罚而停止犯罪的人，尽管存在犯行后有被处罚的可能性，但由于没有妨碍既遂的可能性，所以是“能”的，应肯定任意性。而基于害怕被发觉停止的场合，由于被发觉在物理上有妨碍既遂的可能性，所以是“不能”的，应否定任意性。然而这种结论与中止犯的基本思想并不相容。因为对于因害怕被发觉而停止的行为人而言，即使不架设黄金桥他也可能停止犯罪。而对由于被发觉而停止犯罪的行为人，即使为其架设了黄金桥也难以认为其能够自己返回合法的世界。从实践的角度分析，弗兰克的结论也是不妥当的。对于被发觉因害怕处罚而停止犯罪的人，德、日的通说、判例都否定任意性。而且，在实践中由于被发觉而停止犯罪的情况也不少，如果严格按弗兰克公式的话，就不得不肯定任意性，而这样处理是不妥当的。

另外，德国学者多纳（Dohna）认为，弗兰克公式“没有理由地扩大了不处罚的中止的范围，在行为人继续实施的行为被物理地阻止（或者认为被物理地阻止）时，或者被强迫避免结果时，就开始超出了其界限。”① 于是，为了避免这一缺陷，即避免扩大不处罚范围，就需要对任意性的范围进行一定限制。德国另一学者霍斯特·施罗德自律的动机说就是试图解决这一问题而提出的学说。

（2）自律的动机说。

自律的动机说与弗兰克公式基本如出一辙。因此，在理论上有

① ［德］Dohna. Die Freiwilligkeit des Rücktritts vom Versuch im Lichte der Judikatur des Reichsgericht, ZStW, Bd. 59, 1940, S. 541f.

学者将两说一并论述。但考虑到自律的动机说的主要倡导者霍斯特·施罗德是在批判弗兰克公式的基础上展开此说，所以笔者认为还是应将二者区别对待。正如霍斯特·施罗德所指出的，弗兰克公式具有不当扩大任意性范围的倾向，自律的动机说正是为了避免这一缺陷，为限制任意性范围的不当扩大提出的。自律的动机说可以说是现在德国的通说或与通说很接近。

霍斯特·施罗德认为，如果行为人是在自律的动机支配下实施的中止，那么就是任意的。如果是基于他律的动机而实施的话，则不是任意的。所谓自律的动机，是指中止的意思是行为人作为“自由选择”的结果。他律的动机则是指行为人的中止意思是作为“强制状态”的结果。作为自律的动机，行为人必须是仅基于自己内心的深思熟虑而作出中止的决意（例如，勇气的丧失、同情、对处罚的恐惧等）。而不能是因为外界的情况对他变得不利。作为他律的动机，具体包括以下两种情况：一是实行行为的继续实施在客观上已经变得不可能。行为人的犯罪意图因实行着手后情况的变化而消灭，因此作为其犯罪动机的基础已经不存在了，而导致这一状况产生的因素对行为人而言起了决定性的作用。例如，以为是真品而实行着手后却发现是赝品而停止盗窃的场合，就属于这种情况。再如，基于政治主张的不同而试图杀害部长，但由于该部长已被解任而停止杀害的场合，也是如此。二是由于外部情况发生了对行为人不利的变化，使中止犯罪成为合理的、贤明的选择。实行着手后所发生的情况，导致行为人如果继续实施下去的话就会明显对行为人不利。例如，由于被发觉或自家起火了，为了灭火而停止犯罪的，就属于这种情况。在这种场合，由于外部情况发生了对行为人不利的变化，也正是这种不利的变化妨碍影响了行为人的决意。由此，问题并不在于在客观上是否已经产生对行为不利的状况的变化，而是行为人主观上是否认识到这种状况的变化。[①]

以上是自律的动机说的主要内容。笔者认为，该学说中否定任意性的第一种情况，实际上就是相当于欠效犯的情况。因为如果实行行为的继续在客观上已经是不可能的话，那么在这一阶段就丧失了对法益侵害的危险性，因而就不存在应由中止行为加以消灭的危险性，中止就是不可能的。因此，霍斯特·施罗德所举的属于这种情况的例子，如以为是真品而实际上是赝品的例子属于欠效犯中特定犯罪对象不存在的情况。而部长被解任的例子则属于特定对象的事后变质（原来是部长后来不是了）。

支持霍斯特·施罗德的自律的动机说的其他学者，认为在上述他律动机的第二种情况下是可以否定任意性的，即由于实行着手后所出现的状况，使实行行为的继续会明显给行为人带来不利时，就能肯定他律的动机。但是，如果即使实行着手后状况发生了变化，但不会给行为人带来不利，有时甚至是对行为人完成犯罪有利的时候，那么行为人的中止就是由自律的动机所致，就应当承认其任意性。例如，为钱所困的 T 潜入以前工作过的公司打开保险箱，里面有他所期待数额的金钱，但他想到明天就是公司的资金整理日，会有更多的钱款。于是将保险箱恢复原状准备第二天再盗窃。再如，甲潜入朋友乙家盗窃，乙在熟睡，甲虽开始物色盗窃的物品，但突然想起数日后乙将外出旅行，认为届时盗窃更为容易，于是推迟了盗窃时间。在这些场合，继续实施实行行为对甲并非不利，因为保险箱中有甲所期待数额的金钱；乙也没有注意到甲，因而继续实施犯罪行为也是可能的。因此，按照这种学说，甲的中止是由自律的动机所致，所以应承认任意性。

但是，笔者认为，这一结论是不妥的。从刑事政策的角度分析，在犯罪行为的中止对行为人是有利的时候，行为人一般都不会

---

① ［德］Schröder, Horst, Grundprobleme des Rücktritts vom Versuch, Jus 1962, S. 87.

实施犯罪，所以没有架设黄金桥的必要。再者，对于为了窃取更多的金钱，或为了更容易地实施犯罪而暂时中止盗窃的行为人而言，刑法也没有必要给予不处罚的褒赏。另外，对这样的人不处罚，不符合刑罚目的的要求。根据我国的相关理论，由于行为人放弃犯行不具有彻底性，因而不能肯定中止犯的成立。笔者认为，自律的动机说创立的初衷是好的，即为了遏制弗兰克公式导致的过度扩大“不处罚的中止”的范围的倾向。但是，自律的动机说根据是否存在“对继续实行行为不利的外部状况的变化”来决定任意性的有无，从而导致在“如果外部状况的变化是对行为人继续实施有利”的情况下，行为人中止的场合，就不得不肯定任意性。笔者认为这一结论是不妥的。不仅如此，自律的动机说认为因状况的不利变化导致，若继续实施犯罪行为，明显地会给行为人带来不利时否定任意性。而对是否“不利”的判断是以行为人的主观认识为标准的。笔者认为，该结论也存在问题。例如，甲入室盗窃，恰遇主人外出，其非常偶然地看到挂在衣架上的警察制服，得知这是警察的家，想到如果盗窃的话可能会被马上逮捕，因而停止了窃取行为。在这种场合，甲并不是基于实际的被发觉等具体的原因而放弃，而是基于害怕很快被逮捕继而受处罚的可能性而放弃。然而，甲以为是普通人家而进入后却发现是警察的家，由此考虑到如果盗窃就会被逮捕。那么由“普通人家”到“警察的家”，这种状况的不利变化会导致如果继续实施犯罪将会带来处罚的重大不利。根据自律的动机说，以本人的认识为标准决定不利的有无，那么由于发现自己进入了一位警察的家，甲主观上会认为这种情况的变化是不利的，因此就不能认定甲的任意性。但是，对因害怕被发觉导致受处罚而停止的情况，在德国、法国、日本压倒性的通说都是肯定任意性。

（3）关心说。

或称为主观的价值说，该说由德国学者施米德霍伊泽提出。它与自律的动机说一样，均立足于主观说，但在任意性的判断上却使用了与自律的动机说完全不同的标准。

施米德霍伊泽在教科书中作了如下论述："任意性的基准，是行为人的主观的价值体验。即如果按计划继续实行行为，对行为人而言会变得无价值时，就不能承认放弃的任意性。而在比较和考虑所有的因素后，对行为人而言，继续实施并不是无价值时，应承认任意性。""问题是行为的意欲与嫌厌。"行为人感知到"如果继续实施行为会丧失所有的价值"这一行为状况变化的话——即嫌厌在强度达到了排除所有继续实施的意欲时——这种放弃不是任意的。相反，行为人由于理智、计算、洞察或者弃恶从善而克服了这种意欲时，这种放弃就是任意的。例如，作为强奸对象的女性，她表示如果给一定时间考虑就会同意，行为人因此而中止的话，由于是"理智"的深思熟虑的结果，所以是任意的中止。

施米德霍伊泽对自己将此说冠名为"关心说"作了如下说明："具体的行为，即使在对其结果进行深入考虑之后，对行为人而言仍然是其关心的事情的场合"应承认任意性。而"具体的行为，如果在考虑到预想的结果后，变成不关心的事情的场合"应否定任意性。[①]

这里的任意性判断会牵扯到一定的关系。这种关系包括两个方面的内容，一方面是成为行为人决意实施行为的事由，即在中止时尚未能完全舍弃的欲望、欲求、关心、目标；另一方面指促使其决定停止犯罪行为的行为事由。关心说要求对行为人进行高度个别化的观察。以行为继续对行为人而言并未失去魅力为前提，而如果失去了魅力，行为人的中止是不任意的。[②]

施米德霍伊泽将任意性的判断标准，从行为的继续对行为人是否有价值转变为是否关心，其实质的内容并没有太大的差异。然

---

① ［德］Schmidhäuser, Strafrecht, Allgemeiner Teil, Studientbuch, 1. Aufl., 1982, S. 632f, Rn. 83.

② ［德］Schmidhäuser, Strafrecht, Allgemeiner Teil, Studientbuch, 1. Aufl., 1982, S. 632f, Rn. 84.

而，笔者认为，从理论及实践的角度看，他的学说与前面的自律的动机说存在同样的问题。即该学说也无法克服对实行着手后因状况发生有利的变化而停止，应承认任意性。因为在状况发生有利变化时，继续实施行为能够如行为人最先预定的那样实现犯罪，所以对他而言，继续实施犯罪是有价值的，也是行为人关心的事物。按照施米德霍伊泽的观点，对于为了实行有更多利益的其他犯罪而停止犯罪的场合①也应承认任意性②。但如果这样的话，与他所主张的刑罚目的说的中止犯的基本思想相矛盾。他基于一般预防的立场，认为不处罚中止犯是因为不会妨碍刑罚的一般预防效果。但是，对于为了实施有更多利益的犯罪而停止该犯罪的人不予处罚，能够说不会妨碍一般预防的效果吗？这不能不让人怀疑。

从对判断标准的把握来看，关心说还不如自律的动机说具有可操作性。因为关心说要求高度个别化的观察，而“关心”有无的判断会因不同的人而得出不同的结论，因为不同的人对“关心”的对象及“关心”的程度存在相当大的差异。因此，关心说的判断标准不具有明确性，难以把握。

此外，按关心说主张的，以关心的有无丧失来决定任意性，那么在基于伦理的嫌恶感而停止的场合是否应否定任意性呢？例如，甲为了得到旅游费用而抢劫乙的金钱，但在得知这个钱是乙妻子的住院费之后停止了行为。在这种场合，如果甲并不认为为了旅游而值得去抢劫住院费的话，就可以说甲丧失了对乙抢劫的关心（他认为与犯罪所得结果，即获得旅游费相比，停止犯罪所得到的结果，即从伦理的嫌恶感中得到解脱更有价值），因而应否定任意

① 作为这种场合的例子有：甲在路上对乙实施抢劫，着手实行之后，看到像是更有钱的丙走过来了，为了对丙实施抢劫而停止了对乙的抢劫的情况。

② ［德］Schmidhäuser, Strafrecht, Allgemeiner Teil, Studientbuch, 1. Aufl., 1982, S. 367, Rn. 877.

性。然而，这与他认为基于同情等停止继续实施犯罪行为的，应承认任意性[①]的观点相矛盾。

（4）行为计划说。

行为计划说由多纳所提倡。他是在批评客观说的基础上展开自己的学说的，即他认为不应以外部的状况是否达到强制行为人意志的程度来决定任意性的有无。

他认为任意性的判断“关键问题在于行为人在各种场合的意图究竟是什么？这个问题的答案可以引出对任意中止的限制。历来对这一问题都没有重视。只有帝国法院（RG）在关于盗窃行为的两个判决中（RGSt，24，RGSt，70.）持有正确的认识，认为应注意行为人具体要求的是什么。即所欲盗窃的是任何物品，还是限定为一定的物品，或者是为了更多的金钱。在回答这一问题之后，应根据这种目的是否可能实现来作决定。”[②]

他认为，在因为被发觉害怕处罚而停止犯罪的场合，否定其任意性并不是由于外部的状况变化给行为人心理的压力达到了使行为人意思不自由的程度。而是因为行为人是想在不受处罚的情况下实施盗窃，而这种目标已经不可能达到。“这里重要的是，承认来源于现实并且经过一切经验所证明的命题，即任何人都不会愿意在需要付出刑罚代价的情况下，仍然继续实施犯罪。当然，行为人都意识到有被逮捕被判处有罪的危险。但他们相信自己的好运与手腕，期待不被发现。如果被发觉的话，那么在行为人实行着手之际，前提就消失了，他的计划就失败了。”[③]

---

① ［德］Schmidhäuser，Strafrecht，Allgemeiner Teil，Studientbuch，1. Aufl.，1982，S. 367，Rn. 87.

② ［德］Dohna，Die Freiwilligkeit des Rücktritts vom Versuch im Lichte der Judikatur des Reichsgericht，ZStW，Bd. 59，1940，S. 544f.

③ ［德］Dohna，Die Freiwilligkeit des Rücktritts vom Versuch im Lichte der Judikatur des Reichsgericht，ZStW，Bd. 59，1940，S. 547.

多纳摆脱了将任意性的判断标准求之于心理强制的有无的观点的束缚，而提出了新的标准，这种思考方法是应该肯定的。但笔者认为，他所提出的新标准也存在一定的缺陷。

首先，正如舍尔所指出的，该说始终认为，行为人在实行着手前所预计的事实与犯罪后所面临的事实之间有抵触，以这种抵触是否会使犯罪停止为判断标准来决定任意性的有无。然而，由于在一般情况下行为人事前所感知的事实与现实的情况不会完全一致，[①]所以如果贯彻行为计划说的话，就基本上不会承认任意性。为了避免这种不合理，就必须承认有一些抵触不影响任意性的存在。但这样的话，对抵触程度判断标准不一致又会出现新的问题。而多纳并没有论述这一点。只要没有明示对抵触程度的判断标准，那么他的学说就很难在实践中得以运用。

其次，他的见解在具体的适用中也会得出不合理的结论。例如，为钱所困的甲潜入亲友乙家中盗窃，他希望自己在不被乙发现的情况下实施盗窃。然而，这种情况与其说行为人是害怕处罚，还不如说是担心一旦被乙发觉自己是连亲友的钱都要盗窃的人而感到羞耻。如果与行为人的希望相反，甲在盗窃时被乙发现，甲感到羞耻而停止了犯罪。由于甲的计划是不想让人知道自己是连亲友都要盗窃的人，而希望在未被乙发觉的情况下实施盗窃。如被乙发觉，甲的计划就失败了。根据多纳的学说，应否定甲的任意性。然而，这种情况下的甲是因为被乙发觉感到羞耻而停止了犯罪，而理论上则没有争议地承认基于羞耻心而停止犯罪的任意性。

再如，患有不治之症的妻子请求丈夫杀死自己。答应了妻子要求的丈夫想让妻子安乐地死去，于是让妻子服下他认为不会感到苦痛而死亡的药物。但与预想相反，妻子感到十分痛苦，丈夫出于怜悯呼叫医生从而挽救了妻子的性命。

---

① 指出同样问题的有 Scheurl, Rücktritt vom Versuch und Tatbeteiligung mehrer, 1972, S. 59, S. 62.

在这种场合，丈夫的计划是在不给妻子造成痛苦的前提下结束妻子生命。因为出现了与预想相反的情况，丈夫由于妻子的痛苦，而中止结束妻子生命的计划。根据行为计划说，这种行为就没有任意性。但是，这里的中止是因为怜悯妻子而实施的。而基于怜悯的中止一般也不存争议地被认为是具有任意性的典型的例子。因此，多纳的学说对于任意性的判断标准也是存在一定问题的。

2. 客观说

主观说对于任意性的判断始终是以行为人为标准的。相反，客观说则不是以行为人，而是从一般人的角度进行判断。即是将外部的事态是否使行为人丧失中止的余地为判断标准，并将这一标准求之于一般人观念的评价。现在客观说是德国判例所采取的立场，而理论上采用该说的则很少。[①] 这与日本客观说占据支配地位的情况大不相同。

在德国，作为以客观说为指导的判例是 1920 年 7 月 8 日帝国法院（RG）的判决。[②] 该判决指出，“行为人不能使所意图的犯罪达到既遂时，并不是说只要外部的事实以某种方式使行为人产生决意，就可全部否定任意性。在刑法第 46 条第 1 项（未终了未遂的中止——译者注）的含义中，与行为人意思无关并且阻止其实行的事实只存在于以下场合。这种事实使行为人实施所企图的行为变得绝对不可能时，或者上述事实根据通常的生活经验，能对行为人的意思方向起作用，也就是达到断绝行为人实行念头的强度。那么，关于这种外部的事实对行为人决意的影响程度这一问题，应强

① ［日］木村龟二：《中止未遂的概念》，载《刑法的基本概念》，有斐阁 1949 年版，第 258 页；［日］香川达夫：《中止犯》，载《综合判例研究丛书（3）》，有斐阁 1956 年版，第 100 页；德国通说是客观说，［日］平野龙一：《中止犯》，载《刑事法研究》（第 2 卷），有斐阁 1981 年版，第 157 页注 11 则认为主观说是通说。

② ［德］RGSt. 55，S. 66f.

调这种影响必须达到妨碍行为人实行的法律意义上的程度。此时，中止就不是任意的了。”①

此外，在理论上，艾尔菲德（Allfeld）提倡客观说，他认为，“阻止行为人继续实施行为的动机不是源于行为人内心，而是由外部所引起的，且对行为人本人的影响非常强烈，从一般的或合理的角度来看，行为人无法去除这种影响时，行为人就是由与本人意思无关的事实妨碍了实行。”② 此外，他认为弗兰克公式是妥当的，但又认为“不能”应如何理解是一个问题。③ 他认为应从“经过合理思考的人的立场”理解“不能”的含义。④

对于客观说，首先从理论的角度来考察，就会发现它似乎与中止犯的基本思想相矛盾。即根据上述判例当时所采用的黄金桥理论来看，（艾尔菲德也采用此说），根据一般的生活经验，对于处在不得不断绝实行之念的情况下的行为人而言，即使不为其铺设黄金桥，一般也会停止犯罪，因而没有必要承认这种情况成立中止犯。另外，从此判例后所采用的刑罚目的说来看也是如此。如果是在犯罪可以继续实施时，行为人断绝了犯罪的念头（对于这种情况，根据客观说肯定任意性的存在），可以肯定行为人具有自己返回合法世界的能力。因而对他没有特别预防的必要，不处罚行为人也不会妨害一般预防（因为一般人会继续实施犯罪，而行为人停止了）。再者，根据褒赏说，行为人在一般人并不会中止的情况下实施了中止，对此刑法称赞其行为，承认他是中止犯，这与褒赏的思想相一致。

---

① ［德］RGSt. 55, S. 66.

② ［德］Allfeld, Der Rücktritt vom Versuch, in: Festgabe für Frank, Bd, II, 1930, S. 83.

③ ［德］Allfeld, Der Rücktritt vom Versuch, in: Festgabe für Frank, Bd, II, 1930, S. 85, Anm. 1.

④ ［德］Allfeld, Der Rücktritt vom Versuch, in: Festgabe für Frank, Bd, II, 1930, S. 85.

另外，根据客观说，按照一般的生活经验，如果处在不得不断绝实行犯罪念头的状况之下，应否定任意性。如果并未处于不得不断绝实行犯罪念头的状况下，即实施犯罪并没有特别的障碍，如对行为人而言，延期实施犯罪会更为有利时而停止犯罪情况，应肯定任意性。但如前所述，对这种情况也承认中止犯，是与中止犯的基本思想不相符合的。

其次，从实践的观点来考察客观说的标准，也存在两种批判意见。其一，多纳对于由外部的事实是否达到强制行为人的程度来决定任意性有无的客观说，批判道，"我们所有的行为都是由某种外部的事实所产生并通过各种各样的感知而引起的。这种感知对人会施加什么样的影响，会因人而异……然而，对于基于这些动机所产生的精神的强制，并不存在测定其自由的决意会在哪一阶段转变为被强制的意思的测量器。只能在对实行所意图的行为没有选择可能性时，即实行变得不可能时，才能划分界限。"[①] 此外，赫尔穆特·迈尔（H·Mayer）也认为，"这种精神的强制，除了精神的不随（seelische Lahmung）之外，基本上无法确认。"[②] 其二，伯克曼认为，如果根据中止的量的指标来决定任意性的话，在行为人因为良心上过不去而不得不断绝犯罪的念头的情况下，就会否定任意性。[③] 对因为无法抵抗的、强有力的伦理动机支配下而停止犯罪者，不承认任意性；相反，对于未达此程度而停止者承认任意性，这就产生不合理的结论。

此外，还有学者对作为客观说任意性判断标准的"通常的生

---

① ［德］Dohna，Die Freiwilligkeit des Rücktritts vom Versuch im Lichte der Judikatur des Reichsgericht，ZStW，Bd. 59，1940，S. 544. 进行同样的批判的还有 Bockelmann、Sauer、Ulsenheimer、Rudolphi、Bottke。进行类似的批判的则有 Stratenwerth、Jakobs。

② ［德］Welzel，Das Deutsche Strafrecht，11. Aufl.，1969，S. 59.

③ ［德］Bockelmann，Wann ist der Rücktritt vom Versuch freiwilling，in：Strafrechtliche Untersuchungen，1957，S. 174.

活经验（观）”提出批评：首先，是否存在这样一种生活观还是个问题。[①] 不排除人们对某一具体事件，可能会存在共同的、一般的认识。但是，也可能出现就某一件具体事情，如果立足于通常的生活经验进行评价也许没什么不妥，但对行为人本人而言则不一定就妥当。其次，性犯罪多是由变态的人实施的，这些人的行为样态不少都脱离于一般人。再者，乌尔真海姆认为，激情犯或冲动犯多是由状况的一次性或特殊性所支配，所以不能根据通常的生活观来作出判断。[②] 据此，根据客观说的标准来判断行为人的任意性是困难的。最后，如果根据通常的生活观来判断任意性，有时会产生不合理的结论。例如，母亲因万念俱灰而想和孩子一起死，打算在掐死孩子后自杀，但是行为人在掐孩子的过程中，孩子因感到自己要被杀死而哭喊，母亲可怜自己的孩子，因而停止了行为。对于这种情况，一般的母亲听到孩子哭都会因怜悯而停止。如果这样的话，因为母亲的中止是与通常的生活观相符合的态度，所以应否定任意性。但否定这种情况下的任意性是否妥当，还需要进一步商榷。

不过，对于行为人无论是出于怜悯，还是出于对“因害怕被发现而将招致处罚”的恐惧而中止的，理论上都是承认任意性的，即使是采用客观说的学者也不否认这一结论。那么，这就与客观说的判断标准所得出的结论相矛盾。由于客观说存在上述这些问题，所以现在的德国基本上不支持这种学说。

3．归责可能性说

上述的主观说将任意性的判断基准求之于行为人的主观感知；客观说则求之于通常的生活经验。与此相对，归责可能性说则是将外部的事态是否使行为人丧失中止的余地的判断标准求之于法规范

---

① ［德］Ulsenheimer, Grundfragen des Rücktritts vom Versuch in Theorie und Praxis, 1976, S. 300.

② ［德］Ulsenheimer, Grundfragen des Rücktritts vom Versuch in Theorie und Praxis, 1976, S. 301.

的归责可能性。有学者认为该说应属于规范的任意性判断。但是，笔者认为该说不属于规范的任意性判断。因为尽管评价的标准是法规范，但其考察的对象仍然是当时的外部事实对行为人所产生的心理压力的程度。也就是从法规范的角度来考察外部的事实对行为人心理的影响是否达到使行为人除了中止别无选择的程度。因而仍然属于心理的任意性判断。在德国，赫茨贝格与雅克布斯都支持这种学说。

在第一章对中止犯立法理由的论述中，赫茨贝格主张责任履行说，认为不处罚中止犯的理由在于，“对任意中止的行为人而言，由于通过能归责于他的行为履行了自己的责任，因而得以从国家的强制规定中解放出来”。[①] 根据他的立场，中止犯的成立与否应由是否通过归责可能的行为履行了责任（阻止了结果）来决定，所以任意性的有无也应求之于行为归责可能性的存在与否。

但是，对于将任意性的判断标准求之于行为归责可能性的有无是否正确。赫茨贝格认为，归责可能性的判断是从法规范中所引导出的。他举例说，丈夫为了救助妻子的生命而停止了犯罪的场合应否定任意性，其中的一个理由[②]在于德国刑法第35条作为免责事由的紧急避险的规定。[③] 该法承认对自己或亲属（当然包括妻子）的紧急避险，由于在这种场合行为人的行为是不自由的，所以不能进行归责。也就是说，为了救助妻子等而实施的行为，应否定归责可能性。这样的话，上述为了救助妻子的生命而实施的中止行为也应否定归责可能性，所以没有任意性。[④]

---

① ［德］Herzberg, Grund und Grenzen der Strafbefreiung beim Rücktritt vom Versuch, Festschrift für Lackner, 1987, S. 350.

② Herzberg 提出的另一个根据是与被害人承诺有关的理论。

③ ［德］Herzberg, Grund und Grenzen der Strafbefreiung beim Rücktritt vom Versuch, Festschrift für Lackner, 1987, S. 352ff.

④ ［德］Herzberg, Grund und Grenzen der Strafbefreiung beim Rücktritt vom Versuch, Festschrift für Lackner, 1987, S. 352

日本学者町田行男认为[①]，将紧急避险中的归责可能性的有无与中止犯中的情况等同是存在问题的。因为两者的规定在机能上存在差异。即使两者都是归责可能性的问题，但前者是从能否期待行为人遵守法律的角度来决定归责可能性的存在与否。而后者则是在行为人实施了中止行为的场合，要以中止为理由不对行为人进行处罚，那么这种中止行为必须达到何种程度才能够视为他的功业（Werk）来决定归责可能性。因此，前者中的归责可能性概念不能直接适用于后者。否则就是错误的。例如，上述第35条仅承认对生命、身体、自由的紧急避险，而不承认对财产的紧急避险。因此该法认为为了守卫自己财产的紧急避险，还存在归责可能性。如果这样的话，那么行为人在犯罪过程中知道自己家里起火了，为了灭火即为了保卫自己的财产而中止犯罪时，也存在归责可能性，因此就应承认任意性。显然，这一结论与主张是为了避免损失或对行为人的不利而实施中止的，与否定任意性[②]的赫茨贝格的观点相矛盾。

因此，尽管同样是归责可能性这一概念，其概念内涵是有差别的。因此，赫茨贝格从其他法律规范中推导出任意性的判断这一思路是存在问题的。再者，退一步说，即使认为他的思路是正确的话，那么作为“对多种多样的中止案件的归责可能性的判断标准”的法规，如何从众多的法规范中搜寻呢？由于对此没有提出明确的标准，那就会如格塞尔所言“赫茨贝格的归责可能性的标准，过于暧昧不清”。[③]

---

① ［日］町田行男：《中止未遂的理论》，现代人文社2005年版，第221页。

② ［德］Herzberg，Grund und Grenzen der Strafbefreiung beim Rücktritt vom Versuch，Festschrift für Lackner，1987，S. 356.

③ ［德］Maurach/Gössel/Zipf，Strafrecht，Allgemeiner Teil，Teilband，2. 7. Aufl.，1988. S. 85，Rn. 111.

雅克布斯同样将任意性理解为归责可能性的问题，但其理论结构与赫茨贝格不同。他认为，要承认任意性，是在“符合中止的构成要件，作为中止者的行为能够归责于他”[①] 的场合。那么这究竟指的是何种情况呢？雅克布斯提供了如下标准。

（1）对于行为计划的变更，不存在任何重要的外部原因的场合。例如，兴趣的丧失、羞耻、良心的谴责等。[②]

（2）对于计划的变更，能够举出作为原因的外部的事实。这包括两种情况。其一，外部的事实提高了不法与责任的场合，即规范的倾诉（Normappell）更强的场合。在这种情况下，中止不过是对更为严重的犯罪的放弃，就不是任意的。[③] 其二，外部的事实对于不法与责任没有任何影响的场合，或者使不法、责任减少的场合。在这种场合，由于作为原因的外部的事实在法律上并不成为导致中止的事由，所以存在任意性。[④]

由此可见，即使存在使行为人感到困难的事实，但只要这种事实没有使不法或责任增大就具有任意性。例如，由于熟人的托付而实施的中止、被说服的中止、基于宗教的和迷信的理由的中止、见到对方来月经而中止强奸等都是如此。与此相对，为了克服这种障碍，导致不法或责任的增大而中止的场合就不是任意的。例如，为了入室盗窃不毁掉门锁、不杀掉看门犬或不打晕巡逻的人就无法实

---

① ［德］Jakobs，Strafrecht，Allgemeiner Teil，Studienaufgabe，2. Aufl.，1991，S. 757，Rn 30.

② ［德］Jakobs，Strafrecht，Allgemeiner Teil，Studienaufgabe，2. Aufl.，1991，S. 760，Rn 36.

③ ［德］Jakobs，Strafrecht，Allgemeiner Teil，Studienaufgabe，2. Aufl.，1991，S. 760，Rn 37.

④ ［德］Jakobs，Strafrecht，Allgemeiner Teil，Studienaufgabe，2. Aufl.，1991，S. 760，Rn 38.

施的情况就是如此。[①]

雅克布斯的学说认为在外部的事实成为计划变更的原因时，根据这种事实是否对不法、责任施加影响来决定任意性的有无，由于不法与责任增减的判断是根据法规范来进行的，所以在这种意义上也可以认为此说也是将任意性的判断求之于法规范。

但是，此说也同样存在问题。首先，雅克布斯将归责可能性的有无求之于外部的事实是否使违法或责任出现增大的情况，而其理论的根据并不明确。其次，按照雅克布斯的观点，如果继续实施犯罪行为时伴随着进一步的犯罪，或构成更重的犯罪时能够承认不法及责任的增大，因此否定任意性。但如果这样的话，在因为被发觉提高了处罚的盖然性时行为人中止的场合，由于这些事实并没有使继续实施犯罪伴随有其他的犯罪，所以可以承认任意性。但是雅克布斯对上述情况却得出否定任意性的结论。[②] 然而，这一场合如何使不法或责任增大，却令人费解。最后，与此前介绍的诸说一样，若根据此说，在实行犯罪时并没有产生超过犯罪人预想的困难的情况下，行为人中止犯罪的，就应承认任意性。基于同理，若继续实施犯罪行为并没有特别的障碍，只是由于延期会对实施犯罪更为有利，行为人在这种情况下中止犯罪的，也应承认任意性。因为不延期而直接实施犯罪也会取得与预想一样的结果，所以继续实施犯罪不会造成不法及责任的增大。但是，关于这一问题在此前已反复说明，即在这种场合承认任意性是不合理的。

（三）规范的任意性

心理的任意性判断强调的是行为人所感知的外部的事实是否使其除了中止别无选择。而这里所说的规范的任意性判断，是行为人

---

① ［德］Jakobs，Strafrecht，Allgemeiner Teil，Studienaufgabe，2. Aufl.，1991，S. 764，Rn 46.

② ［德］Jakobs，Strafrecht，Allgemeiner Teil，Studienaufgabe，2. Aufl.，1991，S. 763，Rn 43.

因感知而中止的事由，不是为法规范所认可的事由的问题。自伯克曼[①]以来，这种思维方式为德国理论界所关注，到现在支持规范的任意性判断的学者在逐渐增加。

罗克辛将任意性理解为“向合法性的回归”[②]，乌尔真海姆将任意性理解为“行为人向法轨道的回归”[③]，瓦尔特（Walter）理解为“遵守规范的用心”[④] 都是如此。此外，日本学者山中敬一教授主张的“不合理决断说”也是立于同样的基础。因为“合法的意思”是为法规范所承认的“意思”。那么，基于何种事由的中止，能够为法规范所承认的任意性？对此，伯克曼与罗克辛提出了具体的判断标准。

1. 法内在的道德说

在第一章中已经论述过，伯克曼认为对中止犯不处罚的根据在于，由于行为人实施了中止行为因此刑法给予不处罚的恩典（恩典说）。那么怎样的中止应当给予恩典呢？对此，他做了如下说明：“给行为人带来恩典的中止，只限于他具有功劳的场合。由于只有自由的意思才能说是有功劳的意思，所以中止也必须是自由的。据此，行为人在现实的或假想的外部的强制之下而中止的，一般不会不处罚。这是因为这种场合下并不存在功劳。然而，反过来并非如此。即不能认为行为人脱离外部的（现实的或假想的）强制的意思都是自由的，仅以此为理由认为建立在这种自由意思基础上的中止是有功劳的。但是，这种自由意思要成为有功劳的意思，

---

① ［德］Bockelmann , Wann ist der Rücktritt vom Versuch freiwilling, in: Strafrechtliche Untersuchungen, 1957, S. 17ff.

② ［德］Roxin, Über den Rücktriit vom unbeendeten Versuch, in: Festschrift für Heinitz;, 1972, S. 256.

③ ［德］Ulsenheimer, Grundfragen des Rücktritts vom Versuch in Theorie und Praxis, S. 314.

④ ［德］Walter, Der Rücktritt vom Versuch als Ausduck des Bewahrungsdankens im zurechnenden Strafrecht ,1980, zit.

只能限于中止的动机为法秩序所承认的场合。由此，与通说不同，中止动机的伦理性并非可有可无，而是决定性的要素。”“对于这种见解，经常基于‘刑法不能道德化’而被批驳。然而，这种反驳并不正确。”这是因为“法官所适用的道德基准不能从某种主观的伦理、固有的世界观或宗教、一定的教会教义中推导出来”。“他从法内在的道德中推导出这种规则。这种道德不仅包含在定言命令（即作为先天判断的道德法则，又称为无条件法则。——笔者注）之中，也包含在假言命令（又称为有条件的法则。——笔者注）之中。由此，在行为人害怕处罚而停止的场合，当然应肯定其功劳。因为刑法典要求他服从于这种恐惧。”①

针对伯克曼的学说，首先，一部分学者②从“刑法的道德化的角度”进行批判。然而，正如伯克曼自己在上面所指出的那样“这种反驳不正确”，因为他所言并非是单纯的“道德”，而是“法内在的道德”，“这种道德不仅包含在定言命令之中，也包含在假言命令之中”，可见，它并非一般意义上的道德，是指形成法秩序基础意义上的道德。根据康德严格区别命令的形式的观点，道德是定言命令而不是假言命令。③ 因此，如果将伯克曼的法内在的道德理解为一般意义上的道德的话，就不能包含假言命令。因而上述批评并不正确。④

这一学说的优点在于，它克服了心理的任意性判断的不合理，即在继续实施犯罪并没有特别的障碍，但延期更有利而停止了行为的情况不得不承认任意性的缺陷（由于在这种场合并不存在不得

① ［德］Bockelmann，Wann ist der Rücktritt vom Versuch freiwilling，in：Strafrechtliche Untersuchungen，1957，S. 183.

② Maurach、Rudolphi、Stratenwerth 等。

③ 康德：《道德形而上学原论》。

④ 认为 Bockelmann 的学说没有混淆法与道德的有 Scheurl、Ulsenheimer、山中敬一：《中止犯》，载《现代刑法讲座》（第 5 卷），成文堂 1982 年版，第 337 页。

不中止的强制)。[①] 而根据伯克曼的学说，这种场合行为人中止的动机并不被法秩序所承认。

不过，他的学说也存在一定的问题。例如，日本学者町田行男博士认为，根据此说，只能在中止的动机与法内在的道德相应的场合才承认任意性。然而，道德一般被理解为具有积极的价值的概念。因而，“道德”这一用语，人们一般认为是一种肯定的评价。在法的领域内也是如此。中止的动机与法内在的道德相应，是指从法的角度来看或多或少具有积极的价值。因此，如果基于消极价值的动机而实施的中止，因与法内在的道德不相应，所以应否定任意性。可见他强调中止的动机从法的角度来看或多或少应具有积极的价值，但如果这样的话，基于价值中立的动机而实施的中止就不能承认任意性。因为价值中立既没有积极的价值也没有消极的价值。[②] 但伯克曼却又承认基于价值中立的动机而中止的任意性。即他认为动机并不一定必须是值得称赞的，只要不是应被法内在的道德非难的即可，所以对于因讨厌堕胎药的气味而停止堕胎的，也应肯定任意性。[③] 很显然，他的这一结论与他所主张的学说的观点是有矛盾的。尽管笔者也认为这种情况下应承认任意性。但是根据他的标准要承认任意性，就必须是行为人的中止的动机或多或少具有积极的价值。所以，上述情况不能肯定中止犯的成立。从这一点上看，笔者认为他的标准失之过窄。

2. 犯罪者理性说

罗克辛否定心理的任意性概念，他将任意性判断标准求之于

---

① ［德］vgl. Bockelmann , Wann ist der Rücktritt vom Versuch freiwilling, in : Strafrechtliche Untersuchungen, 1957, S. 183.

② ［日］町田行男：《中止未遂的理论》，现代人文社 2005 年版，第 226 页。

③ ［德］Bockelmann , Wann ist der Rücktritt vom Versuch freiwilling, in : Strafrechtliche Untersuchungen, 1957, S. 184.

“犯罪者的理性”或“犯罪者同伙的规则”这种指导形态。认为应将任意性理解为向合法性的复归。

罗克辛认为，犯罪者的理性，是指冷静地比较、考量、计算具体犯罪行动计划的得失的狡猾的犯罪者的理性。认为被发觉而中止的行为人，属于这种犯罪者的“理性的”行为。这是一种理性的中止。对这种遵从犯罪者之间的规则（教义）的行为不值得法秩序给予奖励，这种中止也不具有任意性。与此相对，“不合理”的中止是任意的。即实施盗窃行为时，没有任何具体的原因，只是突然感到强烈的恐惧而逃跑者，根据犯罪者之间的规则，属于“非理性”的行动，这种中止就是任意的。这是法秩序对脱离“犯罪者理性”向合法性的复归的奖励。①

“在这种场合，心理动机的强弱不是决定性的问题。前一种情况（认为被发觉而停止——译者注）的行为人，即使他认为还存在可以在不被处罚的前提下继续完成犯罪的机会很大，但没有因为风险的增大让犯罪人感到心理的强制的情况下中止时，也是不任意的中止。与此相对，在后者的场合（感到不安而停止犯罪——译者注），即使行为人无法克服这种不安的心理，也存在任意性。这样，对于为何经常不处罚基于羞耻心、后悔及类似的动机而中止的情况，就很容易加以说明。这是因为，屈从于这种感情的人——与犯罪计划的重要相比较——是极度‘不合理’行为的人。由于它很容易受人的心情的影响（即不合理之处表现在犯罪计划很容易就受人的心情的影响——笔者注），因此可以不处罚。心理的观察方法则无法说明这一点。”②

---

① ［德］Roxin，über den Rücktriit vom unbeendeten Versuch，in：Festschrift für Heinitz，1972，S. 256.

② ［德］Roxin，Rezension von Alexander Peter Gutmann，Die Freiwilligkeit beim Rücktritt vom Versuch und bei der tätigen Reue，ZStW，Bd. 77，1965，S. 97f.

罗克辛将任意性理解为向合法性的复归，这种复归的有无取决于犯罪者的中止是否合理。若从理论的角度来考察这种思考方法是说得通的。具体而言，他将对中止犯不处罚的根据求之于刑罚目的的消灭，要承认这种消灭，前提是行为人必须是凭自己的力量返回法的世界。任意性要求行为人向合法性的复归，与他的刑罚目的说是相容的。

此外，采用犯罪者理性的观点来判断中止者向合法性复归的有无，这在理论上也无错误。犯罪者一般是具有反规范精神的人，这种人即使中途停止犯罪，也很难认为他是基于遵循规范的动机而实施的。因此，如果处于一般对于他们而言都会停止的事由的情况下，行为人停止了犯罪，那么这种中止的动机不是遵循规范的动机。此外，从反对解释角度而言，如果是普通的犯罪者不会停止犯罪的事由，而行为人停止了的话，就可以认为这种中止的动机是遵循规范的。

然而，从实践的观点来看上述标准就存在问题。正如德国一部分学者[①]所指出的那样，犯罪者理性这一概念是否存在就是个问题。

斯特拉滕韦特（Stratenwerth）认为，本说只是将世俗的思考方法提高为理论的标准而已，中止不可罚的理由，纯粹从利己的观点来看，只能说中止都是不合理的。另外，乌尔真海姆也从以下三个方面对罗克辛的犯罪者理性说提出了批评。第一，犯罪者的理性这一概念缺乏严密性。因为，一般而言，使用“犯罪者同伴之间的规则”这一概念，易让人想起诸如冷血的暗杀者、与拙劣的初犯不同的常习惯犯等，而罗克辛使用的“犯罪者的理性”，仅指冷酷的、冷静地计算的犯罪者。这两个概念内容不一致，不明确。此外，犯罪者的理性，应当按照盗窃犯、强奸犯、杀人犯等各个构成

---

① ［德］Lampe, Rücktritt vom Versuch “mangels Interesses”, Jus 1989, S. 614, r.. Sp.

要件来加以理解。再者，即使在杀人犯这种类型中，还有利欲杀人、暗杀、纠纷杀人等多种类型，并不能一概地使用这一概念。第二，罗克辛观点的中心理念不明确，具有恣意性。乌尔真海姆认为，“众所周知，并不存在所谓的‘平均的犯罪者’，此外事实在历史上的存在也只有一次，不能将某人的态度与其他人的反应抽象地同等看待。由此，‘犯罪者同伙的规则’不仅很难确定、非常暧昧，而且还是拟制的标准。这种基准由判断者的确信所左右，难以克服其主观性与不安定性。……迷信与狡猾的犯罪者无缘，那么基于迷信动机的中止，是否是‘违反同伙间规则’呢？冷血的杀人犯是否会因为被第三者看见而逃跑呢？”① 即使存在被承认的社会伦理原则，但也不存在“犯罪者同伙的规则”。第三，犯罪者的理性这一标准对于实行终了的未遂的中止不起作用。因为实行终了的未遂的中止，需要有积极的避免结果发生的行为，而这种积极的避免行为会使构成要件的实现概率丧失。而且，会出现因为救助被害者而使行为人被发觉、被逮捕的危险提高，因此，在这种场合实施避免行为，并非是理性的。所以，终了未遂的中止，如果适用罗克辛的公式的话，就没有不是任意的场合。②

笔者认为，正如上述批判所言，作为该说前提的“被承认的犯罪者同伙的规则”在现实中是否存在，这本身是存有疑问的。因此它的概念内容自然是不明确的。例如，行为人最初出于抢劫的目的对对方实施暴行、胁迫，后因被害人貌美，为了强奸对方而停止抢劫。在这种场合，从犯罪者同伙的规则的角度来看，行为人的行为应当如何评价呢？即他在抢劫的过程中由于心情的变化而转换为他更愿意实施强奸，那么它是否违反了该规则呢？在“冷静地

① ［德］Ulsenheimer, Grundfragen des Rücktritts vom Versuch in Theorie und Praxis, S. 310.

② ［德］Ulsenheimer, Grundfragen des Rücktritts vom Versuch in Theorie und Praxis, S. 312f.

比较、考量、计算具体的犯罪行动计划的得失”的场合，当初所计划的犯罪实行并没有遇到任何的障碍，那么未实施这种行为，是否有悖于规则呢？还是两种解释都可以。可见，“犯罪者同伙的规则”这一概念极度暧昧，缺乏标准的明确性。

再者，按罗克辛的标准，是否就能够正确地判断行为人向合法性回归呢？与霍斯特·施罗德否定为救助妻子性命而停止犯罪者的任意性相反，罗克辛认为“由于对妻子的爱情而回归合法性轨道的行为人，并没有完全遵守犯罪者同伙的规则”，所以应承认这种情况的任意性。① 他认为在这种情况下一般的犯罪人不会因为对妻子的爱而停止犯罪。如果这样的话，那么为了救助溺水的他人的小孩，或为了扑灭邻居家的火灾而中止了犯罪的人，是否更应当承认其任意性呢？如果犯罪者是为了实现犯罪不惜牺牲自己妻子的性命的话，那么就更难以认为他会因为别人小孩或邻居家的不幸而中止犯罪。

因此，笔者认为，上述场合很难肯定行为人表现出向合法性复归的意思。因为基于对与自己行为完全无关的第三者的同情、怜悯而停止犯罪，如救助小孩等行为只能证明行为人具有怜悯等道德的感情，但并没有显示出规范意识的觉醒。如果认为一般的犯罪人不会基于道德的动机而停止犯罪，所以在行为人基于这种动机而停止的场合不予处罚的话，就是混淆法律与道德的界限。而且，对于没有认识到自己行为的反规范性的人，如果仅基于道德的动机而中止的话，是不能否定他将来犯罪的可能性的。因此，如果笔者的理解正确的话，那么就说明罗克辛的学说与他前面将对中止犯不处罚的根据求之于刑罚目的说的观点不具有一致性。

---

① ［德］Roxin, Über den Rücktriit vom unbeendeten Versuch, in: Festschrift für Heinitz;, 1972, S. 264.

二、日本的学说及其评析

在日本，刑法理论关于任意性判断的学说主要有五种：即主观说、规范的主观说（限定的主观说）、客观说、客观的主观说（折中说或新客观说）以及不合理决断说。下面笔者将分别予以介绍与评析。

1. 主观说

主观说认为，基于外部的障碍以外的事由而中止的场合就是“基于自己的意思”的中止。该说以前是以是否存在外部的障碍作为判断“任意性”的标准，而现在则是依据外部障碍是否通过行为人的感知而影响到行为人中止的内部动机来进行区分。

小野清一郎教授指出，“‘基于自己的意思’而停止，是指尽管没有外部的障碍，但行为人基于自由的意思决定而中止。认识到存在外部的障碍而停止的就不是‘基于自己的意思’的停止。”[①]“反之，即使存在外部的障碍，但行为人主观上并没有认识到，基于相信不存在外部障碍而停止的，仍然是‘基于自己的意思’的停止。”[②] 也就是说，主观说将不存在外部障碍但行为人认为存在而中止的视为障碍未遂；相反，存在外部障碍，但行为人认为不存在的则被认为是中止未遂。由于将任意性的判断标准求之于行为人的主观，所以称为主观说。此外，本说关于任意性的判断标准可以用“弗兰克公式”来表示。即“欲达目的而不能者”为障碍未遂，“能达目的而不欲者”为中止未遂。[③] 除小野清一郎外，采取主观

---

① ［日］小野清一郎：《新订刑法讲义总论》（增补版），有斐阁 1950 年版，第 186 页。

② ［日］曾根威彦：《刑法的重要问题（总论）》，成文堂 1993 年，第 268 页。

③ ［日］平野龙一：《犯罪论的诸问题（上）总论》，有斐阁 1981 年版，第 152～155 页。

说的还有团藤重光、平野龙一、大塚仁以及曾根威彦等学者。①

主观说在第二次世界大战以前是判例的通说。作为主观说的指导性判例是有名的1936年3月6日的大审院的判决。案情是：甲在X家喝酒，其间请求X支付此前工程的费用，X并未答理他。甲因而很生气，用随身所带的短刀基于杀意刺向X的胸部。见到血从对方的胸部大量流出而翻然停止继续刺杀的行为。对此，大审院指出"犯人是为了杀人而抽出短刀刺其胸部，见到大量喷血而翻然停止，这是障碍未遂犯而不是中止未遂。因为要成立中止未遂，必须是尽管不存在外部的障碍的原因，但行为人基于内部的原因而任意中止实行或防止结果发生。见到大量喷血而停止，正是意外的障碍。"②

尽管主观说受到部分权威学者以及判例的肯定，但是理论界仍然存在对主观说的批判。例如，木村龟二从三个方面批判了主观说的基准——弗兰克公式：第一，弗兰克公式中的"能"与"不能"是一种"可能性"的概念，至少可以在两个意义上作出解释：其一指伦理的可能性；其二是心理的、物理的可能性。例如，儿子决意杀害父亲，已经向父亲瞄准了，但没有开枪。如果单纯从心理的、物理的角度来说，开枪是可能的；如果从伦理上的父子之情来考虑，开枪是不可能的。于是，适用弗兰克公式时会得出矛盾的结论，弗兰克公式不可能准确区分中止犯与障碍未遂。第二，即使将弗兰克公式中的"能"与"不能"限定为心理的、物理的可能性，也存在疑问。例如，甲将丙误认为乙，以杀害乙的意思对丙实施刺杀行为，但马上发现对象弄错了，便立即停止了刺杀行为。如果单纯以能达目的而不欲的基准来判断的话，甲的行为属于中止未遂。但这种结论是有疑问的。在这种场合，必须分析行为人"不欲"

---

① 张明楷著：《未遂犯论》，法律出版社、成文堂联合出版1996年版，第357页。

② ［日］大审院判决1936年3月6日《刑集》第16卷第272页。

的动机。第三，弗兰克公式是德国刑法规定出来的，而日本刑法关于中止犯的成立条件与德国刑法的规定不同，因此，弗兰克公式在日本缺乏法律依据。[①]

笔者认为，主观说提出的判断标准的确存在一定的问题。因为主观说是以行为人所感知的外部事实是否成为障碍为标准来判断任意性的。但是，就障碍而言，在程度上是存在较大差异的。那么，何种程度的障碍使行为人停止犯罪时应否定任意性，则是个很难解决的问题。例如，行为人基于盗窃的目的试图打开保险箱，但发现实际情况比他事前预想的困难，以行为人的技术无法打开；或者发现有可能要用比预期更长的时间，因为怕麻烦而停止。在这种场合，打开保险箱的时间要超过预期时间多久停止的才应否定任意性，是30分钟还是1个小时或者是数个小时？又如，孕妇服用堕胎药，而堕胎药有股难闻的气味，但不至于无法下咽，孕妇因为堕胎药有难闻的气味而吐了出来。那么，堕胎药难闻的气味要达到何种程度其吐出来才能判断不具有任意性呢，是一点点难闻，还是一般的难闻抑或是特别难闻。然而主观说对此却并没有提供判断标准。由此反映出主观说所主张的"任意性"的认定标准并不明确。不仅如此，连主张采用弗兰克公式的平野龙一教授也认为，尽管主观说提供了某种明确的标准，但按照这种公式也会导致过宽地承认中止未遂的范围，会产生不合理的结论。因此，为了限制中止犯的成立范围，他对最初的主观说进行了修正，认为没有必要将障碍限定为外部的障碍，即使基于内部的障碍而停止犯罪时，也不能认为具有任意性。[②] 但是也有学者认为，主观说过于缩小了中止犯的成立范围。[③]

---

① 转引自张明楷著：《未遂犯论》，法律出版社、成文堂联合出版1996年版，第360～361页。

② ［日］平野龙一：《刑法总论II》，有斐阁1975年版，第334页。

③ ［日］宾邦久：《未遂》，立花书房1982年版，第261页。

2. 规范的主观说

在理论上，规范的主观说又被称为规范说或限定的主观说。与主观说相比，规范的主观说更加强调对动机过程的限定。主张只有基于悔悟、惭愧、不安、恐怖等广义的否定自己行为的价值的意思而放弃犯罪的，才是任意的中止。规范的主观说的首倡者是日本学者宫本英脩教授。他认为不应从心理学的观点而应从规范的观点来判断任意性。他指出，"'因自己的意思'原本就不是指心理学上的意义。是基于主观主义的刑法的立场观察中止者的动机所作的一种评价。"他将中止的事由分为三类："一、由于形成犯罪动机情况的不存在而放弃的情况（例如，已着手实行杀人行为，但因为杀错人而放弃）；二、存在形成犯罪动机的情况，但由于预见了伴随其实行的外部障碍而放弃的情况（例如，为了盗窃而侵入住宅但被家人发觉而放弃）；三、存在形成犯罪动机的情况，但行为人的性情作为内部的障碍（悔改、惭愧、恐惧、同情、怜悯及其他类似感情）起作用而放弃的情况。这三种情况中哪一种具有中止犯的价值呢？在第二种情况下，行为人的性情、结局是自己不应该着手实行犯罪的感情即否定自己行为价值的意识（规范意识）起作用了，正是在这种场合，犯人的反规范性比通常的未遂犯要轻微，减轻或者免除刑罚才合适。也不妨将这种意识称为广义的后悔。"① 在日本除宫本英脩外，佐伯千仞、中山研一以及中义胜等学者也采取这种学说。但是规范的主观说在日本属于少数说，而且审判实践中也没有出现明确采用规范的主观说的判例。②

对于规范的主观说的批判主要有：（1）将中止犯中的任意性与伦理性混同。（2）现行刑法中，中止犯不过是必要的减免事由，因而作这种限定性的解释没有文理上的理由。而且也违反刑法的谦

① ［日］宫本英脩：《刑法大纲》，弘文堂1935年版，第183～184页。

② 参见张明楷著：《未遂犯论》，法律出版社、成文堂联合出版1996年版，第362～363页。

抑主义。(3) 会使中止犯的成立范围极度狭窄；(4) 基于这样的动机而实施中止行为，即使在结果发生的场合也应当同样处理。但是现行法只是将中止作为未遂犯的一种，因而在达到既遂的场合类推适用这一规定是有困难的（平野龙一)。(5) 本说将未遂犯的处罚根据不求之于行为的客观的危险性，而求之于行为人的主观的恶性，本说虽具有一贯性，但是不妥当的。因此，成立中止犯只需要通过放弃犯意而消灭危险性，再要求动机的伦理性就过分了（西原春夫)。①

笔者不大赞同上述的第一项批评。即认为规范的主观说混淆了任意性与伦理性。因为作为行为人应否定的是被视为犯罪的行为的价值，是被法规范认为无价值的行为，而不是由伦理规范认为无价值的行为。刑法是基于法的感情，而不是基于伦理的感情对被视为犯罪的行为进行否定。的确，犯罪与反伦理道德的行为在很多情况下有可能重合，在这些情况下，否定犯罪的意识与否定伦理的意识是一致的。但尽管如此，理论上还是应当将两者加以区分，而不能将两者同等对待。对于指责规范的主观说混淆了法与伦理的批判意见，笔者认为正是植根于将犯罪与反伦理的行为同等看待的思想，因而正是这种批判本身混淆了法与道德。不过，规范的主观说将任意性的判断仅仅求之于“对自己行为价值的否定意识”这一标准，的确过于狭窄。因为它否定了因害怕被发觉的抽象的恐惧，或者由于价值中立的事由（例如，入室盗窃之家虽有一定的金钱，但认为没有达到值得盗窃的程度而停止的情况）而中止的行为人的任意性。对于前一种情况，尽管宫本英脩教授认为“由于对一般的发觉或处罚的不安感”而中止时存在任意性。但笔者认为，这种场合的中止的事由不是由于对自己行为的否定评价，而是对自己行为可能产生的结果，即对处罚的否定的评价所导致的。而这一情况

① 转引自［日］山中敬一：《中止未遂的研究》，成文堂 2001 年版，第 28 页。

根据规范的主观说的标准是不能承认其任意性的。

3. 客观说

客观说主张，根据一般的社会经验判断促使行为人放弃犯罪行为的事项（成为中止动机的事项）是否对行为人的意思形成了障碍来决定任意性的有无。即根据社会的一般经验，如果认为对行为人的意思施加了强制性影响时，就不具有任意性。反之则具有任意性。由于强调以社会的一般经验作出的客观评价为标准，所以称为客观说。[①] 采取这一学说的有牧野英一、木村龟二、植松正、西原春夫、前田雅英、川端博等学者。[②]

客观说原本是主观主义（新派刑法学）所主张的学说。他们认为，如果行为人处于一般人并不会中止犯罪行为的状况之下而自己中止了行为，就表明行为人不具有性格的危险性。但从客观主义的立场也可以支持这种学说。即或者认为行为人处于一般人都会中止的状况之下而中止犯罪的，没有给予其褒赏的必要，或者认为不能期待一般预防的效果，也难以为国民所接受，从而主张本说。[③]

在理论上，木村龟二博士指出，“由基于行为人意思以外原因的事实使犯罪停止于未完成状态的场合，以及因行为人感知到在一般经验上认为对意思产生强制性影响的事实而停止犯罪的场合，是障碍未遂。此外的场合，换言之即行为人感知的是在一般经验上认为不会对意思给予强制性影响的事实而停止的场合，是中止未遂。在‘发觉’以及‘害怕发觉’而停止的场合，应根据上述原则针对具体情况来加以决定。例如，由于被发觉感到‘早晚’难免会

---

① ［日］牧野英一：《日本刑法》（上），有斐阁 2001 年版，第 304 页；［日］木村龟二：《刑法的基本概念》，有斐阁 1949 年版，第 291 页；［日］西原春夫：《刑法总论》，成文堂 1977 年版，290 页。少数判例也采此说。

② 张明楷著：《未遂犯论》，法律出版社、成文堂联合出版 1996 年版，第 364 页。

③ ［日］浅田和茂：《刑法总论》，成文堂 2007 年版，第 394 页。

被告发、逮捕、处罚而停止的，是障碍未遂。害怕被发觉后因告发、逮捕、处罚而蒙受名誉上的损失而停止的，是中止未遂。问题在于，正确地认定行为人中止的动机的具体内容，以应被认定的事实为基础，按照一般的经验，根据对上述事实的感知是否对普通意思产生强制的影响来解决这一问题。”①

牧野英一认为，行为人所认识到的外部事实，对行为人而言，通常不会妨碍其完成犯罪时，如果行为人放弃犯罪，就应该承认其放弃犯罪的行为的任意性。②

植松正认为，障碍未遂与中止未遂的区别在于造成未遂的原因对犯罪人而言是意外的障碍还是犯罪人的意志。对于将何种程度的外部刺激视为障碍，他认为，当出现的障碍超出了强制普通人的程度而停止时，则没有认定为基于“自己意志”而中止的余地。③

西原春夫指出，中止实行的意志产生于各种不同的动机，动机则产生于对外部事实的认识。引起中止动机的事实，在经验上与该行为人停止犯罪具有必然联系时，即外部事实本身就能直接使行为人放弃实行行为时，是障碍未遂；引起中止动机的事实，在经验上与该行为人停止犯罪没有必然联系时，即行为人独立地产生了中止动机时，则是基于自己的意志，成立中止犯。④

前田雅英也认为客观说具有合理性。川端博在批判了主观说与限定主观说缺陷的基础之上，分析了客观说与责任减少说的实质关

---

① ［日］木村龟二:《中止未遂的概念》，载《刑法的基本概念》，有斐阁 1949 年版，第 267 页。

② 转引自张明楷著:《未遂犯论》，法律出版社、成文堂联合出版 1996 年版，第 364 页。

③ 参见［日］植松正:《刑法概论 I（总论）》，劲草书房 1974 年再订版，第 321 页。

④ ［日］西原春夫:《刑法总论》，成文堂 1977 年版，第 290 页。

联性，从而肯定了客观说。[1]

以客观说为指导的判例是1949年7月9日最高裁判所的判决。[2] 案情是：甲出于奸淫的目的将人事不省的X拖往墓地，由于甲从来没有过性交的经验，虽然开始了奸淫行为，但并不容易达到目的，正处在焦虑之时，突然停靠在约109米外的车站的电车的前灯直射过来，不仅犯罪的现场被照亮，而且被告人借着灯光看见自己插入X阴部的两根指头上有血，被告人因而感到惊愕而停止了强奸行为。对此，最高裁判所的判决是："处于上述状况的被告人，见到红黑色的血从食指一直流到手腕。这些事实对于没有性交经验的被告人而言，是使其放弃遂行强奸的障碍事实，具有客观性。……即使如辩护人所言惊愕是停止犯罪行为的动机，但考虑到成为这种惊愕原因的各种事实，那么如前所述，它属于成为被告人遂行强奸的具有客观性的障碍事实。"[3] 显然，此案的判决采取的是客观说。但是该判决却受到了同样采取客观说的木村博士的质疑。他认为，"见到出血在一般经验上难以对中止强奸行为的意志产生强制性影响，故认定为障碍未遂具有疑问。"[4]

上述两个主张虽然均属于客观说但其内容却大相径庭。判例的见解是，成为客观的判断对象的，并不是作为中止动机的惊愕，而是使行为人产生惊愕的各种事实。而木村的观点则是，行为人对外部的事实的反应才是客观的、标准的对象。即基于外部各种事实所产生的行为人的心理状态。所以才存在以一般经验为标准来考察有无对行为人意志产生强制性的影响。然而，笔者认为，不管客观说

---

① 参见张明楷著：《未遂犯论》，法律出版社、成文堂联合出版1996年版，第364～365页。

② ［日］大审院判决1949年7月9日《刑集》第3卷第1174页。

③ 其他客观说的判例有大审院判决1937年9月21日《刑集》第16卷第1303页，最高裁判所决定1957年9月10日《刑集》第11卷第2203页。

④ ［日］木村亀二：《刑法总论》，有斐阁1978年增补版，第363页。

判断的对象是外部的事实，还是由这种事实所产生的行为人内心的心理状态，都不改变其标准是客观的这一属性。

在日本也有关于客观说的批评意见，如有批判认为，在判断“自己的意思”这一主观要件时将行为人的意思置之度外，这在方法论上是不妥当的。① 基于笔者在前面已经就德国学者对客观说的批判作了相关论述，而日本学者对客观说的批判与德国的大同小异。因此，笔者不再赘述。

4. 客观的主观说

在理论上，客观的主观说又被称为折中说或新客观说。该说以主观说为基础，对外部事实感知的结果，即行为人感到是否能够实施，对行为人的这一现实意识形成过程做客观的判断。如果感到能够继续实施而停止的话，就是基于自己的意思的中止。② 也就是说，认定是否基于任意性时，必须考察行为人对外部事实的认识如何，再根据客观标准判断行为人的认识，探讨外部事实对行为人的意志是否产生了强制性的影响，如果产生了强制性的影响，是障碍未遂；如果没有产生强制性的影响，则是中止犯。③ 由于该说主张对主观意思的动机形成的过程做客观的判断，所以被称为客观的主观说。④ 福田平、大谷实、香川达夫等学者均采此说。

---

① ［日］福田平:《刑法总论》，有斐阁 1984 年版，第 229 页；［日］大塚仁:《刑法概说总论》，有斐阁，第 244 页；［日］中义胜：《讲述犯罪总论》，有斐阁 1980 年版，第 212 页。

② ［日］香川达夫:《中止未遂的法的性格》，有斐阁 1963 年版，第 103 页;［日］木村静子：《中止犯》，载日本刑法学会编：《刑法讲座》（第 4 卷），有斐阁 1963 年版，第 31 页。

③ 张明楷著：《未遂犯论》，法律出版社、成文堂联合出版 1996 年版，第 371 ~ 372 页。

④ 也有的称之为“新客观说”（香川达夫）、“折中说”（中谷瑾子：《别册法学家刑法判例百选 I》，第 166 页），但我认为客观的主观说更为准确。

例如，福田平指出，“基于行为人的意志”是行为人的意志如何的问题，因此必须讨论有关外部事情的认识对行为人的意志产生了什么影响。所以，将行为人的意志作为问题所在的主观说，在这一点上是正确的。但是，主观说主张通过行为人的主观判断来决定是否基于自己的意志，这是有疑问的。既然将“基于行为人的意志”这一主观要素作为使违法性减少的违法性要素来理解，那么其判断就必须是客观的，即客观地判断行为人的现实认识过程，对外部事实认识的结果，行为人是感到能够既遂还是感到不能既遂，尽管感觉到能够既遂却放弃时，就应理解为基于自己意志的放弃。福田平还认为，由于“基于自己的意志”属于行为人的主观意志问题，故外部事实与行为人的认识不一致时，应以行为人的认识为基础。例如，以为风声是警察的脚步声便担心被捕而放弃犯罪时，就不是中止犯；反之，实际上存在外部障碍，但行为人没有认识到这一点，基于与自己无关的自己的意志而放弃犯罪时，则成立中止。①

大谷实也指出，应当在与中止犯的法的性格的关系上论述任意性的要件。中止犯的核心体现在由于放弃犯意而减少了发生结果的危险，即违法性减少，从这一立场来看，以“基于自己的意志”这一事实，即以对外部障碍的认识为条件，在此基础上，行为人的“想干的话就能继续下去”的感觉就成为主观要素。该要素在行为人放弃了犯罪意思的意义上，成为减少违法性的违法要素，其判断必须是客观的，因此从一般人的立场来看，必须具有“尽管想干就能继续下去，但是没有继续下去”的评价。这样说来，任意性的要件是使违法性减少的主观要素，因此，行为人对外部障碍认识的结果，在①是不是觉得“想干的话就能继续下去”。②从一般人的立场来看，判定为“想干的话就能继续下去”的话，就可以认

① ［日］福田平：《刑法总论》，有斐阁1984年版，第217～218页。

定具有任意性，从这一立场来看，折中说是妥当的。[①]

不过，客观的主观说也受到了一些批评。例如，山中敬一认为，客观的主观说中的“客观的评价”的“基准”还是不明确。这一点可以说比主观说更为暧昧。而且，此说与主观说一样都无法回避心理的任意性判断本身存在的问题。[②]

5. 不合理决断说

最近，山中敬一教授就任意性的判断问题，提出了不合理决断说。他认为，“冷静地着手实行的行为人，在实行犯罪过程中，自由地追求‘目的合理地完成犯罪’这一价值，即尽管存在应当受这种价值追求拘束的心理状态，但反而在没有应当中止的合理理由的情况下中止了，就是‘任意’的中止。”[③] 也就是说，行为人已经着手实行，根据意图实现的犯罪目的而统制自己的行为。在这个阶段，如果行为人合理地放弃其目的实现，那么可以说目的追求所带来的不利超过了目的追求所带来的利益。在这个意义上说，行为人受到了合理进行判断这一价值的约束。“任意”或者“自己的意思”就是脱离这种价值的不合理的决断。

山中敬一认为，不合理决断说需要注意两个问题。其一，合理性判断的对象。其二，作为合理性判断标准的人。首先，关于“对象”的问题，存在以下两个场合。即决断的动机，（1）与犯罪的实现有着客观（sachlich）联系的事实的利弊权衡；（2）由于状况的变化，行为人面临将实现犯罪的价值与实现其他价值进行衡量。在第一个场合，根据对犯罪行为状况的认识，在冷静判断继续实施犯罪对自己有利还是不利之后加以中止，这是合理的判断，不

---

① ［日］大谷实著：《刑法总论》，黎宏译，法律出版社 2003 年版，第 290～291 页。

② 参见［日］山中敬一：《中止未遂的研究》，成文堂 2001 年版，第 79 页。

③ ［日］山中敬一：《中止未遂的研究》，成文堂 2001 年版，第 94 页。

是基于自己的意思的停止。如由于犯罪行为被发现，认为中止犯罪更有利的场合是合理的决断。关于第二种场合，如意图杀害对母亲施加暴行的父亲，行为人在对父亲殴打时，发现母亲突然犯病，为了将母亲送到医院而停止杀害父亲行为的；或者为了强奸而对被害人施加暴行，准备奸淫时，被害者的伙伴掉入河中，或者自己喜欢的小狗掉入河中，为了救助小狗而停止犯罪的场合等都是如此。这时，伦理的义务感的价值衡量就变得必要，在母亲急病的场合，与后两个事例不同，应当说是价值衡量中的合理的决断的结果，应否定任意性。因为选择对本人来说属于高层次的价值的行动不是不合理的决断。其次，关于作为合理性判断标准的人。在实行行为过程中的行为人，应以理性的冷静的具有实行力的人作为判断基准。为何要以这种人为标准呢？这是因为刑法以目的合理的敌对规范的人作为标准，根据行为人偏离这种模式的程度来减轻刑罚。刑法以此种思维作为基础。因此，将理性的、合目的的行动作为模式，也为市民法秩序的根据奠定基础。①

山中敬一还对中止未遂刑罚的减免根据与不合理决断说之间的关系做了如下说明。通过不合理的决断而中止的行为人，（1）在意思责任的层面上，由于实现犯罪意思的微弱，即使“意思的微弱”不能直接和责任的减少相联系，那也可以说没有值得处罚的责任非难。（2）在行为责任的层面，这种中止者，将防止犯罪实现的意图通过行为表现于外部，从整体上观察先前已经达到未遂阶段的行为与这种中止行为，那么法的非难可能性在整体上是减少了。（3）从期待可能性的观点来看，一旦着手犯罪的实行的行为人，原则上法秩序已经不能期待其中止。对于尽管如此仍实施了没有期待的中止行为的行为人，法秩序必须通过刑事制裁的谦抑

---

① 参见［日］山中敬一：《中止未遂的研究》，成文堂2001年版，第94～95页。

而加以回报。①

山中敬一自己也承认，这种不合理决断说受到了罗克辛见解的影响。② 罗克辛由于对犯罪者的理性使用了“犯罪者同伙的规则”，而“犯罪者同伙的规则”这一拟制的概念本身就存在问题，因而遭到了批判。所以，山中教授以作为刑法减刑基础的模式，即从实定法引出其标准，回避了上述批判。此外，他还将作为判断标准的人物模型也明确规定为“具有理性的、冷静的实行能力”的人，避免了对犯罪者理性的批判，山中敬一对罗克辛学说中概念的模糊性做了进一步说明与完善。在这个意义上，不合理决断说比罗克辛的学说优越。

最近，日本学者浅田和茂认为，山中敬一的不合理决断说属于客观说的一种。由于其在“任意性”的问题上赞成主观说，所以，他认为没有必要增加条文中没有的“一般人”的要件来限制中止犯的成立范围。③

三、法国的学说及其评析

法国关于中止犯任意性的判断基准问题，不像德、日那样存在多种学说的争论。优越说可以说是唯一的学说。优越说的提倡者是维达尔（Vidal）。他指出，“犯罪实行中止的事由，可以分为内部的事由与外部的事由。前者产生中止未遂，后者产生障碍未遂。前者的场合是目的的放弃，即计划的放弃；而后者的场合是实行手段的放弃，即延期至比计划更好的机会。”

“上述外部的事由，又可以进一步分为物理的事由与心理的事由。前者是物理地妨碍犯罪完成的事由。后者则是通过施加与行为

① 参见［日］山中敬一：《中止未遂的研究》，成文堂2001年版，第96~98页。

② ［日］山中敬一：《中止未遂的研究》，成文堂2001年版，第41页。

③ ［日］浅田和茂：《刑法总论》，成文堂2007年版，第394页。

人意思相反的心理压力，作用于其意思，强迫其放弃计划的事由。这种事由在‘行为人的意思是中止的直接原因’这一点上与前述的内部的事由类似。但心理的外部的事由在以下方面与内部的事由相区别，即心理的外部的事由强制行为人的意志使其停止地认识与本人是无关的，不是由他自身的行为所产生的。例如，某人为了杀害自己的敌对者而埋伏在他的必经之路上，准备在确认是他本人时就用手枪射击。在这种场合：（1）如果中止的事由是由于后悔、犯罪的严重所致的惊愕、怜悯等所产生的话，中止者就是遵循了内部的个人的感情，存在中止未遂。（2）对方比行为人更机敏、力气更大，或者被不经意间经过的第三者所阻止时，是障碍未遂。（3）行为人听到脚步声，以为有其他人路过，或由于错误而停止了开枪，把对方放过去时，这是由于害怕被发觉、告发或逮捕，存在心理的外部的事由即实行手段的放弃，是障碍未遂。”

“在放弃不是仅由内部的事由，而且还由于外部的事由所决定时，按照卡拉拉（Carrara）的用语，存在因果关系与意思的混合。在这种场合，关键问题是两种要素中哪一种的影响更具有优越性。如果是外部的事由更为优越的话，那么就是障碍未遂，就是可罚的。”①

此外，最近法国学者维图与迈尔勒（Vitu/merle）也认为，“不具有不可抗力性质的外部的事由对行为人的意思给予影响使其放弃时”，“哪种事由作为放弃的事由更为优越，即根据具体的场合决定是内部的事由还是外部的事由”，由此来决定任意性的存否。②

笔者认为，可以将优越说的观点概括为以下内容：（1）在由

① 转引自［日］町田行男：《中止未遂的理论》，现代人文社 2005 年版，第 232 页。

② 转引自［日］町田行男：《中止未遂的理论》，现代人文社 2005 年版，第 232 页。

纯粹内部的事由导致中止的场合，存在犯罪计划的放弃，可以肯定任意性。（2）在由纯粹外部的事由（包括物理的外部的事由与心理的外部的事由两种）导致中止的场合，仅有实行手段的放弃，应否定任意性。（3）在内部的事由与外部的事由竞合导致中止的场合，由哪种事由更为优越来决定任意性的有无。

既然在法国刑事政策说是通说，那么优越说与中止犯的立法理由之间在理论上是否协调一致呢？笔者认为，两者之间不存在理论上的矛盾。首先，在由内部的事由与外部的事由共同导致行为人停止的场合，对两者作出比较。如果后者比前者优越的话，就不需要承认不处罚。由于行为人受外部的事由的强制停止犯罪的可能性很大，所以没有必要承认中止犯。相反，如果前者比后者优越时，由于上述可能性很小，所以有必要给予不处罚而使其中止，因而有承认中止犯的意义。这样看来，通过比较内部的事由与外部的事由的优劣来决定任意性有无的优越说，与中止犯立法理由之间不存在理论上的矛盾。其次，在内部的事由优于外部的事由时，行为人意思决定的自由比外部的影响在作出中止决定时所起作用更大，所以在思考方法上承认这种场合的任意性的优越说，作为任意性的判断标准在理论上是说得通的。

不过，该说也存在缺陷，即将内部的事由与外部的事由进行优劣的比较是否可能？这种比较必须是在行为人作出中止决定之时，认定两者所发挥作用的程度，对其大小进行测定。而要进入行为人的内心探究这种作用的程度，虽然在理论上是可以的，但在实际中却非常困难。而且，维图与迈尔勒（Vitu/merle）认为判例在双方竞合的情况下有否定任意性的倾向。由于解决这一问题需要有判断内部的事由与外部的事由优劣的标准。所以，没有提出任何这种标准的优越说不具有实际操作的可能性。

木村教授也认为，“这种维图与迈尔勒（Vitu/merle）的学说，与海波尔单纯区分外部的事实与内部的动机的学说相比，在理论上更进了一步，具有重要性。但在所谓‘限界的场合’时的区别标准只是单一原因的‘支配’，这是不充分的。因为还必须进一步追究决定支配与否的标准。在这个意义上，维图与迈尔勒（Vitu/merle）的学说也还不具有充分的妥当性。”①

此外，有学者认为，完全否定任意性的所谓由物理的外部的事由导致中止的情况，实际上相当于欠效犯，而不是任意性的问题。例如，作为优越说论者之一的普拉德尔在说明这种事由的例子时，举出了行为人实施欺诈，但对方什么也未持有的情况，以及试图盗窃但打不开保险箱的情况等例子。但前者是客体的不能，后者是方法的不能，都是构成要件不可能实现的事例。②

第二节　自动性的判断标准

一、我国的学说及其评价

关于中止犯的自动性条件，我国学者的观点也存在分歧，概括起来存在以下几种学说：

1. 绝对自动论

这种观点认为，自动放弃是在没有任何外界因素影响的情况下，自我主动放弃犯罪。因此，诸如在被害人的哀求、警告或别人的规劝下停止犯罪活动，都不能成立犯罪中止。

该观点的缺陷，正如有论著中指出，“绝对自动论”单纯从“自我主动”这一表面意义上来理解犯罪中止的自动性，是不符合犯罪案件的客观实际的。事实上，在司法实践中，当犯罪分子遇到某种外界因素时，既可能怙恶不悛，继续实施犯罪；也可能幡然悔

① ［日］木村龟二：《中止未遂的概念》，载《刑法的基本概念》，有斐阁 1949 年版，第 262 ~263 页。

② ［日］町田行男：《中止未遂的理论》，现代人文社 2005 年版，第 234 页。

悟，停止犯罪活动。如果不承认行为人的主观作用，单纯强调外界因素的影响，势必会无限扩大犯罪未遂的范围，同时将无限地缩小犯罪中止的成立的范围。因为那些在没有任何外界因素影响的情况下而放弃犯罪的中止犯是非常少见的。之所以会出现这种观点，其原因就在于，长期以来，我们总是把未完成犯罪是否由于犯罪人意志以外的原因导致这一点，作为区分预备犯、未遂犯和中止犯的标志。认为由于外部的原因而未得逞的是预备犯、未遂犯，由于意志以内的原因而未得逞的是中止犯。从表面上来看，这种理论似乎无懈可击，但如果仔细分析，就会发现其致命的弱点，即它根本无法将预备犯、未遂犯和中止犯区分开来。

2. 内因决定论

该观点认为，内因是变化的根据，外因是变化的条件，外因通过内因起作用。按照这一原理，在犯罪案件中，外界因素对犯罪的完成只是一种条件因素。而最终决定放弃犯罪活动的还是行为人本人。因此，即使在客观上存在影响犯罪进行的不利因素（如被害人的斥责、呼救、认出犯罪人等），只要行为人事实上放弃了犯罪行为，仍应当以中止犯论。

有学者认为，行为人最后放弃犯罪是其自动选择的结果。因此，从一般意义上讲，“内因决定论”是正确的。但是，也应该看到，犯罪现象是非常复杂的，伴随犯罪活动而出现的各种有利的和不利的因素也是形形色色的。在不利因素中，有的并不能直接影响犯罪人的犯罪意志，但有的因素却具有不以犯罪人的意志为转移的性质，即不论犯罪人主观上是否愿意，都不得不停止犯罪。在这种情况下，外界因素的强烈反作用使得行为人主观上选择自己行为的自由，除了停止犯罪，别无出路。例如，正在实施犯罪活动被公安机关人员当场抓获，或被对方致成重伤而无力反抗，等等。因此，那种不分具体情况，一味强调内因的决定作用，而忽视外因应有作用的观点，是不够全面的。如果片面地理解“内因是变化的根据，外因是变化的条件”这一哲学原理，并把这种观点贯彻到诉讼活动中，将会把那些应当定为犯罪未遂的案件作为犯罪中止来处理。其结果将无限扩大中止犯的范围，从而将不适当地缩小未遂犯的范围。这样，也就无法从根本上划清各种未完成形态之间的界限。因此，“内因决定论”也不完全可取。

3. 主要作用论

该观点认为，在犯罪过程中，各种外界因素对犯罪人意志的影响不可能等同。有的足以迫使行为人停止犯罪，有的却不能改变其犯罪意图。因此，只有查明意外因素在行为人主观意志中所占比重的大小，才能正确判断犯罪的形态。

对于“主要作用论”，有学者认为，这是一种折中的观点。该观点试图使矛盾得到解决。但这种主张并没有提出一个认定中止自动性的客观标准。因为预备犯、未遂犯和中止犯是不能同时共存的犯罪形态。在一个具体案件中，一个人在构成预备犯或未遂犯之后，就不可能再构成中止犯；反之，在构成中止犯之后，也就不可能再成为预备犯或未遂犯。而在构成不同犯罪形态之后，再去衡量外界因素对行为人形成决定停止犯罪意志的作用大小是很难得出科学的结论的。例如，被告人要去杀人，经别人劝说而未去实施杀害行为。在这里到底是由于别人的劝说而使被告人停止了杀人行为，抑或是由内心的悔悟和别人的劝告共同发生作用而使其放弃实行犯罪，很难按比例来划分。因此，“主要作用论”亦不足取。[①]

4. 通说的观点

我国目前通说采取的也是主观说，其认为，对中止的自动性应理解为，行为人认为客观上可能继续实施犯罪或者可能既遂，但自愿放弃原来的犯罪意图。[②] 具体而言，中止的自动性应当有以下两层含义：

---

① 马克昌主编：《犯罪通论》，武汉大学出版社 1999 年版，第 468 ~ 471 页。

② 张明楷著：《刑法学》，法律出版社 2011 年版，第 341 页。

其一，行为人自认为当时可以继续实施与完成犯罪，这可以说是自动性成立的前提条件。当然，行为人的这种确信，应当有当时一定的主客观条件作为佐证，而不能是没有根据的臆想。只要行为人自认为当时有条件将犯罪进行到底，即使在他人看来不可能继续进行和完成犯罪，或者犯罪虽在客观上实际已不能再继续实施与完成，但行为人确实不了解这种情况，那就均不影响行为人停止犯罪自动性的成立。另外，虽然犯罪在客观上尚可继续实施与完成，但行为人却认为该犯罪已不可能进行，这种情况下则不可能成立停止犯罪的自动性，行为人此时基于错误停止犯罪是被迫的而不是自动的。

其二，行为人出于本人意志而停止犯罪，这是成立自动性的关键条件。也就是说，行为人不管是受到什么因素的影响，基于什么考虑，最终都是在自认为可以继续实施和完成犯罪的情况下，在可以继续犯罪也可以停止与放弃犯罪这两条路之间，出于其本人的主观意志，放弃了继续犯罪的意图，选择了停止与放弃犯罪的道路，并进而在此主观意志的支配下，在客观上停止和放弃了犯罪的继续实施与完成。行为人出于本意而停止犯罪之所以是成立犯罪中止自动性的关键，就是因为这是行为人实现主客观相统一的从危害社会到停止危害社会这一质的转变的主要标志，这也正是犯罪中止立法思想所重点关注的问题所在。

通说还认为，在犯罪中止自动性这一质的要求下，对行为人自动中止犯罪的动机及起因应作广义的辩证的理解，而不能如“衷心悔悟说”所主张只限于真诚彻底悔罪才行，也不宜一概排斥存有客观不利因素的情况。①

显然，通说对于具体的判断标准采取的是弗兰克公式。而且对于弗兰克公式中的“能”与“不能”的判断标准是以行为人的认

① 高铭暄主编：《刑法学原理》（第二卷），中国人民大学出版社 1993 年版，第 335 ~ 336 页。

识为标准进行判断，而不是根据客观事实进行判断，也不是同时根据主观认识与客观事实进行判断。

尽管主观说在我国居于通说的地位，但是我国采主观说的学者也已经发现有些案件根据弗兰克公式难以得出正确的结论，所以提出了能否在采取主观说的同时考虑客观说的想法。[①] 于是，就有论者提出了，任意性的认定，应当坚持以主观说为主，以客观说为辅的观点。论者对该观点进一步解释道：所谓以主观说为主，以客观说为辅是指在认定行为人的自动性时，原则上以行为人的认识作为认定的标准，在不能确定行为人的主观认识时，应以社会一般经验作为补充。具体而言，这一标准主要包括三种形式：一是不存在外部障碍时，行为人自己决定放弃犯罪或者防止犯罪结果的发生的，行为人的中止行为具有自动性，这是主观说一般的体现。二是在存在外部障碍时，行为人认为外部障碍不会影响其犯罪行为（不论这种障碍是否能够影响其犯罪行为）而决定放弃犯罪或者防止犯罪结果发生的，行为人的中止行为具有自动性，这也是主观说的体现。三是外部存在一定的障碍，但行为人对于这一障碍是否会影响其犯罪行为认识不明确，因而彻底放弃犯罪的，应依照社会一般经验来认定，如果社会一般经验认为不能影响犯罪行为，则认定行为人成立犯罪中止。如果社会一般经验认为能够影响犯罪行为，则行为人就不成立犯罪中止。[②]

笔者认为，上述绝对自动论、内因决定论也属于主观说。而主观说本身是存在难以克服的缺陷的。例如，作为任意性具体的判断标准的弗兰克公式，如何判断“能”与“不能”？除此之外，采用主观说还会导致不合理的结论。例如，在由于延期实施犯罪能得到更多的利益或者能更便于实施犯罪而停止的情况，也不得不承认任

---

① 张明楷著：《刑法学》，法律出版社 2011 年版，第 339 ~ 341 页。

② 袁彬：《中止犯若干问题比较研究》，载《四川警官高等专科学校学报》2004 年第 6 期。

意性，这是不合理的。具体内容笔者在前面已有论述，故不再赘述。而上述主要作用说和法国的优越说相类似。由于该说要从行为人的内心来探究内部的事由与外部的事由作用的大小，而且还要以此为基础概括出判断内部的事由与外部的事由优劣的标准，这些在笔者看来都是不大可能的。对于以主观说为主，以客观说为辅的观点，笔者认为从论者的思路上看，他是在设法克服单纯主观说的缺陷。但是，由于主观说与客观说本身都存在问题，如果按论者提出的三种形式分别处理，不仅主观说的问题得不到解决，而且还增加了客观说的问题。因此，以主观说为主，以客观说为辅的观点也不妥当。

二、规范的判断标准之提倡

笔者认为，我国理论界对中止犯自动性的判断基本上属于对心理的判断。而心理的判断常常会导致不合理的结论，德国学者正是为了避免和解决心理的任意性判断的不合理，才开始思考并提出了规范的任意性判断。由于相对于心理的判断，对任意性进行规范的判断更具有合理性，因此规范的任意性判断不仅在德国被越来越多的学者所接受，而且也开始对日本学者产生影响，如山中敬一教授采取的就是规范的任意性的判断。鉴于我国理论界目前所采用的心理的判断难以解决中止犯自动性的问题，为此笔者认为，不妨换一种思路，也尝试对自动性进行规范的判断。笔者发现，实际上在我国对自动性进行规范的判断也可以较好地解决自动性的判断问题。

由于笔者在前面已将中止犯立法理由的法律根据求之于中止行为，使行为人本欲实施到底的犯罪的社会危害性程度大为降低。社会危害性程度大为降低主要反映在两个方面：从客观方面说，行为人放弃犯罪或者有效地防止犯罪结果发生的行为使得犯罪结果没有发生。而从主观方面说，行为人停止现行的犯罪行为的自动性是没有发生犯罪结果的主观原因，表明行为人的主观恶性大为降低。笔者认为行为人自动否定、放弃了原来的犯罪意图属于任意性的问题。而行为人自动否定、放弃了原来的犯罪意图表明了行为人由反规范的意思向适法的意思转化。所以，笔者将中止犯的任意性概括为，行为人的主观方面如果能够证明是由反规范的意思向法所承认的意思转化时，就可承认其任意性。那么应该如何判断这一转换呢？笔者认为，有以下三种标准：

1. 对自己先前行为的否定评价

笔者认为，行为人由反规范的意思向法所承认的意思转换并不需要是积极的。也就是说，行为人并不一定需要基于遵守法律的态度有意识地停止先前的犯罪行为。只要对自己迄今为止的行为持否定的评价就足够了。这是因为对自己的反规范行为的消极判断，反过来就可以说是行为人规范意识的复苏与觉醒。例如，由于被害者或第三者的劝说而意识到自己行为的错误因而中止的就是如此（有意识的否定评价）。而且这种评价也没有必要一定是有意识地进行，能推测是基于这种感情而停止就足够了。例如，后悔、羞耻、同情、怜悯等感情就是如此。总之，不对自己的行为进行否定的评价就不会产生这样的感情。也就是说，认为自己的行为是“应否定的”本身，就是感到了后悔、羞耻、对对方的同情、怜悯（无意识的否定评价）。①

2. 行为人反规范意思的弱化

这是指反规范的意思弱化到法所容许的程度。正如刑法容认情节显著轻微危害不大的行为那样，轻微的反规范意思也为刑法所容认。即行为人开始实施犯罪行为时，其反规范的意思在程度上符合刑法的规定，但由于此后的事由，即在中止时这种意思已经弱化到刑法所容许的程度之内（即已经不再是法律所认为的达到危险程度的意思），这时虽不能说是合法的意思，但至少转换为法律所容许的意思，因而可以承认任意性。并且只有行为人在没有应当停止

① 当然，基于这样的感情的中止不限于都是无意识的否定的评价，也包括觉悟到自己行为的错误，从而产生这种感情而停止的情况。

犯罪的理由的情况下停止犯罪，才能承认任意性。这种没有应当停止的理由，是指继续实施行为不会给行为人带来不利，也不是特别困难，或者停止犯罪不会对行为人特别有利。例如，出于盗窃的目的打开保险箱，其中虽然有钱但认为没有达到值得盗窃的程度从而停止盗窃就是如此。在这种场合，行为人如果想要盗窃就能盗窃，在没有必须停止的理由下不实施盗窃，就意味着其盗窃的意思即他的反规范的意思弱化了。

3. 中止的意思是被刑法推定为适法的意思

笔者认为，作为任意性的判断对象，只能是行为人的中止意思而不是动机，尽管德国关于规范的任意性判断的学说，在判断任意性的有无时，将动机作为任意性判断的对象。这是因为他们将中止犯的立法理由视为责任的问题，由于动机属于责任的要素，因而将动机作为任意性判断的对象是没有问题的。但是，笔者认为，行为人的中止虽然是以动机为基础实施的，但动机并不是任意性判断的对象。例如，（1）A 抢劫 B，在知道 B 很穷后出于同情停止了抢劫。（2）C 抢劫 D，在实施恐吓时，见到附近的河中有个落水的小孩快被淹死了，于是觉得小孩可怜，为了帮助该小孩而停止继续实施抢劫行为。

上述例子如果从动机上考察，由于行为人中止的动机均是基于同情、怜悯，都是应该肯定和值得称赞的。因此，上述两种场合都可以肯定任意性。然而，实际上成立中止犯的却只能是前者，后者则不能肯定任意性。因为在前一种情况下，由于 A 认为自己对 B 的抢劫是对不起被害人的，因此存在行为人对自己先前行为的否定评价，所以肯定任意性没有任何的问题。但是在后一种情况下，C 停止自己的行为并不是因对自己抢劫这种反规范行为的否定，而是同情河中快被淹死的小孩，为了帮助他而停止了先前的行为。换言之，他作出否定评价的对象，是不救助小孩的不作为，并不是对反规范的抢劫行为。而由抢劫行为所产生的反规范的意思并未转换为适法的意思。因此，不能承认其任意性。如果对第二种情况也承认任意性的话，就是混淆了法与道德，重蹈了前面罗克辛的覆辙。

日本就有一个与上述情况相类似的真实判例，案情大致如下：甲、乙、丙出于强奸X的目的将X的男朋友Y拖开，此后Y趁甲等不注意跳入河中试图游往对岸，但中途溺水。甲等发现Y溺水后担心其一旦死亡的话，自己要为对其施加暴行等行为承担结果责任，因而产生恐惧，而为了救助Y放弃了对X的奸淫。[①] 东京地方裁判所的判决否定了中止未遂的成立。理由是：对中止了的强奸而言，行为人并不是因为恐惧刑法对强奸罪规定的刑罚而放弃犯行，从刑法关于强奸罪的规定上看，行为人的意思并非刑法所承认的意思。由此可见，成为任意性判断的对象，始终只能是行为人的意思而不是动机。

如前所述，由于笔者将中止犯视为社会危害性的减少，所以对中止任意性的说明也是以行为人主观恶性的大为减少为基础的。因此，适法的中止的意思就是任意性的基础。而动机只能成为判断任意性的一个资料，而并非判断根据。笔者认为，成为任意性判断的对象，始终只能是行为人的意思而不是动机。

作为第三个标准的是中止的意思是被刑法推定为适法的意思。也就是说，行为人的意思至少是可以被刑法推定为适法的。例如，基于害怕处罚的意思而停止的场合，就是基于被刑法推定为适法的意思的中止。因为刑法具有通过刑罚来预防犯罪的功能。行为人在开始犯罪行为之后，由于害怕处罚而停止的场合，他的意思决定可以说符合刑法的目的。因为刑法具有期待行为人具有恐惧刑罚的目的，这种期待与行为人不想受处罚的意思正好相吻合，那么这种意思就应当为法律所承认。因此，行为人由于害怕刑罚而中止时，就可以认为存在向法所承认的意思的转换。当然，如果是被刑法推定为合法的意思，自不必说可以肯定行为人的任意性。

---

① ［日］东京地方裁判所1968年11月6日《下刑集》第10卷第1113页。

第三节 任意性（自动性）的认定

对中止犯的任意性的理解与认定，除了存在以上一般的学说之争外，在以下任意性（自动性）的认定上也存在不同看法。若将上述学说之观点运用到以下具体问题上时，就会产生不同的结论。

一、因找到用合法的手段实现犯罪目的而放弃犯行

犯罪行为开始实施后，行为人意图的犯罪目的存在用合法的手段实现的可能性的情况。例如，为金钱所困，甲进入乙家抢劫，但想起以前乙曾经借过自己的钱，甲突然意识到，只要让乙还钱就可以不用实施抢劫了，因而停止了抢劫。

笔者认为，在上述情况下应该承认任意性。因为从行为人此时中止犯罪的心理状态分析，可能有两种情况：一是如果可能的话就不冒被刑罚处罚的危险得到钱；二是如果能用合法的手段达到目的，就不必触犯刑法。行为人的第一种心理可以视为行为人对处罚的一种抽象的恐惧。这种对“刑罚的抽象的恐惧”的“中止意思”可以被刑法推定为适法的意思。第二种心理可以认为是行为人对自己的行为的否定的评价。因为不必犯法的心理正是一种遵守法律的心理态度。因此，无论是上述哪种心理状态，都可以认为行为人有向法所承认的意思的转换。

另外，为了达到某种目的，行为人面临着合法的手段与违法的手段两种选择，而且违法的手段与合法的手段相比也不是特别的困难，如果行为人选择了合法的手段，就应当承认其有实施合法行为的意思。

实际上，对于这种情况我国法院一般会肯定行为人中止行为的任意性。例如，“李某强奸吴某案”。简单案情：2013 年 10 月左右，被告人李某与被害人吴某（女，14 周岁）通过 QQ 聊天的方式认识，2013 年 11 月 28 日中午吴某打电话向李某借钱，后约好

下班后联系。当日18时许，李某来到吴某在宿松县孚玉镇纱帽街的宿舍，在吴某房间玩耍的朋友杨某便离开了房间。后李某将门反锁，强行将吴某按到床上，欲对其实施奸淫，吴某不停地喊叫和反抗。后吴某对李某说："先相互了解、处处看"。李某便停止了强奸行为。2013年11月29日，民警将在宿松县孚玉镇龙门路郭老三超市购物的李某抓获。安徽省宿松县人民法院认为，被告人李某在犯罪过程中，自动放弃犯罪，是犯罪中止。[①] 在此案件中，被告人认为通过合法的手段就可以实现自己的奸淫目的，因此放弃了犯行。可以说行为人虽然受到外部的影响但仍然处在自己可以决定是否要继续实施犯罪的地位，其自动放弃罪行的可以承认中止的任意性。

在德国，作为上述情况的典型案例也是一起有关强奸的案件。案情大致如下：甲意图强奸在树林中散步时所遇到的乙，在袭击乙使其陷入不能抗拒的状态后，乙请求甲让她稍微休息一下然后任其奸淫，当然这并非真心而只是希望拖延时间，以便向附近走过的人求救。甲答应了乙的请求停止了犯罪行为。此后，由于两个散步者经过，乙向他们求救，甲便逃跑了。当时，联邦最高法院（BGH）的判决[②]肯定了甲的任意性。关键的理由是，行为人虽然受到外部的影响但仍然处在自己可以决定是否要继续实施的状态。这里对自己的犯罪计划能否实施的判断，考察的是：（1）是否存在妨碍行为人完成犯罪的外部的强制事态；（2）妨碍行为人完成犯罪的外部的强制事态是否对行为人造成精神上的压迫而使其不能实施。德国刑法并没有规定中止的动机必须具有值得承认的价值或更高的价值，即并没有规定行为人任意的意思必须基于高尚的动机。德国刑法第46条第1款（未终了的未遂）规定不处罚，并不是对高尚的行为的报偿，而只是因为在这种场合，由于放弃犯罪避免了更坏结

① 安徽省宿松县人民法院刑事判决书（2014）松刑初字第00168号。

② ［德］BGHSt. 7，S. 296ff.

果的发生。中止的事由（羞耻、震惊、对被害者的同情、后悔、自省）具有伦理的价值，而基于这种动机的中止符合德国刑法第46条第1款的规定。①

由于战前帝国法院（BG）对类似案件的任意性是持否定的态度，所以上述判例受到了学术界的关注，学者之间存在肯定说与否定说②的严重对立。

罗克辛竭力主张否定说，他的理由如下，“这是因为，行为人的目的是实现奸淫，在这种场合，按照被害人的提议对实现行为人的目的是最容易的。行为人所实施的行为也是‘最合理的’。无论如何，经过简单的休息对那种场合是最适宜的。为何要对行为人的这种巧妙地利用当时状况的行为给予不处罚的奖励，这在刑事政策上是完全说不通的。……无论如何本案是直接使用暴力在压迫下强迫性交的案件。行为人在袭击妇女时，如果该妇女与行为人预想的相反，非常乐意地答应了他的要求（实行的绝对的不能性③），对此所有的学说都会承认未遂的可罚性。如果考虑到这一点的话，那么比此更恶劣的案件，BGH认为他无罪在刑事政策上的不合理性就更明显了”。④

然而，根据罗克辛所提出的犯罪者理性说，笔者认为他的上述

① ［德］BGHSt. 7, S. 299.

② 肯定这种情况的任意性的有：Welzel、Maurach、Gössel、Zipf、Schmidhäuser、Jescheck、Lachner、Massen、Dreher、Tröndle、H. Schröder。否定的则有：罗克辛、Bockelmann、Herzberg、H. Mayer、Rudolphi、Eser、Jakobs。此外，Ulsenheimer分情况加以考虑，对RG的案件肯定任意性，而对BRG的案件则否定任意性。

③ 只要对方同意奸淫，以后奸淫的实行就是不可能的。［德］Maurach/Gössel/Zipf, Strafrecht, Allgemeiner Teil, Teilband, 2. 7. Aufl., 1988. S. 86, Rn. 122.

④ ［德］Roxin, Über den Rücktriit vom unbeendeten Versuch, in : Festschrift für Heinitz;, 1972, S. 259.

见解并不成立。首先，罗克辛认为按照被害人的提议实现行为人的计划是最合理的。但在“冷静地考察、比较具体行为计划的负面影响与利益”（犯罪者的理性）的情况下，真的就是最合理的吗？根据本案的事实认定，对方已经陷入了不能抗拒的状态，行为人可以毫不困难地进行奸淫，因此行为人完全没有理由按照被害者的提议先行休息。实际上奸淫行为越往后拖，反而妨碍实施奸淫行为的情况就越容易发生，如被路人发现等。而且事实上本案也是由于这一事由导致行为人奸淫的失败。作为“冷静地考察、比较具体行为计划的负面影响与利益的狡猾的犯罪者”，可以说预测过于乐观。他之所以决定按照对方的提议，恐怕还是考虑到在征得本人同意之后发生性关系就不用担心会受到刑罚的处罚。如果是这样的话，行为人就表明了向合法性复归的意思。所以按照罗克辛的犯罪者理性说分析，得出的结论应该是肯定中止犯的成立。

其次，罗克辛认为，必须考虑到即使行为人最后按照被害人的提议实现了自己的犯罪计划，也是违背被害人意志的。但是，笔者认为，即使事实真是如此，行为人也是相信了对方提议的真实性（被害人真的同意）。这样的话，作为任意性判断的对象也只是行为人误认为“被害人真的同意”从而中止这一事由，即行为人所感知的事实。没有必要将被害人原本不同意的这一事实也作为任意性判断的对象。不过，由于本案中被害人的提议并非出于真心，所以认定为中止犯并且不处罚可能会让人觉得不妥。但是，判断任意性时成为评价对象的，如前所述，仅是行为人基于所感知的外部事态而中止的事由，他认识之外所存在的客观的事实并不是考察的对象。因此，只要他是基于相信对方提议的真实性而中止的，那么对任意性的判断，就与被害人出于真心的提议而中止的情况是完全一样的。因而，可以肯定其任意性。

但是，笔者认为下面两种情况下应否定任意性：其一，如果本案行为人是为了平息被害人的强烈反抗而接受她的提议，那么就不能承认任意性。这是因为在这种场合行为人之所以接受被害人的提议，与其说是为了合法地达成预想的目的，还不如说是为了排除被害人的反抗而更易于实现犯罪目的。其二，如果行为人具有在休息之后，只要该妇女拒绝奸淫，再次使用暴力达成目的的意思，从而同意对方的提议，那么也不能认为他成立中止犯。只要行为人没有完全放弃奸淫的意思，那么对被害人的性的自由侵害的危险性就依然存在（如果拒绝奸淫就再度强奸）。本案实际上也可能就是这种情况（BGH 认为也存在不是中止而是一时的中断的可能性）。①

二、因害怕被发觉与受处罚而放弃犯行

这里的被发觉是指由此可能产生阻止犯罪的实行或可能受到处罚的情况。对被发觉的恐惧有三种：一是对被发觉的抽象的恐惧；二是对被发觉的具体的恐惧；三是现实的被发觉。笔者认为，上述三种情况只有第一种情况下行为人放弃犯行的，才能肯定任意性。但是有时第一种情况与第二种情况较难区分，即对被发觉的急迫的恐惧或者根据当时的各种情况是否有充分合理的根据推定会被发觉，到底应该属于哪种情况？对被发觉的急迫的恐惧。例如，犯罪过程中有人走近；再如，见到主人外出购物而侵入房内盗窃，但因为寻找盗窃对象花了很长时间，由于天色已晚担心主人回家而停止的情况。此时并没有发现主人实际归来，所以不是急迫的恐惧，但行为人做这种考虑也有合理的根据。笔者认为，上述两种情形应属于对被发现的具体的恐惧，应否定其任意性。

德国旧刑法第 46 条第 2 款曾经规定，中止必须是在犯罪行为被发觉前实施的，因此关于被发觉的概念在理论上有主观说、客观说、折中说的对立（客观说为通说）。而且学者们还讨论过被发觉的行为的程度、发觉者的范围等问题，但由于现行法没有就上述问题作出规定，所以现在学界已不再讨论这类问题。

例如，耶塞克给发觉下的定义是“能阻止结果或使刑事程序

---

① ［德］BGHSt. 7，S. 297

开始的外部者，认识到行为构成犯罪的本质的部分的情况”。[①] 但是，即使认识的是本质以外的部分，但只要能使行为人害怕结果而被阻止就是被发觉。反之，即使是本质的部分被认识但只要行为人未产生恐惧就不是被发觉。

此外，关于发觉者的范围问题，[②] 有见解认为与行为人接近的人（如亲属、友人）不能够成为发觉者。[③] 但是，即使是亲属和友人，只要让行为人认为他们可能也会向警察通报就是被发觉，如果行为人认为他们不会向警察通报就不是被发觉。

笔者认为，只要将被发觉作为任意性的问题，那就应当进行主观的理解（因为如前所述，作为任意性判断的对象是基于行为人所感知的外部的事实成为中止的事由），因此无论行为在何种程度上被发觉或发觉者是谁，只要是行为人认为被发觉了就足矣。

在明确了被发觉的概念之后，接下来的问题是，因被发觉而放弃犯行的是否应该承认任意性。德国有详细分析被发觉的典型判例，即1913年3月7日RG的判决。[④] 案情大致如下：甲在银行里对隔位坐的少女（未满14周岁）实施猥亵行为时，对方说“你想干什么”，行为人因而停止了行为。

对此，RG认为本案中发觉使甲所产生的心理状态有四种可能：一是行为人考虑到少女可能会反抗与呼救，这样的话犯罪就不可能完成，因而停止了行为。二是犯罪的完成虽然是可能的，但害怕会马上被告发和受到处罚。三是仅仅因为对刑罚处罚的恐惧

---

① ［德］Jescheck，Lehrbuch des Strafrechts. Allgemeiner Teil，4. Aufl.，1988，S. 492f.

② 关于这一问题，参见［德］Ulsenheimer，Grundfragen des Rücktritts vom Versuch in Theorie und Praxis，S. 333－339.

③ 关于将友人等排除在能成为发觉者的范围之外的学说，见［德］Ulsenheimer，Grundfragen des Rücktritts vom Versuch in Theorie und Praxis，S. 335，Anm. 18.

④ ［德］RGSt. 47. S. 74ff.

（如本案这样的情况，根据经验经常会有小孩因恐惧不敢告发。因此，如果甲预测到这种情况的话，那么就不是对发觉后马上被处罚的恐惧，而只是基于对抽象的处罚的恐惧而停止，因而有成立中止的可能性）。四是行为人羞耻心的复苏，即害怕在实施猥亵行为时少女注意到自己，会使自己的名声扫地。但是，刑事部并未对上述情况做具体分析，仅根据本案是“行为人‘想到自己的行为被少女注意，所以无法再实施更多的行为’”而否定任意性。不过，本案因被要求判定甲是基于上述四种可能性中哪种事由而中止的，所以原判被驳回了。①

RG的上述分析网罗了所有由于发觉而通常使行为人可能产生的心理状态。此外，笔者认为，对上述第一种和第二种情况应否定任意性，第三种情况是有可能肯定任意性的，而对第四种情况则应为完全肯定任意性。不过，也许有人会问：都是对处罚的恐惧，为何要对第二种与第三种情况做不同的处理？对于第二种情况，行为人是在因处罚的可能性已经具体化时才中止的，所以应否定任意性。而第三种情况中的行为人放弃犯行则是出于对抽象的处罚的恐惧，因此应肯定任意性。

实际上，这一问题在我国司法实践中也存在。例如，“陶某强奸潘某案”与“张某某抢劫案”。“陶某强奸潘某案”的基本情况是：2013年7月13日21时许，被告人陶某在中山市小榄镇某酒吧内喝酒时，与被害人潘某等人一起玩骰子喝啤酒。至14日凌晨1时许，陶某以送潘某回家为由将潘某带到佛山市顺德区杏坛镇某宾馆，潘某要求另开一间房自己睡，遭到陶某拒绝，陶某只开了一间房后，强行将潘带到该房内，欲与潘发生性关系，但遭潘某的反抗并警告会报警处理，陶某听后害怕遂停止了对潘某的侵犯。广东省佛山市顺德区人民法院认为，被告人陶某在犯罪过程中，自动放弃

① ［德］RGSt. 47. S. 76-80.

犯罪，是犯罪中止，依法应当减轻处罚。[1]“张某某抢劫案”的基本情况是：2014年5月3日22时许，被告人张某某持事先准备好的匕首至赣州市章贡区章江北大道章江大桥附近沿河栈道，见被害人朱某某一人在河边散步，遂趁无人之机上前一手勒住被害人朱某某的颈部，一手持刀威胁被害人朱某某交出钱财。被告人张某某在抢劫过程中被过路群众发现，过路群众拨打电话报警，被告人张某某遂弃刀逃跑，后被公安巡防员抓获。江西省赣州市章贡区人民法院认为，关于被告人张某某提出其系犯罪中止的辩解意见，因有证据证实被告人张某某是在被过路群众发现并报警的情况下弃刀逃跑，而不是自动放弃犯罪，不符合犯罪中止的法律特征。[2] 以上的两个案例中，被告人都是因为害怕受到处罚而停止自己的犯罪行为的，但是“陶某强奸潘某案”法院承认了中止的任意性；而“张某某抢劫案”则否定了其任意性。通过比较不难发现，在“陶某强奸潘某案”中，被告人陶某害怕的还是一种盖然性的惩罚，而在“张某某抢劫案”中，被告人张某某害怕的则是实实在在的即将面临的刑事惩罚。

对此，笔者认为，刑法具有通过刑罚的一般威吓来实现防止犯罪的目的。因此，通过这种威吓使行为人停止犯罪，是与刑法的目的相吻合的。如果行为人不是基于对这种抽象的处罚的恐惧而实施的中止（在这个意义上他辜负了刑法的期待），而是在因处罚的可能性已经具体化时才中止，因此他的中止并不能说是与刑罚目的相符合的。虽然刑法通过刑罚的威吓来阻止犯罪时，不但考虑了对抽象处罚的恐惧，也考虑了因具体的恐惧而阻止犯罪的情况，但是，总的来说，刑法始终希望通过刑罚的一般威吓来阻止犯罪。上述情

---

① 广东省佛山市顺德区人民法院刑事判决书（2014）佛顺法刑初字第116号。

② 江西省赣州市章贡区人民法院刑事判决书（2014）章刑初字第191号。

况中，行为人害怕的如果是有一定盖然性的事实，则可能性和必然性之间还有相当距离，并不足以成为继续实行犯罪的障碍。具体而言，因为担心当场被发觉而不可能继续实施犯罪的，不具有自动性。

但是，如果行为人的心理状态既不是对被发觉的抽象的恐惧，也不是基于对被发觉的急迫的恐惧，而是介于两者之间的情况又该如何处理呢?[①] 以下日本的这个判例就属于这种情况，案情如下：甲与乙为了骗取保险金企图烧毁甲投了保的房屋。10 月 22 日凌晨 5 点半左右，乙点燃了引火线，6 点半左右，甲因为“起火恐怕会到拂晓”而停止了行为（此后甲于第三日的凌晨 2 点左右再次实施犯罪但失败了）。对此，大审院否定了甲的任意性。“被告人甲取走放火的媒介物，是因为放火的时间已经迟了，担心火灾会一直烧到凌晨而使犯罪被发觉。在经验上，担心被发觉一般是妨碍遂行犯罪的事实，所以被告人的行为属于障碍未遂，而不是任意中止。”

如判决所指出的那样，甲停止放火行为，既不是基于放火过程中有人过来而恐惧马上被发觉，也不是基于对万一被发觉这种抽象的恐惧，而是介于两者之间的恐惧所导致的。即如果继续实施犯罪的话，房屋燃烧时可能已经天亮了，天亮的话路人或附近的居民就有可能会发觉放火行为，甲停止放火行为正是基于这样的恐惧所导致的。

笔者认为，上述判例中行为人是基于对被发觉的具体的恐惧而停止的。尽管从乙着手实施到甲考虑停止虽已经过了一个小时，但仍处在未达既遂的状态，要到房屋独立燃烧的程度还需要相当的时间，而天明时分被路人发现的可能性是很充分的，因此，甲的上述考虑有合理的根据，他对被发觉的恐惧是带有具体性的，所以笔者认为大审院否定甲的中止的任意性的判决是正确的。但是，日本也

---

① ［日］大审院判决 1937 年 9 月 21 日《刑集》第 16 卷第 1303 页。

有学者认为判例的态度过于严厉。[①]

三、因被害人等提供利益而放弃犯行

例如，强奸案件的被害人提出愿意提供金钱希望行为人停止对自己的强奸行为，行为人答应了这种请求而停止的情况（根据乌尔真海姆的例子）。或者暗杀者因为被害人提供了很多的金钱所以停止了杀害的情况（根据罗克辛的例子）。对这些情况应否承认任意性，即使在同样采用规范的任意性判断的学说之间也存在意见分歧。

就前一个例子而言，乌尔真海姆否定任意性，其理由如下："这是因为行为人仅仅是变更了他的犯罪意图，他的暴力行为的作用可以用来认定新的犯罪（第249条、第253条、第255条）（第249条是抢劫罪，第253条是敲诈勒索罪，第255条是抢劫性敲诈勒索罪——译者注）"。[②] 但是，笔者认为，如果利益的提供者不是被害人本人，而是与被害人完全无关的第三者时，是否就应该肯定任意性呢？例如，甲见到有女性要被行为人强奸时，为了救助该女子，向行为人提出愿意提供金钱，条件是行为人停止强奸行为，行为人答应了甲的要求而停止了强奸行为。在这种场合，即使行为人接受了金钱，但只要甲与被害人之间没有任何的关系，完全是不相干的人的话，认为行为人构成强盗或恐吓就很困难。因而无法将他为实施强奸而实施的暴行作为认定强盗或恐吓的手段。如果这种情况下承认任意性，那么理由何在呢？

对于后一个例子，罗克辛的态度是肯定任意性，他从犯罪者的理性的观点出发，指出其理由是"从决意暗杀的行为人的立场来

---

① 反对意见参见［日］清水一成：《中止未遂中"基于自己的意思"的意义》，载《上智法学》第29卷第2、3号，第269页。

② ［德］Ulsenheimer, Grundfragen des Rücktritts vom Versuch in Theorie und Praxis, S. 341f.

看，因为这样的方法而使计划遭受挫折，是‘不合理’的”。[①]

不过，笔者认为，罗克辛的观点在处理性质相同的案件时存在矛盾。如前所述，他肯定行为人为了救助妻子的生命而停止的场合的任意性。但他又提出，如果行为人是因为一旦妻子死亡就无法获得她的财产而救助妻子的生命的话，则应否定任意性。[②] 但无论是暗杀者的例子还是为了妻子的财产而救助妻子的案例，在行为人基于利益而停止这一点上没有任何区别，为什么要做不同的处理呢？再者，对前一种情况肯定任意性的结论，从他的刑罚目的说的观点来看也是存在问题的。因为以金钱为代价而停止犯罪的人，不能说他将来没有犯罪的危险性，所以不能说不需要刑罚。

在被害人提供其他利益而使行为人放弃原有犯行的情形下，是否承认行为人中止的任意性，我国的司法案例的认定并不统一。例如，“晏某某强奸案”与“单某杀人案”。“晏某某强奸案”的基本情况是：2014 年7 月 11 日 8 时 40 分前后，被告人晏某某走到渌口镇和城国际小区 22 栋 301 室的杨某（被害人黄某的父亲）家中，发现只有杨某的女儿黄某一人在家，起意强奸黄某以报复其父杨某，遂当即上前揪住黄某的头发，掐住黄某的脖子，将黄某拖至屋内走道最里面意图实施奸淫行为，后黄某谎称其有一张数万元的银行卡可提供给被告人晏某某，央求被告人不要强奸她，被告人晏某某遂产生取财之意，停止强奸，要黄某将银行卡交出。接着被告人晏某某逼迫黄某找到邮政银行卡，并写出银行卡密码，黄某首先写了一个八位数的密码，但是被告人马上讲“密码都只有六位数”，被害人马上涂了三位数，又加了一位数变成了六位数密码，被告人晏某某当即携带银行卡及写有银行卡密码的小纸条逃离现

① ［德］Roxin，Rezension von Alexander Peter Gutmann，Die Freiwilligkeit beim Rücktritt vom Versuch und bei der tätigen Reue，ZStW，Bd. 77，1965，S. 98.

② ［德］Roxin，Über den Rücktriit vom unbeendeten Versuch，in ：Festschrift für Heinitz；，1972，S. 264.

场，出门前被告人晏某某还威胁被害人不准报案。湖南省株洲县人民法院认为，被告人晏某某在强奸犯罪过程中，自动放弃犯罪，系犯罪中止。[①]“单某杀人案”的基本情况是：被告人单某与被害人管某通过QQ聊天相识，后两人同居生活，其间被告人单某知道被害人管某已有丈夫和孩子，但仍与其保持不正常男女关系。2014年1月3日8时许，因为琐事两人发生争吵。被告人产生将被害人杀死，然后自杀，两人同归于尽的念头。被告人即用水果刀向被害人管某腹部捅了一刀，后又用枕头捂住被害人管某的面部，欲使其窒息而亡。在被害人管某的反抗和劝说下，被告人单某没有继续实施侵害行为。被害人管某怕被告人会继续加害自己，哄骗被告人说自己的银行卡里有5万元钱，让被告人拿着银行卡离开。被告人单某从管某的包里拿出银行卡后逃离现场。安徽省合肥市瑶海区人民法院认为，被告人对被害人实施侵害，在被害人反抗、劝说并将自己的银行卡给被告人等情况下才离开现场，被告人并非主动放弃犯罪，且被告人离开现场时，明知被害人腹部流血不止，有可能造成被害人死亡的后果，但未采取有效措施对被害人施救，防止犯罪后果的发生。被告人的行为不符合犯罪中止的构成要件，应属犯罪未遂。[②] 以上两个案例中，强奸案的被害人提出愿意提供金钱希望行为人停止对自己的强奸行为，行为人答应了这种请求而停止的情况，法院承认中止的任意性；而杀人案的被害人提出愿意提供金钱希望行为人停止对自己的杀害行为，行为人答应了这种请求而停止的情况，法院不承认中止的任意性。

根据笔者的观点，无论德国刑法中两个案例还是我国司法实践中的真实案例，行为人都是因为金钱而停止了犯罪，并没有对自己的行为做否定的评价。提供金钱对他们而言是带来了利益，但是因

---

① 湖南省株洲县人民法院刑事判决书（2014）株县法刑初字第94号。

② 安徽省合肥市瑶海区人民法院刑事判决书（2014）瑶刑初字第00389号。

为金钱而停止犯罪并不能说明行为人存在反规范意思的弱化。再者，以金钱做交换而停止犯罪的意思，无法得到刑法的承认，所以应否定任意性。由此，笔者认为“晏某某强奸案”的结论是可商榷的。

四、因产生犯罪动机的事由消灭而放弃犯行

因产生犯罪动机的事由消灭而放弃犯行的情况是作为行为人犯罪动机的事由在行为人开始实施犯罪行为之后消灭了。关于这种情况的例子，德国有两个案件比较典型。一是孕妇考虑到孩子的将来决心堕胎，但由于孩子的父亲同意承认父子关系并支付抚养费而中止的案件。① 二是行为人逼迫前妻复婚但被拒绝，因而用匕首刺杀对方，后因妻子同意同居而停止杀人行为。② RG 对前者、BRG 对后者都肯定了任意性。

这些案件看起来都像欠效犯的情况。然而，欠效犯是指由于犯罪对象不存在等原因而使犯罪不可能实现的情况。与此相对，上述两个案件都是由于作为犯罪动机的事由消灭了而不需要实现犯罪的情况。欠效犯是犯罪的实现已经变得不可能了。而上述情况只是失去了实施犯罪的意义，但犯罪还是有可能实现的。因此，上述情况属于任意性的问题。③ 那么，对上述情况能够承认任意性吗？主张关心说、客观说、犯罪者理性说、不合理决断说的学者都会否定任意性。因为促使行为人犯罪的动机消灭的话，行为人就不会再关心犯罪的实行；或者从一般的生活经验来看他不会继续实施犯罪行

① ［德］Ulsenheimer，Grundfragen des Rücktritts vom Versuch in Theorie und Praxis，S. 343.

② ［德］Ulsenheimer，Grundfragen des Rücktritts vom Versuch in Theorie und Praxis，S. 343.

③ 持同样观点的有［德］Ulsenheimer，Grundfragen des Rücktritts vom Versuch in Theorie und Praxis，S. 343f.

为；抑或是尽管犯罪的动机消灭了，如果仍要继续实施犯罪，这无论是对犯罪者理性，还是对具有理性的、冷静地着手实行的行为人而言，都是不合理的。但是，笔者认为否定这种情况下的任意性是不妥当的。因为孕妇决意堕胎是源于对自己孩子的怜悯，而逼迫前妻复婚也说明行为人对前妻还是有感情的，那么根据一般的常理，人们是不会加害自己所爱的人或逼迫自己爱的人去死的，行为人也正是基于这样的感情而停止了犯罪行为。而基于这种感情的中止，可以认为是行为人对自己的行为做了否定的评价。所以笔者认为上述情况可以承认任意性。[①]

实际上，我国司法实务对上述情况也是肯定行为人中止行为的自动性的。例如，2013 年 3 月 21 日上午，被告人段某与丈夫徐某友因夫妻关系产生矛盾，心生怨恨，产生用农药毒死徐某友的想法。被告人段某遂拿出之前购买用于除草的农药氯氟吡氧乙酸辛酯，将农药氯氟吡氧乙酸辛酯掺入徐某友储存在家的白酒中，欲毒死徐某友。同月 23 日下午，在亲属上门劝说夫妻和解的过程中，被告人段某主动陈述了欲毒死丈夫的事实，并将掺入氯氟吡氧乙酸辛酯的白酒倒掉。淮安市淮安区人民法院认为，被告人段某在实施投毒行为后又自动有效地防止犯罪结果发生，系犯罪中止，且未造成损害后果，应当免除处罚。[②]

五、因行为对象缺乏吸引力而放弃犯行

因行为对象缺乏吸引力而放弃犯行，是指行为人在实施犯罪时，因行为对象不具有遂行程度的魅力而放弃犯行的情况。例如，由于被打开的保险箱中虽有钱但并没有希望的那么多，或由于实施强奸但对方长得并不漂亮而停止的情况。

---

① 持同样观点的有［德］Ulsenheimer, Grundfragen des Rücktritts vom Versuch in Theorie und Praxis, S. 344.

② 淮安市淮安区人民法院刑事判决书（2014）淮法刑初字第 0022 号。

关于这一问题，德国有一个有名的案例：甲在盗窃旅行箱时，发现旅行箱里只有用食品袋装着的小包的禁卖品，行为人觉得量太少没有什么价值，因而停止了盗窃行为。对此，RG 的判决认为："在盗窃案件中，行为人没有对要盗窃的物品做特别的限定而一无所获的场合，或者虽计划窃取特定之物或一定的种类物，但并未发现该物的场合，应否定中止的任意性。而对于行为人在实行盗窃之时才知道欲盗之物对他而言是没有价值的，因而放弃犯行的情况，应该怎么处理。由于欲盗之物在量或价值上不符合行为人的要求而放弃其盗窃计划，按照通例这不是与行为人意思无关的、能够阻止继续实施盗窃的事实。因为这种事实对盗窃者决意所施加的影响并没有达到因强制而使行为人放弃其计划的程度。在本案中，行为人打开箱子发现没有他所期待的大量违禁品，而这一事实不能够阻止实行的事实。即使量很少也还是可能实施所意图的盗窃行为。之所以没有实施，不是认为在这种情况下不得不放弃实行，也不是由于强制使他没有其他的选择，而是自发地断除了盗窃的念头。"① 显然，此案是从客观说的立场肯定任意性的。

基于目的物的障碍而放弃犯行的情况，日本刑法理论中对此存在两种不同的观点。一种观点否定任意性，认为应成立障碍未遂。例如，大塚仁认为，盗窃犯没有发现目的物而放弃盗窃的念头时，就不是中止犯。② 大谷实认为，因为找不到要偷的东西而放弃的时候，当然是障碍未遂。③ 另一种观点认为，不能完全否定任意性，而应区分不同情况。如植松正认为，行为人没有盗窃特定目的物的意图或只是想窃取一般财物时，如果因为财物价值小而不窃取的，

① ［德］RGSt. 55. S. 66f.

② ［日］大塚仁著：《刑法概说（总论）》，冯军译，中国人民大学出版社 2003 年版，第 221 页。

③ ［日］大谷实著：《刑法总论》，黎宏译，法律出版社 2003 年版，第 291 页。

成立中止犯；行为人意图窃取特定目的物，但特定物品并不存在时，即使没有窃取其他财物，也是障碍未遂。[①] 因为在前一种情况下，根据经验法则，一般人通常不会放弃窃取行为，而行为人放弃了，故具有任意性；在后一种情况下，根据经验法则，一般人也会放弃窃取行为，故不具有任意性。[②] 显然，植松正也是基于客观说的立场得出的结论。那么对上述德国的判例也应该是肯定任意性的。

对于上述情况，我国法院有的承认中止的任意性，有的则不承认中止的任意性。例如，“谭某某抢劫案”与“岳某某等人抢劫案”的结论就完全不同。“谭某某抢劫案”的基本情况是：2014 年 9 月 19 日 9 时许，被告人谭某某无钱使用遂产生抢劫之意，在泸州市龙马潭区西南商贸城一区 1 楼一服装门市内，发现店内仅有一女店员，拿出携带的刀具威胁女店员罗某某交出钱财。罗某某称身上仅有 100 元现金，谭某某遂放弃抢劫离开门市。泸州市龙马潭区人民法院认为，被告人谭某某以非法占有为目的，使用刀具威胁劫取他人财物，其行为已构成抢劫罪，在抢劫过程中，自动放弃，系犯罪中止。[③] “岳某某等人抢劫案”的基本案情是：2013 年 12 月 15 日 21 时许，被告人岳某某驾驶其租赁的陕 A2A853 轿车，载着被告人温某锋、岳某棋、肖某甯至汉滨区某镇九年制学校。岳某棋携带一把水果刀，温某锋携带一把西瓜刀，4 人将该校学生冯 C、金 D 二人先后劫持到男生宿舍围墙外的水泥路上，采取搜身的方式对二人实施抢劫，因二被害人冯 C 身上仅有 2 元钱，金 D 身上只有 1 元钱，未将被害人身上搜出的钱拿走。陕西省安康市汉滨区

---

① 转引自张明楷著：《未遂犯论》，法律出版社、成文堂联合出版 1996 年版，第 384 页。

② 张明楷著：《未遂犯论》，法律出版社、成文堂联合出版 1996 年版，第 384 页。

③ 泸州市龙马潭区人民法院刑事判决书（2015）龙马刑初字第 25 号。

人民法院认为，被告人岳某棋的辩护人提出被告人的行为属于犯罪中止，被告人温某锋的辩护人提出被告人的行为属于犯罪未遂的辩护意见，经查，被告人岳某棋、温某锋与其他同案参与人从被害人身上已搜出少许零钱，其抢劫行为已经完成，犯罪已得逞，被告人未将钱物拿走，属于对劫取财物后的处理行为，被告人的行为属于犯罪既遂。①

无论是上述德国的判例还是我国的实践案例，依笔者的观点都可以承认行为人中止行为的任意性。因为在上述这些情况下，行为人进一步实施犯罪行为对行为人而言不会产生特别的不利，而中止也不会带来任何利益，也就是说，尽管在当时的情况下行为人很容易就能够完成犯罪，但没有选择实施。因此，虽然他通过实行着手显示出了强烈的反规范意思，但在没有什么特别值得让他放弃犯行的情况下实施了中止，因而认为行为人的反规范意思已经弱化到法律所允许的程度。所以，应该承认其任意性。但必须注意的是，如果行为人事先就只打算强奸美女、只打算盗窃或者抢劫一定数量或金额的物品的话，那么就是欠效犯，欠效犯在我国按未遂处理，而不能认定成立中止犯。故笔者认为，“岳某某等人抢劫案”的否定中止犯的结论尚可商榷。

六、因嫌恶、痛苦之情而放弃犯行

关于嫌恶，可以分为伦理的嫌恶与其他的嫌恶。伦理的嫌恶在很多情况下掺杂了同情、羞耻等感情，可以承认任意性。例如，行为人为了获得游玩费用而抢劫他人的金钱，但在知道其是小孩的住院费后，对自己为游玩而抢劫住院费的行为感到嫌恶的情况就是如此。

与此相对，后一种情形在很多情况下难以承认任意性。德国有

---

① 陕西省安康市汉滨区人民法院刑事判决书（2014）汉滨刑初字第00081号。

一个有名的案件。[1] 有强奸未遂前科的甲出于奸淫的目的袭击散步中的少女（15 岁），在看到该女戴有月经带知道她处于月经期后，失去了奸淫的心情而停止了行为。

对于此案，BGH 的判决指出，“问题并不在于月经期是否可能与少女发生性行为。决定任意性判断的应是行为人在不同情况下的感知。被告人由于知道被害人处于月经期，认为该女并不是他想要发生性行为的对象。因此这一情况对行为人而言是使他除了放弃计划的实行之外别无选择的事由（欠效犯的事例）。”

接着，判决对同年 6 月 4 日第二刑事部对类似的案件承认中止犯的事实[2]做了比较论述，“那件案件（6 月 4 日的判决——译者注）中的行为人，因为‘少女在月经期出血而停止了犯罪计划’，即他仍然是‘能够自己做决定的人’。因此，它与本案中的事实不同。被害人处于月经期并不会妨碍行为人计划的继续。由此行为人仍然是可以做自己决定的人。但本案中的被告人并非如此”。[3] 根据这一判决，如果行为人知道对方处于月经期而停止行为的话，行为人就是“能够做自我决定的人”，具有任意性，是中止犯。而如果他亲自确认之后再停止的话，就是欠效犯而不是中止未遂。笔者认为，上述判决之所以区分两种不同的情况，可能是考虑到单纯听到处于月经期的情况与行为人自己得到确证（特别是见到出血）的情况下，行为人所受的心理的影响不同。但是，也有德国学者认为只要行为人相信少女所说的话，那么实际上确认与否都没有大的

---

① ［德］BGHSt. 20. S. 279f.

② ［德］vgl. Ulsenheimer, Grundfragen des Rücktritts vom Versuch in Theorie und Praxis, S. 248, Anm. 45.

③ ［德］BGHSt. 20. S. 280.

差异。[1] 乌尔真海姆也认为这种区别令人有矛盾之感。[2]

笔者认为，尽管上述两种情况使行为人所受的心理的影响不同，但是这种不同也只是反映在量上，实际上这种影响并不存在质的差异。所以判决对两者做不同的处理，不得不让人感到疑惑。

日本关于嫌恶而导致中止的案件均与强奸有关。其中一个与先前所举德国的案例一样。“被告人在实施暴行后执意要求‘如果来了月经就把证据给我看’，在确认对方带有月经带之后产生了嫌恶之情而停止了行为。”[3] 另一个是“着手强奸行为之后见到被害人露出的肌肤由于寒冷而起鸡皮疙瘩，因而欲情减退停止了奸淫行为”。[4] 此外还有虽非嫌恶，但与上述情况有关联，即行为人由于对方身体状况的变化而丧失了奸淫的意欲。如被害人“突然气色变了，说完‘我身体感觉不好’后昏倒在地，被告人以为对方真的患有疾病”而丧失了实施犯罪行为的意欲因而停止犯罪行为的案例。[5]

判例对上述三个案件都否定任意性，对于第一个案件否定任意性，学者们基本不反对。不过也有少数学者认为可以肯定任意性。例如，木村龟二认为，基于迷信、对刑罚的恐怖、肉体的嫌恶、怯懦等道德上无价值的动机中止犯行时，也成立中止。[6] 而对后两个案例也否定任意性，学者们则存在疑问。因为见到对方的肌肤起鸡皮疙瘩，或见到对方急病，并非所有的人都会放弃犯行，是因人而异的。尽管对于行为人而言，或多或少会衰减性欲，但却不能认为

---

① ［德］Dallinger, Aus der Rechtsprechung des Bundesgerichtshofes in Strafchen, MDR 1966, S. 22, r. Sp.

② ［德］Ulsenheimer, Grundfragen des Rücktritts vom Versuch in Theorie und Praxis, S. 248f.

③ ［日］仙台高等裁判所 1951 年 9 月 26 日特 22 · 72。

④ ［日］东京高等裁判所 1964 年 8 月 5 日《高刑集》第 17 卷第 557 页。

⑤ ［日］札幌高等裁判所 1961 年 2 月 9 日《下刑集》第 3 卷第 34 页。

⑥ 参见张明楷著：《未遂犯论》，法律出版社、成文堂联合出版 1996 年版，第 381 页。

这是能够使行为人中止奸淫行为的当然理由，因此不应完全否定任意性。[①]

在德国，有一部分学者认为上述案例属于欠效犯情形。但是，笔者认为并不妥当。因为即使行为人有生理的嫌恶感但性交事实上也并非不可能。判决也是承认行为人性欲并未消灭，所以奸淫在生理上并非不可能。[②] 因此，上述案例并非属于欠效犯的情况。

在我国的司法案例中，对于因嫌恶而放弃犯行的认定，结论并不统一。同样是因女性月经而放弃奸淫行为的情况，有的法院承认任意的中止性。例如，“魏某某强奸案”。其基本情况是：2014 年 3 月底某日中午，被告人魏某某在绥棱林业局金鑫小区附近见被害人付某独自一人放学回家，便上前用刀胁持付某到金鑫家园东侧从北数第二栋楼的一个没有完工的空房子里，欲实施强奸行为，因被害人正处于月经期，被告人嫌脏放弃了强奸的想法。黑龙江省绥棱林区基层法院认为，被告人魏某某在实施强奸行为过程中两次自动放弃犯罪，系犯罪中止，应从轻或减轻处罚。[③] 但是，也有的法院却否定任意的中止性。如“翟某甲、翟某乙等人强奸案”。其基本情况是：2014 年 6 月 6 日夜，被告人翟某甲、翟某乙与任某某、樵某某等人在临海市杜桥镇鼎红 KTV9 号包厢内唱歌，点了王某、唐某等人坐台。6 月 7 日凌晨，被告人翟某甲在包厢卫生间内强行与唐某发生性关系。之后，被害人唐某又回到包厢里，过了不久，被告人翟某乙在卫生间内强行与唐某发生性关系，因唐某来月经而未遂。浙江省临海市人民法院认为，被告人翟某乙在被害人告知其来月经时仍强行与被害人发生性关系，因发现被害人有月经而停止

---

① ［日］山中敬一：《关于中止犯中“基于自己的意思”的意义》，载《香川博士古稀祝贺论集》，成文堂 1997 年版，第 324～325 页。

② ［德］BGHSt. 20，S. 280.

③ 黑龙江省绥棱林区基层法院刑事判决书（2014）绥棱林刑初字第 23 号。

强奸行为，该行为是由于被告人翟某乙意志以外的原因，系犯罪未遂。[①] 笔者认为，行为人基于这种生理的嫌恶而中止的情况，因为不符合笔者前面所提出的三个标准的要求，应否定其任意性。故笔者认为，“魏某某强奸案”的肯定结论值得商榷。

另外，对基于痛苦之情放弃犯行的情况。德国判例关于孕妇由于厌恶堕胎药的气味[②]或感到恶心而将药吐出来[③]的案件，RG 肯定任意性，理论上对此也多持肯定态度。而笔者认为，对于因厌恶堕胎药的气味而中止的，可以说明行为人反规范意思的弱化。而对于因感到恶心而将药吐出来的情况，还是有成立未遂的可能的。不过鉴于我国刑法没有堕胎罪的规定，因而讨论上述问题没有多大意义。

七、因恐怖、惊愕而放弃犯行

与第六种情况一样，恐怖、惊愕也可以分为伴随有伦理的感情与不伴随有伦理的感情两类。对前者应承认任意性。例如，对自己所实施的行为突然感到恐惧（恐怖）；见到行为的结果认为自己做了大逆不道之事而感到惊愕等。对这些情况可以认为行为人在中止时，对自己的行为有否定的评价。与此相对，后者则不能承认任意性。例如，为了盗窃潜入房间却发现是黑社会的聚居所而感到恐惧（恐怖），或者打开保险箱听到警报声响起而吃惊（惊愕），行为人因此停止盗窃的情况。

德国并没有关于恐怖、惊愕的特别的判例。而日本关于惊愕则有三个有名的判例。其中两个是前面所列举的流血事件和墓场的强奸案件。另一个是：甲打算杀死母亲 X 后自杀，于是用棒球棒朝睡着的母亲的头部用力一击，听到母亲的呻吟声以为已经死亡，于

① 浙江省临海市人民法院刑事判决书（2015）台临刑初字第 7 号。

② ［德］RGSt. 35. S. 102f.

③ ［德］RGSt . 6，S. 341ff.

是返回自己的房间，不久又听到母亲的呼喊声于是返回现场，看到X头部流血痛苦的样子，感到惊愕、恐怖而没有继续实施杀害行为。对此，最高裁判所维持了否定中止未遂的第二审的判决，指出，“被告人并不是基于对母亲的怨恨等害恶的感情，而是出于所谓的怜悯之情即陪着一起死，而实施了杀害行为，而他也有意使杀害行为尽可能不给母亲带来痛苦，因而对熟睡的母亲实施了强烈的一击。但母亲因为上述打击而从睡眠中苏醒，并下意识地呼喊被告人的名字，被告人亲眼目睹了母亲流血痛苦的样子，这样的事态完全是被告人没有预料到的。如果继续实施杀害行为给母亲以痛苦，就违反当初的意图，所以按照一般通例，被告人是不可能继续实施杀害行为的。即如原判所认定的那样，被告人见到母亲流血痛苦的样子更感事态重大而惊愕恐怖，同时知道无法按照当初的意图完成杀害母亲的行为，这些因素抑制了其继续实施杀害行为的意志，而如果任由事态发展的话，行为人担心很快自己就会被发现是犯罪人……而行为人曾努力伪装成是其他不法侵入者的罪行。”①

但是笔者认为，也不能绝对排除上述案例有存在中止的可能。首先，甲有意使杀害行为尽可能不给母亲带来痛苦，而选择在X熟睡时实施犯罪行为。如果甲是为了避免“继续实施杀害行为给母亲带来痛苦”而中止，那么甲是因为抱有如果继续实施，就会使母亲感到更加痛苦，出于对母亲怜悯之情感，则可以承认任意性。其次，如果甲是“见到母亲流血痛苦的样子，更感事态重大因惊愕恐怖”而停止的话，这种恐惧惊愕是伴随有伦理的感情的，从这点考虑，也可以承认任意性。

在日本，尽管大审院及最高裁判所都不承认由惊愕导致的中止的任意性，但近来下级法院对于见到对方出血而惊愕，停止了杀人

① ［日］最高裁判所决定1957年9月10日《刑集》第11卷第2202页。

行为的案件，开始出现肯定中止未遂的态度。①

在我国，法院对上述情形任意性的认定一般是采肯定的态度。如“张某甲杀妻案”。被告人张某甲与被害人张某丁系夫妻关系。2014年6月26日凌晨，被告人张某甲在自家卧室内与其妻张某丁因婚姻纠纷发生争吵后即产生与其同归于尽的想法，并到自家厨房拿菜刀一把回卧室藏在被子内。当日凌晨4时许，被告人张某甲气愤难忍，遂上前掐住躺在床上的张某丁脖子，遭张某丁反抗并挣脱，张某甲随即用菜刀对其妻头部等处乱砍，致张某丁头部、左肩部、左上臂等部位十余处受伤，后因张某丁向其求饶，其遂放弃对张某丁继续加害。当被告人张某甲之父张某乙闻讯赶到现场并打开卧室电灯时，张某甲见其妻浑身是血，遂将菜刀扔到地上。之后，被告人张某甲与其父将张某丁送往淮安区平桥卫生院抢救。后被告人张某甲在平桥卫生院拨打110电话投案，并在平桥卫生院等候处理，且归案后能如实供述其犯罪事实。淮安市淮安区人民法院认为，其在犯罪过程中，自动放弃犯罪，是犯罪中止，依法应当对其减轻处罚。②

八、因同情、怜悯而放弃犯行

对于同情、怜悯这种感情而中止的情况，我国法院一般肯定中止行为的任意性，如“吴某抢劫案”。2014年7月19日21时30分许，被告人吴某携带水果刀至嘉善县惠民街道横泾新区“惠－横泾新区2#－631”电线杆东北面出租房4楼401室（被害人梁某的出租房），翻窗进入屋内守候，待被害人回出租房后，被告人吴某以持刀威胁等暴力方式向被害人索要财物，后梁某将手机和现金

① ［日］横滨地方裁判所川崎支判1977年9月19日《判例时报》第876号第128页；［日］宫崎地方裁判所都城支判1984年1月25日《判例时报》第525卷第302页。

② 淮安市淮安区人民法院刑事判决书（2014）淮法刑初字第0298号。

放于床上，并试图与被告人吴某攀谈。在此过程中，被告人吴某得知被害人是打工的学生，觉得其也不容易，最终未拿走财物便离开。浙江省嘉善县人民法院认为，被告人吴某在抢劫过程中，自动放弃犯罪，系犯罪中止，依法予以减轻处罚。[①] 对于类似情况，日本的判例也承认基于怜悯的中止的任意性。例如，基于杀意而掐对方的脖子，但由于被害人的孩子的哭泣，"觉得这些幼儿可怜"而停止了犯罪行为的案件[②]以及想和妻子一起死，但听到妻子说愿意听丈夫所有的话，"觉得妻子很可怜"而停止杀人行为的案件[③]，都是如此。笔者认为，对于基于这种感情的中止，可以认为行为人对自己的行为做了否定的评价，所以应该肯定任意性。

九、因迷信而放弃犯行

在德国，罗克辛肯定基于迷信的中止的任意性。其理由是：由于迷信而停止犯罪行为，按照犯罪者同伙的规则来衡量的话是不合理的。[④] 与罗克辛一样承认基于迷信的任意性的还有乌尔真海姆与雅克布斯。不过也有学者认为应分情况进行考虑，例如，特立夫特尔（Triffterer）就认为，如果行为人突然想起今天是星期五，认为在星期五犯案就会被逮捕而停止行为的，应承认任意性。而如果行为人非常迷信陷入恐惧而停止，就应否定任意性。在日本，持肯定态度的学者有木村龟二，否定的有宫本英脩。

笔者认为，如果行为人是基于如不停止就会招致灾难或被处罚的不安，即基于非科学的事由而导致的对处罚的恐惧而放弃犯行的，可以比照对处罚的抽象的恐惧的情况来处理。因此，可以承认

---

① 浙江省嘉善县人民法院刑事判决书（2014）嘉善刑初字第762号。

② ［日］福冈地方裁判所1954年5月29日特26・93。

③ ［日］大阪高等裁判所1958年6月10日特5・270。

④ ［德］Roxin, Über den Rücktriit vom unbeendeten Versuch, in：Festschrift für Heinitz;, 1972, S. 263.

任意性。

对于不是迷信但与之相近似的情况。例如，行为时偶然想起今天是父亲的祭日而停止犯罪的情况。对这种情况也应肯定任意性。行为人之所以不愿意在这一天实施犯罪，就是因为对自己行为做了否定的评价，否则就不会停止实施。

最后要强调的是，除上述九种情况外，在具体的案件中可能还存在中止事由不明的情况，对此应根据“存疑时有利于被告人”的原则，以承认行为人的任意性为宜。

第五章　中止行为

上述任意性是中止犯成立的主观条件，中止行为则是中止犯成立的客观条件。在我国，学者们对中止犯成立条件的概括不尽相同，集中反映在关于彻底性与真挚性的讨论上。关于彻底性，有的论著将其作为自动性的问题；有的论著将其作为有效性的问题；也有的论著则认为应该将其作为中止犯的一个单独的成立条件对待。[①] 而关于真挚性的问题，有的论著将其作为有效性的问题对待。但是笔者认为，行为人放弃犯罪的彻底性并不是自动性的问题，而真挚性也并非有效性的问题，彻底性与真挚性均是对中止行为属性的说明，因此笔者将彻底性与真挚性一并作为中止行为的问题加以讨论。作为中止犯成立条件的时间性、任意性（自动性）与有效性，是无论何种类型的中止都必须具备的条件，而彻底性是对不作为的中止行为的要求，真挚性则是对作为的中止行为的要求。可见，中止犯的成立条件会因中止行为类型的不同而存在差异。因此，在对不作为的中止行为与作为的中止行为展开论述之前，有必要先了解中止行为的划分问题。

① 参见张平著：《中止犯论》，中国方正出版社 2005 年版，第 117 页。

第一节　中止行为的划分概述

一、德、日刑法理论对中止行为的划分

关于中止行为，日本刑法第 43 条但书仅概括为“停止”。日本改正刑法草案第 24 条第 1 款将对中止未遂规定为“因基于自己的意思而中止了犯罪的实行，或者防卫犯罪结果发生而未达既遂者，减轻或者免除其刑。”而德国刑法第 24 条第 1 款则规定为“任意地放弃继续实施行为或阻止其完成”。根据德日刑法理论的通说，中止行为有两种类型，即未终了未遂的中止行为与终了未遂的中止行为。因此，中止行为在未终了未遂的场合表现为放弃继续实施犯罪的不作为。与此相对，在终了未遂的场合，则表现为积极阻止既遂结果发生的作为。

可见，对中止行为的划分是以未遂的划分为基础的。而将未遂分为未终了未遂与终了未遂是鉴于当时的刑法设定了轻重不同的法定刑。为了弄清这一问题，笔者认为有必要对未遂的划分是如何产生的，以及划分标准是什么做一简要介绍。以下内容主要参考乌尔真海姆的论述[①]。

《加罗林纳刑法典》第 17 条对未遂的各种处罚是根据“其事态的状况及形态”。此后，由于“未遂越接近于既遂可罚性就越高”的观点在德国迅速普及，理论上开始试图根据实行行为距离既遂的程度来区分未遂，并设置轻重不同的法定刑。至于如何区分曾经有过各种尝试，而区分未终了未遂与终了未遂就是其中的一种设想。

采用这种区分的立法，从内容上看基本相似，采用的都是客观

① ［德］vgl. Ulsenheimer, Grundfragen des Rücktritts vom Versuch in Theorie und Praxis, S. 132－148.

说。例如，1845 年 3 月 6 日巴登大公国刑法典第 107 条规定："行为人已经将他认为完成犯罪所必须的行为实施完毕，但由于其意思或行为方式以外的情形而避免了既遂犯必须的结果时，其行为作为终了未遂进行处罚。"而例外地采用主观说的立法是 1855 年 8 月 13 日的萨克森刑法典，该法在第 40 条中规定，"犯罪者将其认为引起所意图的法益侵害所必要的行为实施后，其未遂是终了未遂，此外所有情况的未遂都是未终了未遂。"

与立法一样，当时的学说也是以客观说为主流。例如，阿贝格（Abegg）认为，"犯罪者一方已经实施了能引起违法结果的所有行为，但由于行为人意思与行为之外的因素阻止了结果发生"的场合是终了未遂。与此相对，克斯特林（Köstlin）是少数持主观说的学者，他认为，"行为者实施了他认为所必要的行为，这种达到既遂的效果由于自然原因而未发生，该原因的效力，如果完全或相对地独立于行为人的意思"时，未遂是终了的。

但是，也有学者对这种将未遂一分为二的做法提出了批评。例如，莱昂哈德（Leonhard）以区分二者标准暧昧、举动犯无法承认未终了的未遂等为理由反对未遂的二分法。哈尔希纳（Hälschner）也批判说，将未遂的出发点与最终点作为可罚性的基础加以使用并不妥当。

由于受到上述批判的影响，此后的 1871 年帝国刑法典并没有将未遂分为两种而设置轻重不同的法定刑。但是，对于该法有关中止犯规定的第 46 条第 1 款以及第 2 款，通说认为，前者规定的是未终了未遂的中止，而后者规定的是终了未遂的中止。这是未遂的二分法在中止犯领域里的反映。德国现行刑法第 24 条第 1 款第 1 项前段与后段的规定也是如此。

可见，未终了未遂与终了未遂原本是为了根据未遂距既遂的远近程度而设立轻重不同的法定刑所提出的概念，但此后却转变为区分中止行为的概念。即与前者相对应的中止行为是不作为，而与后者相对应的中止行为则是作为。

尽管日本在很早以前[1]，德国从最近开始[2]，就有学者反对以未遂的二分法为基础来划分中止行为类型，提出应根据各种具体的情况来确定中止行为的类型，但是这些学者却并不反对将未遂区分为未终了未遂与终了未遂，前一场合的中止行为只需单纯的不作为，而后一场合则需要作为的观点。

不过，德、日刑法理论的通说仍然是以未遂的二分法为基础来划分中止行为类型的，而未遂的二分法又是以实行行为是否终了为标准的。所以，从根本上说中止行为的划分也是以实行行为是否终了为标准的。而关于实行行为终了的判断标准问题，笔者在时间性条件中已有论述，在此不再赘述。

二、我国刑法理论对中止行为的划分

与上述情况不同的是，我国刑法理论的通说认为，根据对中止犯中止行为的不同要求，犯罪中止又可以分为消极中止与积极中止两种类型。所谓消极中止，即犯罪人仅需自动停止犯罪行为的继续实施便可成立的犯罪中止。其行为方式仅需不作为。在犯罪预备阶段和犯罪实行行为尚未终了的大多数情况下所成立的犯罪中止均属此种类型的中止。所谓积极中止，是指需要作为形式才能构成的中止。即犯罪人不但需要自动停止犯罪的继续实施，而且还需要以积极的作为去防止既遂的犯罪结果的发生才能成立的犯罪中止。它发生于实行行为尚未终了的少数情况下以及实行行为终了的某些情况下。[3] 由此可见，我国刑法理论对中止行为类型的划分尽管也是两

---

① ［日］平野龙一：《中止犯》，载《刑事法研究》（第2卷），有斐阁1981年版，第148页；［日］山口厚：《刑法总论》，有斐阁2007年版，第281页；［日］香川达夫：《中止犯》，载《综合判例研究丛书（3）》，有斐阁1956年版，第67页。

② Scheurl、Ulsenheimer 等。

③ 高铭暄主编：《刑法学原理》（第二卷），中国人民大学出版社1993年版，第341页。

类，即不作为的中止行为与作为的中止行为，但是划分的标准却与德、日不同，即不是以实行行为是否终了为标准。具体而言，在我国对应于预备阶段的中止行为类型是不作为；对应于实行着手以后尚未终了以前这一阶段的中止行为则既可以是作为也可以是不作为；对应于实行行为终了阶段的中止行为只能是作为。与德、日不同的是，除预备阶段的中止外，对应于德、日的未实行终了阶段，我国的中止行为类型既可以是不作为也可以是作为，而德、日则只能是不作为。

第二节　不作为的中止行为与作为的中止行为

以实行行为是否终了为标准可将中止行为划分为两种类型，即不作为的中止行为与作为的中止行为，而不同类型的中止行为其研究内容是不相同的，接下来笔者将分别讨论两种不同类型的中止行为。

一、不作为的中止行为

如前所述，在未实行终了的情况下，成立中止犯只要行为人有放弃实行行为的不作为。对此，学者们不存在异议。但是，对不作为的中止行为的意思，放弃继续实施行为的意思，在内容上应如何把握的问题则存在争议。也就是对成立中止犯是否要求行为人放弃继续实施行为的意思具有彻底性存在争议。

1. 德国学者的观点

德国学者关于不作为的中止行为的意思内容的问题存在两种对立的观点。其一，行为人即使并未完全废弃犯意，在日后又继续实施犯行的，只要与以前的犯罪没有关联，仍然可以认定成立中止犯。其二，认为仅有这种意思还不充分，必须是犯意的完全废弃，即基于将来也不再实施同样的该当犯罪行为的意思而中止行为。前者的立场被称为具体的观察方法，后者的立场被称为抽象的观察方法。[①] 例如，麦兹格认为，“只要行为人对已经形成的状态没有继续实施的意思，那么只要中止具体的实行行为就足够了”，这就是前者的例子。[②] 而威尔泽尔认为，“行为人必须完全放弃犯罪计划”，[③] 这是后者的例子。[④] 此外，判例认为刑法第 46 条关于中止犯的规定“是以行为人完全放弃执行自己的犯罪决意作为前提”，[⑤] 因此是立于后一种观点的立场。

毛拉赫认为，之所以形成上述两种观点的对立，原因在于对中止是否要求伦理性有不同认识。[⑥] 也就是如果认为中止要求伦理性，就会采用抽象的观察方法；而认为不要求伦理性，就会采用具体的观察方法。此外，施米德霍伊泽也批判说，要求完全放弃计划的观点，是以中止必须具备道德的价值为前提的。[⑦]

的确，如果将放弃的意思视为任意性的问题，并且将任意性求之于伦理的话，就会要求完全放弃犯意。因为如果没有完全放弃犯意，即反道德的意思[⑧]，在道德的意义上就不能说停止了。然而，通过考察采用抽象的观察方法的学者，可以发现他们并非都必然将

---

① Maurach 就是如此称呼的。［德］Maurach, Deutsches Strafrecht, Allgemeiner Teil, 4. Aufl., 1971, S. 522.

② 采用具体的观察方法的还有李斯特、M. E. Mayer、Allfeld、Maurach、Schmidhäuser、Frank。

③ ［德］Welzel, Das Deutsche Strafrecht, 11. Aufl., 1969, S. 198.

④ 采用抽象的观察方法的还有 Binging、Sauer、Bockelmann、Jeschek 等。

⑤ ［德］BGHSt. 7, S. 297.

⑥ ［德］Maurach, Deutsches Strafrecht, Allgemeiner Teil, 4. Aufl., 1971, S. 522.

⑦ ［德］Schmidhäuser, Strafrecht, Allgemeiner Teil Lehrbuch, 2. Aufl., 1975, S. 631f, Rn. 82.

⑧ 刑法与道德不同，因此犯意与反道德的意思也不同。但在很多场合，两者的内容则是一致的。

中止行为的意思作为任意性的问题，即使认为是任意性的问题，也未必都将任意性求之于伦理，因而上述批判是不妥当的。

在德国，宾丁、罗克辛、乌尔真海姆等均将放弃的意思视为任意性的问题，但阿尔菲尔德、施米德霍伊泽、雅克布斯、奥托、麦兹格、耶塞克等都认为应将放弃的意思视为中止行为的问题。而这些学者中有的是采取具体的观察方法，有的则是采取抽象的观察方法。笔者认为，放弃的意思不属任意性的领域，而应归属于中止行为的范围，应当从对中止行为本质的考察中解决这一问题。即由于中止行为是在客观上消灭了既遂结果发生的危险性的行为，所以应该讨论的是，基于何种程度的放弃的意思来中止行为才能消灭既遂结果发生的危险性。从这一点上考察，作为中止行为消灭的危险应当是先前的行为造成的对法益侵害的危险。因而，要消灭这种危险，必须消灭先前的行为所包含的所有危险。按德、日刑法理论的通说，即应消灭被视为一个未遂行为的每一行为的全部的危险就足够了。但是，只要归属于一个未遂行为的部分行为仍然残存有实行的意思，就不能说完全消灭了该未遂的危险。

对上述问题，马克斯·恩格特·迈尔（M·E·Mayer）试图从与行为的单一性的关系的角度来解决这一问题。① 最近，伦克纳（Lenckner）采用具体的观察方法从行为的单一性的角度做了如下论述：

“对于单独正犯的中止，是否要求行为人完全放弃，以及何种意义才是完全，存在争议。但事实上这种议论的实质在于行为的概念。经常被忽视的是刑法第46条第1款（未终了未遂的中止的旧规定——译者注）规定的不是‘意图（Absicht）’的放弃，而是‘意图的行为（beabsichtigte Handlung）’的放弃。关于这一点，更明确的是新刑法第24条第1款的用语。它规定的是‘行为的实行

① ［德］M. E. Mayer, Der Allgemeine Teil des Deutschen Strafrechts, 2. Aufl., 1923, S. 371, Anm. 8.

的继续’的放弃。从这两个规定的用语看，只能认为只要行为人放弃已经着手的行为的继续就充分了。这是因为能够成为概念上的‘放弃’的，只能是已经着手的行为，而与将来的行为不同。在将来的行为的场合，能够放弃的不是实行，而是指向实行的意图。这里的问题是，中止后的行为是应当视为新的行为，还是视为此前行为的继续。对之起决定作用的标准，是关于一个行为的单一性的规则。”[①] 因此，“任何行为，只要与最初着手的未遂之间在时间上、空间上具有密接的关系，能够作为单一的东西表现出来时”，[②] 就应当承认行为的单一性。

但是，对于行为的单一性的概念，赫茨贝格做了如下批判：在罪数论的场合，讨论的是现实中所实施的数个行为是否能作为一个行为加以融合；与此相对，对于中止犯而言，问题在于，已经实行的行为与没有实行的行为，能否被视为关于中止的刑法第24条意义上的一个所为。也就是说，从规范的角度被视为一个行为的数个行为，各自都存在于现实性与潜在性的不同层面，将它们综合为一个行为是困难的。[③]

笔者认为上述批判包含两方面的内容：第一，分属于现实性与潜在性的不同层面的东西是否有可能融合为一体。第二，在罪数论中，由于各个行为都因已经实施而被具体化，所以容易判断行为的单一性。而与此相对，在中止犯中，由于行为人的行为并没有现实地实行，因而没有被具体化，进行行为单一性的判断是困难的。首先，中止前后行为的关系，是前行为还有进一步发展为后行为的可

① ［德］Lenckner, Probleme beim Rücktritt des Beteiligten, in：Festschrift für Gallas, 1973, S. 303.

② ［德］Lenckner, Probleme beim Rücktritt des Beteiligten, in：Festschrift für Gallas, 1973, S. 303f.

③ ［德］Herzberg, Der Rücktritt mit Deliktsvorbehalt , in: Gedächtnssschrift für H. Kaumann, 1986, S. 271f.

能性。例如，在拿枪瞄准对方的阶段停止时，如果拿枪瞄准的行为没有中止，就可能发展为扣动扳机的行为。就是前一行为包含了后一行为实施的可能性。从这一点上讲，前后行为就并非分属于现实性与潜在性这种不同的层面，而是潜在性秘密地存在于现实性之中，因此在这一点上可以将两者视为一体。其次，就中止犯而言，由于后面的行为并没有实际实施，所以欠缺客观的具体性，与罪数论的情况相比，对行为单一性的判断有其困难的一面。但是，笔者认为，行为人被中止了的继续实施的行为的内容还是在某种程度上被具体化（特别是在同种行为的中止的场合）了。以这种具体化为基础，再结合对其后的具体客观情况进行考察，笔者以为，判断行为单一性并不是不可能的事。

2. 日本学者的观点

日本学者关于放弃的意思是属于中止行为的问题，还是属于任意性的问题存在不同的意见。后一种观点曾经得到了广泛的肯定，[①] 但最近自平野龙一教授[②]开始，持前一种观点的学者也开始出现。[③]

关于中止未遂的成立是否以犯意的完全放弃为必要的问题，一

---

① ［日］木村龟二：《中止未遂的概念》，载《刑法的基本概念》，有斐阁1949年版，第272、280～281页；［日］小野清一郎：《新订刑法讲义》，有斐阁1948年版，第186页；［日］宫本英脩：《刑法学粹》，弘文堂1931年版，第377页；［日］中山研一：《口述刑法总论》，成文堂1995年版，第301页；［日］佐伯千仞：《刑法讲义总论》，有斐阁1984年版，第324页；［日］中野次雄：《刑法总论概要》，成文堂1988年版，第132页。

② ［日］平野龙一：《中止犯》，载《刑事法研究》（第2卷），有斐阁1981年版，第149～150页。

③ ［日］香川达夫：《中止犯》，载《综合判例研究丛书（3）》，有斐阁1956年版，第97～98页；［日］山中敬一：《着手中止与实行中止》，载《关大法学》第34卷第3·4·5号，第315～316页；［日］盐见淳：《中止行为的构造》，载《中山先生古稀祝贺论集》，成文堂1998年版，第264、269页。

般采用的是具体的观察方法。例如，小野清一郎认为，“放弃并非以绝对的抛弃为必要。无论基于何种理由，只要中止了就是中止”。[①] 中野次雄法官也认为，“绝对的犯罪意思的放弃并非必要，即使改日他又有了实行的意思，但只要中止了就是中止犯。”[②] 大塚仁认为，“为了成立中止犯，既然行为人积极地作出了中止行为，就不问中止的动机是道德的还是功利的，而且也不需要行为人放弃了犯罪意思。虽然着手了犯罪，却考虑中止以等待其他的机会则更为有利而终止时，也会是中止。”[③]

对此，平野龙一认为，行为人是否放弃犯意不属于任意性的问题，而属于是否实施了中止行为的问题。所以，他是从实行行为的单一性的角度来分析上述问题的。他指出，“犯意的终局放弃是否必要，一时的放弃是否足够，虽然经常被作为是否‘由自己的意思’的问题加以讨论，但实际上是实行‘停止’与否的问题。将其视为中止问题时，更容易解决。中止是指行为人中止已经着手的实行行为，并非是否放弃超越每个实行行为的实体的犯意（是否能够这样表述还有疑问）的问题。将实行改为他日或者为了实施其他行为而停止的，能否视为中止，取决于这种其他行为与停止下来的行为能否视为一个实行行为。”[④] 不难看出，平野的观点与前面所介绍的德国学者伦克纳的观点如出一辙。

由此可见，日本学者无论从哪一角度论述这一问题，但从结论上看是一致的，即大都主张中止犯的成立不以行为人完全放弃犯意为必要。

---

① ［日］小野清一郎：《新订刑法讲义》，有斐阁1948年版，第186页。

② ［日］中野次雄：《刑法总论概要》，成文堂1988年版，第132页。

③ ［日］大塚仁著：《刑法概说（总论）》，冯军译，中国人民大学出版社2003年版，第221页。

④ ［日］平野龙一：《中止犯》，载《刑事法研究》（第2卷），有斐阁1981年版，第149～150页。

3. 我国学者的观点及评价

如前所述，我国刑法理论的通说认为中止犯成立条件的研究包括四个方面的内容，即时间性、自动性、彻底性与有效性。可见，行为人放弃犯意并不属于自动性（任意性）的问题。

关于中止犯的成立是否以放弃犯意应具有彻底性为必要的问题，如上所述，德、日刑法理论的通说是持否定态度，而我国却是持肯定的态度。从形式上看，似乎存在对立，但是从理论的具体分析以及结论上看，并无什么差别，即都认为不以“犯意的完全废弃”为必要。究其原因，笔者认为，尽管我国通说认为成立中止必须具备“彻底性”条件，但是这里的“彻底性”并不是上述德、日的“犯意的完全放弃”。可见，尽管同为“彻底性”，但内容上却是不同的。

我国学者对“彻底性”这一特征存在不同的认识，如前所述，有的将其作为独立的特征对待，有的将其作为有效性的内容，有的还将其视为自动性的内容。但是对“彻底性”的理解，从结论上看并无不同，不同的只是理论构建。例如，马克昌教授主编的《犯罪通论》一书的观点是：“所谓的彻底放弃，只是就具体案件而言的。并不意味着行为人以后永远不犯罪。只要行为人能彻底停止现行的犯罪行为，即使其以后重新犯罪，也不影响其在该案中的中止。”[①] 高铭暄教授主编的《刑法学原理》（第二卷）一书指出：“所谓中止犯罪的彻底性即彻底停止犯罪，是相对而言的，而不具有绝对的意思。即彻底停止犯罪，是指行为人必须彻底放弃正在进行的某个具体的犯罪，而不是指行为人在以后任何时候都不再犯同种犯罪，更不能理解为行为人在以后任何时候都不再犯任何罪。”[②] 再如，姜伟教授认为，“所谓完全彻底地放弃犯罪，不是指行为人

---

① 马克昌主编：《犯罪通论》，武汉大学出版社 1999 年版，第 473 页。

② 高铭暄主编：《刑法学原理》（第二卷），中国人民大学出版社 1993 年版，第 337 页。

以后永远不再犯罪，而是指行为人放弃了原犯罪计划，打消了原犯罪意图，对同一犯罪对象不再侵害。也就是说对行为人原计划实施的某种具体犯罪，决定不再实行。”[①] 叶高峰教授主编的《故意犯罪过程中的犯罪形态论》一书的观点是：“我们考虑犯罪人是否是彻底的中止，不能狭窄地理解为犯罪人将永远不再犯罪，应理解为只要犯罪人彻底地放弃了原计划，原来追求的犯罪意图，便是彻底中止。”[②] 分析上述四位学者对“彻底性”的阐释，笔者认为，马克昌教授主编的《犯罪通论》一书的观点与高铭暄教授主编的《刑法学原理》（第二卷）一书的解释是通说的观点，它是立足于中止行为，而姜伟教授与叶高峰教授则是立足于行为人最初的犯罪故意。而笔者以为既然讨论的是中止犯的成立要件，理当立足于中止行为，放弃犯意实际上就是行为人中止行为的意思体现，是中止行为的本质内容。由于中止行为是在客观上消灭了既遂结果发生的危险性的行为，所以“彻底性”应该讨论的是基于何种程度的放弃的意思来中止行为时，才能消灭既遂结果发生的危险。而作为中止行为应当消灭的危险应当是先前的行为产生的对法益侵害的所有危险。因此，从思考路径看，应肯定通说的观点。基于上述理由，笔者认为不宜将“彻底性”单纯地视为中止犯成立的主观条件。

关于“彻底性”的讨论，还有一个问题，即对“彻底性”的判断。特别是行为人在停止现行的犯罪行为后，在再实施犯罪的情况下是否应完全否定“彻底性”。笔者认为，停止后再实施的行为如果能够被视为新的犯罪行为时，就说明停止的行为具有彻底性；如果后来的犯罪行为可以视为此前犯罪行为的继续，那么就应否定彻底性。而判断是否是新的犯罪行为的标准，笔者认为应从两个视点进行考察：其一，以停止现行的犯罪行为为视点，主要应考察行

---

① 姜伟著：《犯罪形态通论》，法律出版社1994年版，第187页。

② 叶高峰主编：《故意犯罪过程中的犯罪形态论》，河南大学出版社1989年版，第219页。

为人停止行为时是否已完全消灭既遂结果发生的危险。如果行为人在停止现行的犯罪行为时仍然残存有实行的意思，那么就不能说完全消灭既遂结果发生的危险。其二，以再实施犯罪行为为视点，笔者认为可以借鉴前述德、日学者的“行为的单一性”的理论。即只要再实施犯罪行为与此前的行为在时间上、空间上具有密接的关系，并且能够被视为同一事物。如果上述考察可以得出肯定的结论，就说明行为人的停止行为不具有彻底性；反之，则应该肯定彻底性。这里还有一点要补充的是，不管前后的犯罪在性质上是否相同，都不影响对彻底性的判断。

二、作为的中止行为

关于作为的中止行为，笔者认为，有两个问题需要说明，即作为的中止行为的存在状况以及“真挚的努力”的问题。

1. 作为的中止行为的存在状况

作为的中止行为存在于下面两种状况：其一，不作为犯的场合。由于不作为犯是行为人的不作为，即通过不实施一定的行为而实现犯罪的。因此，要避免犯罪的实现，就要求行为人有相应的作为，并且无论行为是否实行终了，中止行为只能是积极的作为。不过，未实行终了的中止与实行终了的中止在内容上是不同的。例如，行为人负有实施特定积极行为的义务，通过履行这种作为义务能够阻止既遂结果发生时，属于未实行终了。与此相对，如果履行这种义务也已经不能够阻止结果发生时则属实行终了。例如，母亲为了饿死自己的孩子而不给孩子食物的场合，如果重新供给食物，就能避免孩子死亡结果的发生时，就是未实行终了的情况，而如果孩子已经极度虚弱，单纯供食已不能挽回孩子的生命，必须借助于医生救助才能挽回孩子的生命时，是实行终了的情况。因此，在不作为犯的场合，未实行终了的中止行为是履行原本对行为人所要求的作为义务，而在实行终了的情况下，中止行为的内容则是超越原本对行为人所要求的作为义务内容，是一种更高的作为义务。[①] 其二，作为犯的场合，只有在实行终了的情况下，中止行为才要求是积极的作为。因为对于这种情况，由于已经实施完了结果发生所必要的行为，因此行为人就必须在客观上消灭既遂结果发生的危险，对此仅仅不作为是不够的，还需要行为人积极地实施避免既遂结果发生的行为。例如，行为人意欲杀人，但又不愿立即被发现，于是他每天在被害人的咖啡里放入慢性毒药，直到有一天他正准备往被害人的咖啡里加入慢性毒药时，发现被害人因中毒而呕吐不止，表情十分痛苦。这时，行为人停止放毒药的行为还不是中止行为。行为人只有采取了积极的救助行为（立即送被害人去医院）从而避免被害人死亡结果的发生，积极的救助行为才是中止行为。

2. 真挚的努力

在实行终了的情况下，成立中止要求行为人要有积极行为，即积极的作为。而笔者认为积极的行为实际上是属于中止行为的程度问题。即为了消灭既遂结果发生的危险，行为人应实施何种程度的行为才能认为是中止。

在德国，关于中止行为程度的问题的讨论，根据布洛伊的归纳，存在两种对立的观点：其一，认为无论行为人采取何种积极的行为，只要对避免结果的发生具有因果性就足够了。[②] 笔者将这一观点概括为因果说。其二，行为人必须在其认识到的所有手段中选择最佳的方法。笔者将这一观点概括为最佳行为说。

在德国，有的判例采取的是因果说，如 1985 年 8 月 22 日联邦最高法院 BGH 的判例。[③] 案情大致如下：行为人并没有亲自对被

---

① ［德］Lönnies, Rücktritt und tätige Reue beim unechten Unterlassungsdelikt, NJW 1962, S. 1951, r. Sp.

② ［德］Bloy, Zurechnungsstrukturen des Rücktritts vom beendeten Versuch und Mitwirkung Dritter an der Verhinderung der Tatvollendung, Jus 1987, S. 528ff.

③ ［德］BGHSt. 33, S. 259ff.

害人的伤口进行处理，而是委托给被害人手下的两名人员。对此，BGH 判决认为：阻止结果发生的行为人，是在结果无法避免之前，设定新的因果关系而成为行为不完成的共同原因的行为人。此时，被告人是否实施了更多的行为并不重要，即使阻止结果发生的行为中加入了与本人意思无关的其他情形，只要被告人使用了所认识的手段，并且本人认为这种手段能够阻止结果发生，那么这种介入因素就可以不考虑。在理论上舍尔（Scheurl）等支持这种观点。

与此相对，1982 年 4 月 27 日 BGH 的判例①采取的则是最佳行为说。判例指出，认识到自己的行为引发实现构成要件结果的危险的行为人，“必须通过阻止完成的行为表明其完全放弃继续的意思。这种行为从客观上看必须是能够阻止完成的充分的行为，至少行为人是这样认为的。如果存在比他打算采取的措施更好的措施时，行为人必须采取这种措施而不能满足于较差的措施。即使偶然能够避免结果，也不能委之于偶然。如果委之于偶然的话，那么就并非行为人自己的行为阻止了完成。他就应当承担结果发生的全部的风险”。在理论上持最佳行为说的学者有赫茨贝格与施米特霍伊泽。例如，赫茨贝格指出，中止行为必须采取行为人可能的最佳的行为，他称之为最佳性原则。② 而施米特霍伊泽也认为中止还需要行为人真挚的努力，而这种真挚的努力，是指行为人实施与其认识及能力相应的最佳的行为。③

但是，现在在德国还出现了一种折中说。例如，奥托认为，中止并不要求必须是最佳的行为，但仅仅是作为阻止结果发生的一种原因也不足够，而必须“与一般的标准相应，结果的阻止能够作

① ［德］BGHSt. 31, S. 46ff.

② ［德］Herzberg, Grundprobleme des Rücktritts vom Versuch und überlegung de lege ferenda, NJW 1991, S. 1637. 1. Sp.

③ ［德］Schmidhäuser, Strafrecht, Allgemeiner Teil, Studienbuch, 1. Aufl., 1982, S. 369, Rn. 91.

为他的功业归责于他”。[①] 此外，埃泽尔（Eser）也认为，通过中止行为中断已经开始的因果链，当能够肯定对阻止既遂归责可能的因果关系时，就应予以承认。[②] 由于这种观点是从要求中止行为具有能够归责于行为人程度上进行说明的，因此这一学说也可概括为归责说。

综观上述德国的学说，笔者认为因果说失之过宽。根据此说，只要行为人对结果的不发生存在因果关系就够了，而德国关于因果关系的通说又是条件说，因此即使对结果不发生的影响非常小，也应肯定中止犯的成立。如果这样的话，在诸如行为人基于杀意使对方身负重伤，此后期待路人予以救助而将被害人放置于人行道，结果果然被路过的人所救的情况。又或者给被害人买药的钱，被害人用此钱买药而救回了性命的情况，都能够承认中止的成立。但是认为这些情况能够成立中止是难以为人们接受的。

相反，最佳行为说则失之于过窄。采用了最佳行为说的雅克布斯认为，“在行为人已经无法确实地避免既遂，既遂的发生存在或多或少盖然性时，就已经不可能中止了”。他指出，诸如在台风中将被害人投入海中，此后为了救助又投入救生圈，即使最后非常幸运地帮助了被害人，也不成立中止犯。[③] 但是笔者认为，这一见解忽略了中止行为的真挚性与有效性的区别。的确，成立中止虽不要求确实地消灭危险，但也要求接近消灭。所以，正如雅克布斯所说，只要存在残留的危险就不能肯定中止行为的成立。但是要求确实地消灭危险，则是有效性的内容。而作为消灭这种危险手段的中

① ［德］Otto, Grundkurs Strafrecht, Allgemeiner Strafrechtslehre, 4. Aufl., 1992, S. 249.

② ［德］Eser in: Schönke/Schröder/Lenckner, Strafgesetzbuch, 25. Aufl., 1996, S. 378, Rn. 59.

③ ［德］Jakobs, Strafrecht, Allgemeiner Teil, Studienaufgabe, 2. Aufl., 1991, S. 752, Rn. 19a.

止行为，只要是一般人认为有消灭危险的可能性的行为就够了。

在中止行为中，危险消灭的可能性能否实现也会为偶然因素所左右。如果偶然性并非如行为人所期待的那样发生作用，而引起了结果发生时，就产生既遂犯的法律效果。同样，如果偶然性如行为人所期待那样消灭了危险，就产生中止犯的法律效果。因此，在上述设例的场合，的确仅投放救生圈的行为不能说消灭了危险，因为在刮台风的海上，投放救生圈可能无法被对方抓住，就是抓住了也有可能再度脱手而被淹死。然而，投放救生圈的行为是消灭溺死危险的可行的行为。因此，如果由此帮助了对方而确实地消灭了危险的话（因而不存在残留的危险），那么承认其是中止行为也没有什么不合适。因此，最佳行为说对中止提出了超过必要的太多的条件，从而使中止犯的成立范围变得过于狭窄。

因此，笔者认为折中说是可取的。一方面它将仅是阻止结果发生的一种单纯的设定原因行为排除在中止行为之外；另一方面，它也不要求一定要是最佳的行为，只要可以认定危险的消灭能够作为行为人的功业归责于他，就可肯定中止的成立。

上述讨论解决了对积极行为的界定，但是如何理解真挚性呢？它与积极行为之间的关系如何呢？笔者斗胆就这些问题做如下初步探讨。

日本学者对是否要求真挚的努力存在必要说与不要说两种主张。[①] 团藤重光、大塚仁、前田雅英等学者持必要说。例如，团藤重光指出，“防止结果发生的行为，必须是为防止结果而作出了真挚努力的行为。”大塚仁也说：“中止行为，必须是为了防止结果作出真挚努力而实施的。虽然不妨得到他人的协助，但在不属于行为人本人防止结果的场合，至少必须作出了足以与行为人本人防止结果同等看待的努力。他人防止了由行为人的行为发生的结果时，

---

① 以下关于必要说与不要说的内容，引自张明楷：《未遂犯论》，法律出版社、成文堂联合出版 1996 年版，第 400～402 页。

行为人只是加以帮助的，一般不能认为存在真挚的努力。”前田雅英认为，虽然没有必要将防止结果发生仅限定为行为人自己独立地防止结果发生，但对没有为防止结果发生作出真挚努力时不应认定为中止犯。因为没有作出真挚努力时不能承认责任的减少，从刑事政策上考虑，要求防止结果作出一定努力也是合理的。不过也有学者持不要说，如大谷实、曾根威彦等。大谷实认为，“真挚性要件的内容不一定明确，而且也不可能根据刑法第43条但书的法文理解这一要件，故不要说是妥当的。因此，在着手中止的场合，只要放弃实行行为就够了；在实行中止的场合，只要有积极防止结果发生的行为就够了。”但是，他同时又指出，“通过他人协力防止结果时当然可能是中止行为，但在这种场合，要求通过足以与自己防止结果同等看待的真挚努力来防止结果发生。”曾根威彦认为，成立实行中止，要求行为人以防止结果为目的作出积极努力，只有这样，才能承认责任的减少。他同时指出，“历来认为成立中止行为要求真挚的努力，但刑法上的责任是法律上的责任，与伦理责任有区别，故应认为，‘真挚性’的努力是过渡的要求。从客观上看，只要行为人实施了与防止结果相符合的积极行为就足够了。”

从上述日本学者的观点不难发现学者们均未对真挚性努力的内容进行界定，因此出现了主张必要说的大塚仁与主张不要说的大谷实在观点的内容上相同的情况。笔者认为，如上所述，对于实行中止要求行为人有积极的行为，即在客观上能够消灭既遂结果发生的危险的行为。而行为真挚性的判断属于对行为人心理的判断，但是这种心理的态度如果不通过行为表现出来，是无法进行判断的。所以真挚性是寓于积极的行为之中并通过积极的行为表现出来的。作为“真挚的努力”与“积极行为”到底是一种什么关系，笔者认为，首先两者均与“防止结果的发生”有关，即以结果的不发生为前提。其次，真挚性是对积极行为的进一步限定。“具有真挚性的积极行为”，是指行为人实施与其认识及能力相对应的，并且在客观上能够消灭既遂结果发生的危险行为。强调“真挚性”的目的实际上是为了将阻止结果发生的一种单纯的设定原因行为排除出中止行为。例如，行为人基于杀意将被害人打成了危及生命的重伤，但看到被害人异常痛苦的表情时，他心生怜悯，但他又不愿意自己送被害人去医院抢救，实际上自己送去也可以避免被害人死亡结果的发生，但是行为人却选择了给朋友打电话，请朋友开车将被害人送去医院，而最终使被害人免于一死。对于这种情况，行为人打电话请朋友送被害人去医院救治的行为就是积极的行为，但是却不能认为他的这一行为具有真挚性。因为他在自己能够实施救助的情况下，打电话给朋友的行为就是一种单纯的设定原因的行为，而且打电话的行为也是与行为人的认识及能力不相对应的行为，因为行为人认识到了自己可以施救，而且从能力上看也可以避免被害人死亡结果的发生。因此，如果将积极的行为仅视为中止行为的程度问题，那么承认中止犯的成立就还需要真挚性。

笔者通过考察日本的不要说，发现多数持该说的学者都将积极的行为界定为防止结果所必要而且相当的行为。由此可见，学者们认为的积极行为并非仅仅从程度上加以理解，实际上也包含了真挚性的内容。如果这样理解积极行为，当然没有必要肯定真挚性，否则就是内容上的重复。因此，笔者认为，在日本之所以存在必要说与不要说之争，可能是缘于学者们对积极行为的不同理解。不过虽然主张不同，但是处理结果却基本相同。这种情况与上面对“彻底性”的论述中出现的情况一样，即我国学者肯定“彻底性”，而德、日学者则否定“彻底性”，原因并非观点的不同，而是因为对“彻底性”的理解不同罢了。这同时也回答了主张必要说的大塚仁与主张不要说的大谷实为什么会在观点的内容上相同的疑问。

第六章　有效性

我国刑法对中止犯的成立条件明确规定了必须具有有效性，即既遂结果没有发生。是否具备有效性不仅在很大程度上决定了中止犯的成立，而且有效性也是对中止犯作出减免处罚之规定的重要法律依据之一。因此，有效性问题是中止犯理论中的一个非常重要的问题。与我国刑法规定不同，在德、日刑法中尽管没有对中止犯成立的有效性条件作出规定，但是在理论上德、日的通说均认为，如果发生了既遂结果，就不能承认中止的成立。因此，学者们都非常重视对这一条件的研究。笔者认为，关于有效性的讨论主要集中在三个问题上，即有效性的地位问题、作为有效性之前提的既遂结果未发生的问题以及结果已发生能否成立中止犯的问题。

第一节　有效性之地位

一、德、日的相关讨论与评述

有效性的地位问题，即有效性是否是中止犯的成立条件的问题。德、日刑法理论的通说认为，只要发生了既遂结果就不能承认中止的成立。例如，团藤重光指出，“即使实施了中止行为，但如果犯罪达到既遂，就已经不是未遂罪，因此也不可能成立中止犯。”① 大塚仁也认为，“为了成立中止犯，必须有中止行为，而且

① ［日］团藤重光：《刑法纲要总论》，创文社1990年版，第365页。

必须防止了结果的发生。也有见解重视中止者的主观方面，认为只要认真地实施了中止行为，即使发生了结果，也成立中止犯，但是，因为现行刑法中是把中止犯规定为广义的未遂犯的一种形式，所以只要发生了结果时，不能成立中止犯。”① 如果持责任减少说的话，那么即使结果发生了，也应承认中止犯的成立。但是大多数学者却持相反的主张。例如，前田雅英认为，“如果彻底贯彻责任减少说，在发生了结果的场合也能够承认责任的减少，也应承认在此基础上的刑罚的减免。然而，刑法条文明确限定为‘未遂’，因而在已经既遂场合是无法承认中止犯的效果的。中止犯，不仅是责任的减少，还出于政策的考虑。在结果发生的场合，就没有给予‘褒奖’的政策意义。”②

但是，仍然有一部分学者主张，只要行为人真挚地实施了中止行为，即使结果发生了也成立中止犯。例如，牧野英一认为，刑法规定中止犯的精神，在于中止行为人的意志，即刑法重点考虑行为人的意志，而规定对中止犯减免处罚。因此，“即使中止行为由于障碍而没有奏效，也应以中止犯论处”。③ 香川达夫也立足于责任减少说，为了保持理论上的一致性，他认为在结果发生的场合也可以成立中止。④

之所以日本多数学者认为发生了结果就不成立中止，主要是基于日本刑法将中止犯规定为广义未遂的一种而得出的结论。不过，笔者认为，如果立足于责任减少说来考察中止者的内心，那么无论

① ［日］大塚仁著：《刑法概说（总论）》，冯军译，中国人民大学出版社 2003 年版，第 223 页。

② ［日］前田雅英：《刑法总论讲义》，东京大学出版社 1998 年版，第 170 页。

③ 转引自张明楷著：《未遂犯论》，法律出版社、成文堂联合出版 1996 年版，第 402 页。

④ ［日］香川达夫：《中止未遂的法的性格》，有斐阁 1963 年版，第 128 页。

结果是否发生，行为人的内心状态是完全一样的，因此基于两者的责任评价也不应有任何变化。像这样仅因结果的发生与否而在刑法上做不同处理，责任减少说难以从理论上进行说明。而“中止也是未遂的一种”的刑法规定则仅仅是形式上的根据，不具有说服力。另外，前田雅英认为只有在结果不发生的场合才应给予褒奖。但是，笔者认为，按前田雅英的这一观点，褒奖的有无就取决于结果的发生与否，而结果是属于违法性的领域，因而他的观点实际上就是承认了中止犯属于违法性的问题，这与他所持的责任减少的观点是不相吻合的。

二、我国的相关讨论与评述

在我国，关于“有效性”是否中止犯的成立条件问题。首先，从刑事立法这一形式的根据考察，结论是肯定的。例如，我国1979年刑法第21条第1款规定：“在犯罪过程中，自动中止犯罪或者自动有效地防止犯罪结果发生的，是犯罪中止。”现行刑法第24条第1款规定：“在犯罪过程中，自动放弃犯罪或者自动有效地防止犯罪结果发生的，是犯罪中止。”另外，从刑法理论这一实质的根据考察，基本上持肯定的态度。之所以得出这种结论，是因为“有效性”作为中止犯的成立条件没有得到彻底的肯定。在我国，有学者认为“有效性”是否为中止犯的成立条件，应因中止的类型的不同而不同。笔者将这种观点称为部分肯定说。例如，赵秉志教授认为，“所谓有效性，是指行为人必须采取作为的方式以防止犯罪结果的发生。”[①] 另外，高铭暄教授主编的《刑法学原理》（第二卷）也指出，“在已然的犯罪行为可能发生但尚未发生既遂的犯罪结果的情况下，行为人经过积极的努力，以其积极的行为阻

① 赵秉志：《海峡两岸犯罪中止形态比较研究》，载《法制与社会发展》1997年第5期。

止住了既遂结果的发生，自然是具备了‘有效性’而成立犯罪中止。”[①] 可见，上述学者的观点是有效性只能作为积极的中止这一类型的中止犯的成立条件。不过，这里的积极的中止并非仅指实行终了的中止，它还包括部分未实行终了的少数情况。但是，也有学者认为，有效性应作为中止犯的成立条件得到全面的贯彻。笔者将其称为全面肯定说。例如，马克昌教授主编的《犯罪通论》一书认为，“所谓犯罪中止的有效性，是指犯罪人彻底抛弃犯罪意图，停止犯罪行为，或者有效地防止了犯罪结果的发生。”张明楷教授则更加明确地指出，“不管是哪一种中止，都必须没有发生行为人原本所希望或者放任的、行为性质所决定的犯罪结果（侵害结果）。”[②] 笔者认为，我国学者之所以出现了上述不同的观点，是因为对“有效性”的理解不同，后一种观点是着眼于对既遂结果没有发生的客观事实的考察；而前一种观点认为消极的中止只需侧重于对“彻底性”的考察，即只需考察行为人放弃犯意的“彻底性”，就可实现“有效性”。但是，笔者认为，即使是消极的中止，也不能认为“彻底性”中蕴含“有效性”。因为彻底性强调的是中止行为人主观上放弃犯意的程度，而有效性则是强调既遂结果没有发生这样一个客观结果，两个条件反映的侧重点是不一样的。因此，后一种观点是可取的。即应将“有效性”单纯地理解为作为既遂的犯罪结果没有发生。笔者认为，如果这样界定有效性，上述持部分肯定说的学者也不会反对即使是消极的中止也必须符合这一条件。只不过消极的中止只需停止预备行为或实行行为，就可使既遂结果不发生，即具备有效性，而对于积极的中止的有效性，则要求行为人采取的积极措施避免了既遂结果的发生。可见，无论是积极的中止还是消极的中止，有效性都是不可或缺的条件，不同的是

① 高铭暄主编：《刑法学原理》（第二卷），中国人民大学出版社 1993 年版，第 339 页。

② 张明楷著：《刑法学》，法律出版社 2011 年版，第 345 页。

实现“有效性”的途径。如果按笔者前面在论述中止行为时的观点，所谓有效性，是指中止行为消灭了先前的行为所产生的既遂结果发生的危险性。那么，有效性也是所有中止犯的成立必须具备的条件。

由此可见，关于有效性的地位问题，尽管从表面上看，我国学者存在全面肯定说与部分肯定说之争，但是如果以没有发生既遂结果作为有效性的内容，他们的观点实际上是一致的。而上述德、日学者对有效性的考察均是立足于“既遂结果没有发生”，尽管通说认为中止犯的成立应具备有效性。但是，仍有少数学者认为，即使不具备有效性也不影响中止犯的成立。

第二节　有效性之前提——既遂结果未发生

对于因中止行为而使既遂结果未发生时承认中止犯的成立，学者们不存在争议。也就是在中止行为与既遂结果的未发生之间存在因果关系时，肯定中止的成立是没有问题的。但是，对于行为人实施了中止行为，并且事实上也未发生既遂结果，不过结果的未发生不是中止行为所致，而是由于中止行为以外的原因，即中止行为与结果的不发生之间没有因果关系时是否应该承认中止犯的成立，对此刑法理论上则存在肯定说与否定说之争。

肯定说认为，只要行为人实施了中止行为，结果也没有发生，即使中止行为与结果不发生之间没有因果关系，也成立中止犯。如德国学者耶塞克指出，“如结果非因行为人的中止而未发生的，例如，行为人不知道其行为属于不能犯未遂，或者由于第三者的独立介入而使结果未发生，只要行为人主动且真诚努力避免结果发生的，即可认定中止。”[①] 他同时对所谓“真诚的努力”在程度上提

① ［德］汉斯·海因里希·耶赛克著：《德国刑法教科书（总论）》，徐久生译，中国法制出版社 2001 年版，第 655 页。

出了严格的要求。日本学者团藤重光指出，没有必要要求真挚的中止行为与结果的不发生之间具有因果关系，只要行为人实施了真挚的中止行为，即使是由于其他原因防止了结果发生，或者结果本来就不可能发生，也应认定为中止。① 否定说认为，只有当中止行为与结果的不发生之间具有因果关系时，才能认定成立中止犯，如果行为人的行为从一开始就不可能发生结果，或者结果的不发生是由于他人的防止行为所致时，则不成立中止犯。例如，大谷实指出，对现行法规定的“基于自己的意思”而中止犯罪，应理解为“只有当结果不发生与中止行为之间具有相当因果关系时才成立中止犯。”②

比较上述两种观点，可以发现学者们对于中止行为与结果不发生之间因果关系的讨论包含了两个内容：其一，结果本来就不可能发生。其二，结果因其他因素的利用而不发生。

一、结果本来就不可能发生

行为人实施了真挚的中止行为，但是结果本来就不可能发生，此时能否成立中止犯？这就是德、日学者称之为不能未遂的中止问题。

（一）德国的学说及判例的情况

在德国，曾经出现过完全对立的观点。

1. 学说的情况

科尔劳施（Kohlrausch）与朗格（Lange）认为，与“危险的意思”作为未遂的处罚奠定基础相应，在中止中也必须考虑“好

---

① 转引自张明楷著：《未遂犯论》，法律出版社、成文堂联合出版 1996 年版，第 405 页。

② 转引自张明楷著：《未遂犯论》，法律出版社、成文堂联合出版 1996 年版，第 404 页。

的意思”。[①] 他们从主观的角度承认不能未遂的中止。而罗伯特·冯·海波尔（Robert von Hippel）则是从客观的角度承认不能未遂的中止。他认为，“不能未遂一般是危险的，因而只要其可罚就有不处罚的中止的可能。而对作为不处罚的前提，重要的仅是中止时的状况。这是因为只有这种状况才能决定行为人的行为。由此，在行为人实施中止行为时如果其仍然认为行为在客观上适于引起结果的发生时，通过任意地中断或阻止性的介入，去除该行为的这种属性（即客观上适于引起结果的发生的这种性质）就是充分的。”[②] 在海波尔看来，行为人通过中止行为去除了作为未遂的可罚性基础的（客观上引起结果的可能性），所以应承认中止。此外，还有立足于刑事政策的考虑的见解。有学者提出如果否定不能未遂的中止的话，从一开始就没有侵害法益的可能性的未遂与具有这种可能性的未遂相比，作为当罚性更高的未遂反而在中止成立的可能性上得到了有利的对待，这在刑事政策上是存在问题的。为了避免上述问题，霍斯特·施罗德通过类推适用旧刑法第 49 条 a 第 4 项的规定来肯定不能未遂的中止。在该条第 1、2 项中，对于以失败告终的教唆及帮助（教唆者、帮助者虽对正犯进行了教唆、帮助但正犯没有实行）也进行处罚，而第 4 项则规定，共犯者不知道其失败，任意且真挚地为阻止正犯的实行而努力时，即使正犯没有实行不是由于共犯者的中止行为所致，也承认中止犯的成立。他认为这一规定也可以类推适用于不能未遂的中止的情况，以教唆为例，只要教唆者的教唆失败的话，那么正犯就没有实施实行行为的可能性。在不能未遂的场合也没有结果发生的可能性。尽管如此，如果对前者，以教唆者任意且真挚地为阻止正犯的实行而努力为条件而承认

① ［德］Kohlrausch / Lange, Strafgesetzbuch, 43. Aufl.. 1961, S. 157.

② ［德］Robert von Hippel, Deutsches Strafrecht, Bd. II, 1930, S. 413f.

中止犯的话，那么在后者的场合也应当以同样的条件承认中止。①与此相对，也有学者以中止行为与结果不发生之间没有因果关系为理由否定不能未遂的中止。例如，马克斯·恩格特·迈尔认为，“‘自己的行为’与结果回避之间不能欠缺因果关系。如果结果的不发生是由于与中止无关的事情所导致的话，那么，如果不处罚就是行为人所骗取的”。② 阿尔菲尔德也认为，“结果必须实际上是由行为人所避免的。在无论如何都不会发生结果的场合，单纯的努力是不足够的”。③“因此，结果的不发生与避免之间必须存在因果关系。所以不能认为在不能未遂的场合有中止。”④ 另外，由于当时在德国“黄金桥”理论占支配地位，因而学者们认为，中止犯的规定是以促使行为人中止犯罪，从而保护法益为目的。因而对于从一开始就确定不会发生结果的不能未遂，没有承认中止的意义。

2. 判例的情况

与上述学说的对立相应，判例上的意见也不一致。其中最著名的是1958 年4 月29 日关于鲁米那（一种安眠药）事件的判决。案情如下：被告人甲，女，以一起死亡为目的，让自己的幼儿服用了两锭又 1/4 的鲁米那，自己也服用了五锭又 3/4。地方法院根据给予小孩的药量，考虑到他的年龄认定并不足以引起死亡，但甲则相信药量能够致死。早晨，因呕吐而苏醒的甲注意到小孩仍然活着。在甲的母亲因甲呕吐而加以询问时，甲将事情真相告诉了母亲并请求其呼救医生。此后，医生将甲与小孩送往医院，通过治疗保全了

---

① ［德］H. Schröder, Horst, Grundprobleme des Rücktritt vom Versuch, Jue 1962, S. 82. I. Sp.

② ［德］M · E · Mayer, Der Allgemeine Teil des Deutschen Strafrechts, 2. Aufi. , 1923, S. 373.

③ ［德］ Mayer/Allfdld, Lehrbuch des Deutschen Strafrechts, 9. Aufl. , 1934, S. 202.

④ ［德］ Mayer/Allfdld, Lehrbuch des Deutschen Strafrechts, 9. Aufl. , 1934, S. 202f. ,Anm. 53. .

生命。[①] 本案是关于量的不能的中止的案件。地方法院对此作出了否定中止犯的判决，并追究被告人故意杀人未遂的责任。但是后来联邦法院 BGH 否定了该判决，其判决的具体内容如下：[②]“根据这种见解（地方法院否定不能未遂的中止），对于实施了确实会产生法所禁止的结果的行为而未遂的行为人，即显著妨害了法秩序使刑罚规范保护的法益遭受重大的危险的行为人，如果满足了刑法第 46 条第 2 款（终了未遂的中止的规定——译者注）的要件，那么与着手就没有产生结果的可能性的行为人相比，会明显处于有利的地位。前者会作为中止犯而不处罚，相反后者并不会使刑法所保护的法益遭受重大的危险，但是却仅仅以给法秩序带来危险为理由而加以处罚。这是不合理的。在本案中，如果被告人给孩子服用的鲁米那超过两锭又 1/4 的量，并足以致死，那么如果行为人基于本人的意愿求救于医生而成功挽救了小孩的生命，行为人就很可能会根据刑法第 46 条第 2 款而不予处罚。然而，仅仅以被告人提供给小孩的药量不足为理由对其上述同样的行为拒绝赋予不处罚的效果，是有悖于正义的。”[③] 与刑法第 46 条第 2 款要求行为人自己阻止结果的发生相对，BGH 的判例认为，不能仅从法律的文字上，而应当从未遂可罚的内在根据来解决问题。在对刑法第 46 条第 2 款进行解释时，应该从行为人的认识与真挚的避免结果的努力出发，而不应从法律的文字上加以简单的推导。刑法第 46 条第 2 款中结果的概念只有按上述方法解释，才能如刑法第 49 条 a 第 4 项所规定的那样，与法的新发展相适应。根据该条的规定，如果正犯没有实行不是由于中止的共犯者的行为，或者正犯的行为是在与共犯者的行为无关的情况下实施的，那么共犯者只要任意地为阻止实行意图

① ［德］BGHSt，11，S. 324ff.

② ［德］BGHSt，11，S. 324ff.

③ ［德］BGHSt，11，S. 325f.

的犯罪付出真挚的努力，就能够成立中止。[1]

可见，BGH 的根据与前述学者们的观点基本相同，即承认不能未遂的中止。但 BGH 的肯定意见还有一个背景是需要说明的，即在该判决发生的前两年，判例对于中止犯不处罚的根据由"黄金桥"架设说变更为刑罚目的说。因此，基于刑罚目的说，即使对不能未遂，只要行为人是在对"不能"没有认识的情况下中止的，就没有科处刑罚的必要，因而可以承认中止犯的成立。

不过，德国的现行刑法典第 24 条第 1 款规定："如果该行为没有中止犯的努力也不能完成的，只要行为人主动努力阻止该行为的完成，就不处罚。"这一规定从立法上根本地解决了上述问题，即承认不能未遂的中止。

（二）日本的学说评析

日本的学说与判例曾经对不能未遂的中止问题持否定态度。但是，现在的通说则持肯定的态度。

从对中止犯减免处罚的政策根据来考察，在日本持黄金桥架设说、褒赏说的学者得出的是否定的结论，而采取刑罚目的说的则持肯定的结论。特殊预防说认为，对中止犯的减免处罚的根据在于行为人欠缺将犯罪贯彻到底的意思，在不能未遂的情况下，只要行为人是在不知道犯罪不能既遂这一点的情况下而中止的，就可以承认这种意思的欠缺。而一般预防说则认为，即使是不能未遂，只要通过中止行为使被之前的行为搅乱的法秩序得到恢复，那么就能为法所认可，因而允许对行为人作出减免处罚。因为现在越来越多的学者在中止犯减免处罚的政策根据问题上采取的是刑罚目的说。

此外，从对中止犯减免处罚的理论根据来考察，如果将中止犯理解为属于责任减少的问题，那么是可以承认不能未遂的中止的。因为无论未遂是能或不能，从中止者的内心来看都是一样的，因而对它的责任评价也应没有任何区别。例如，前田雅英指出，根据责

---

① ［德］BGHSt，11，S. 327f.

任减少说，即使该中止行为与结果的不发生之间没有因果关系，也可以评价行为人的责任减少了。[①] 再如，曾根威彦也指出，尽管作出了积极的努力，但实际上从一开始结果就不可能发生的场合，即使行为人的中止行为与结果的不发生之间没有因果关系，但是从行为人积极的努力使责任减少来看，应肯定中止犯的成立。[②] 基于责任说的立场，如果将中止理解为属于违法性领域的问题，那么就会否定不能未遂的中止的成立。理由是中止行为与结果的不发生之间欠缺因果关系。不过，持违法性说也并不必然会导致否定的观点。例如，平野龙一较早的时候就已经从理论上指出，即使将中止作为违法性的领域的问题，也能够承认不能未遂的中止。他认为，在不能未遂的场合虽说没有结果发生的可能性，这只是客观事实上没有可能性，但是从一般人的角度看，仍然具有可能性（没有的话，就欠缺作为未遂处罚根据之一的法益侵害的危险性而不成为处罚的对象），只要被告人消灭了这一危险，即使只作为现行法的解释论也可以承认是中止行为。[③] 从理论的现状看，多数学者肯定不能未遂的中止。

不过，日本也试图通过立法来解决不能未遂的中止问题，如1974年日本刑法改正草案第24条第2款规定：“行为人作出了足以防止结果发生的努力时，即使由于其他情况使得结果没有发生，也与前款同”。这一规定说明，即使中止行为与结果的不发生之间没有因果关系时，也成立中止犯。但是对这一规定不同的学者作出了不同的解释。持肯定说的学者将刑法改正草案的规定作为自己的重要论据；而持否定说的学者则认为，正因为现行刑法要求中止行为与结果不发生之间具有因果关系，而这样要求可能存在不均衡之

① 参见［日］前田雅英：《刑法总论讲义》，成文堂1998年版，第169页。

② 参见［日］曾根威彦：《刑法总论》，弘文堂1993年版，第243页。

③ ［日］平野龙一：《刑法总论II》，有斐阁1975年版，第337页。

处，因而刑法改正草案才特别增设这一规定。故现行刑法仍然要求中止行为与结果不发生之间具有因果关系。[①]

笔者认为，对不能未遂中止问题的处理，尽管德、日都是试图通过立法来解决，但是从效果上看，日本不及德国理想。从规定的内容上看，日本比较重视对法益侵害危险性的考察，而德国则比较注重对行为人是否付出了真挚努力。但是对于不能未遂的中止而言，注重对行为人努力的真挚性的考察是合理的。

（三）我国学者观点的介评与笔者的观点

上述不能未遂的中止的问题，在我国被作为不能犯与中止犯的竞合或者中止犯与未遂犯的问题对待。所谓中止犯与不能犯的竞合，是指行为人出于某种犯罪的故意，着手实行犯罪行为，但是由于行为人对事实的认识错误（主要是手段错误或工具错误），其行为根本不可能发生预期的危害结果。然而，行为人基于自己的意志，主动放弃了继续实施犯罪，或者积极采取有效措施去防止危害结果的发生。[②] 对于这种情况的处理，理论上存在以下三种观点：[③]

第一种观点，笔者将它概括为中止的全部否定说。该观点认为，在上述情况下，不论犯罪行为是否实行终了，也不论犯罪人是否自动停止犯罪行为，以及为防止危害结果的发生做了何种努力，只要犯罪手段和犯罪工具在客观上无法完成犯罪行为，或无法产生预期的危害结果，都应当以不能犯的未遂论处。因为这种认识错误本身就是导致犯罪没有得逞的意外原因。

第二种观点，笔者将它概括为中止的全部肯定说。该说认为，上述情况犯罪人主观上自动放弃了犯罪意图，客观上停止了继续实

① 参见自张明楷著：《未遂犯论》，法律出版社、成文堂联合出版 1996 年版，第 406 页。

② 马克昌主编：《犯罪通论》，武汉大学出版社 1999 年版，第 484 页。

③ 参见马克昌主编：《犯罪通论》，武汉大学出版社 1999 年版，第485～487 页。

施犯罪，并且最后事实上没有发生预期的结果，因此完全符合中止犯的特征。

第三种观点，笔者将它概括为中止的部分肯定说。该观点认为，究竟应以何种形态认定，应根据行为的具体发展进程决定。具体而言可以分为以下两种情况：一是在犯罪行为尚未实行终了的情况下，应当以中止犯论处。这是因为在犯罪人着手实行犯罪以后、犯罪行为尚未实行完毕之前，只要行为人主观上放弃犯罪意图，客观上消极停止犯罪的继续实行，就可以成立中止。至于犯罪行为本身是否会发生犯罪结果，并不影响中止犯的成立。因此，在这种情况下，关键是行为人以为能够将犯罪行为实行到底而自动停止继续实施，至于这种认识是否符合案件发展的客观进程，行为人所采取的犯罪手段和犯罪工具最终能否导致预期的危害结果，以及其犯罪目的事实上能否实现，完全可以不问。二是在犯罪行为已经实行终了的情况下，应当以不能犯的未遂论处。这是因为根据我国刑法对中止犯的有关规定，如果犯罪人已将犯罪行为实行完毕，但在预期危害结果尚未发生之前，必须采取积极措施，有效地防止了危害结果的发生，才能以中止犯论处。而这里的有效性是以犯罪人主观上认识到结果发生的可能性和犯罪行为客观上具有发生危害结果的实际可能性为前提的。而且，预期危害结果没有发生，必须与行为人所采取的预防措施之间具有直接的因果关系。否则就不具备中止犯成立的有效性条件的要求。而这里危害结果的不发生并非行为人积极的防止结果发生行为所致，因此不能以中止犯论处。并认为行为人为防止结果发生所做的努力，在量刑时应当作为酌定的从轻情节加以考虑。

中止的部分肯定说还有一种观点认为，对于绝对不可能达到既遂的，在实施行为尚未终了的情况下，自动放弃犯罪意图，中止犯罪行为的，应当以犯罪中止认定；在实行终了的情况下，构成犯罪未遂。对于相对不可能达到既遂的，无论其实行行为是否终了，自动放弃犯罪意图，中止行为的，应当以犯罪中止认定。①

首先，笔者不同意上述全部否定说以及第一种部分肯定说。如果按上述观点处理，就会出现不均衡的情况，从而影响刑法的公平与公正价值的实现。例如，行为人以杀人的故意在投放不足以致死量的毒药后，在自己没有认识到他人死亡结果是不可能发生的情况下，基于己意努力将被害人送往医院进行救助，按通说的观点应该被认定为未遂。但是，如果行为人基于杀意在投放了足以致死量后基于自己的积极救助避免了被害人死亡结果发生的，反而可以认定成立中止。对于前者只能在量刑时酌情考虑从轻处罚，而后者则极有可能最终不处罚。可见，这样处理是显失公平的。

其次，第二种部分肯定说的提出，很明显是为了弥补第一种部分肯定说的缺陷。论者提出的绝对不可能达到既遂与相对不可能达到既遂的概念，是为了解决上述不均衡的问题。从这一点上看是应该肯定的。但是，笔者仍不明白为什么对于绝对不可能达到既遂的，在实施终了的情况下，只能成立未遂。也就是说，在绝对不可能达到既遂的情况下，行为人如果采取积极措施防止结果发生时，就不能成立中止，而只能成立未遂。那么，对于行为人企图毒杀他人，却误将白糖当成砒霜给被害人服用，在不知道给被害人吃的是白糖的情况下，基于悔悟，将被害人送去医院救助，按论者的观点只能成立未遂。但是笔者认为，这一结论仍然显失公平。因为如果行为人给被害人服用的是砒霜，但是行为人基于悔悟将被害人送到医院救助，防止了被害人死亡结果的发生，反而可以成立中止。而上述情况只能成立未遂。

因此，笔者主张全部肯定说，理由如下：按通说的观点，不能犯尽管没有引起结果的发生，但它是具有危险性的，这里的危险性是一种行为的危险性，即根据抽象的危险说判断出的危险。也就是

---

① 李兰英、林亚刚：《犯罪中止形态若干争议问题的再探讨》，载《法律科学》2002 年第 5 期。

说，上述情况尽管不存在客观现实的危险，但在一般人看来，仍然是具有结果发生的可能性的，根据笔者在论述中止犯减免处罚的法律根据时所采用的观点即从主客观两个方面反映出社会危害性的减少。从主观上看，行为人为阻止结果的发生付出了真挚的努力。从客观上看，尽管在不能犯的场合没有产生纯客观的结果发生的可能性，但产生了一般人认为的既遂结果发生的危险性，只要行为人的中止行为能够消灭上述危险性，就能够说明社会危害性的减少。因此，就应该承认中止犯的成立。另外，从政策依据上看，笔者的观点是刑法本身的谦抑性，基于谦抑性的立场也能承认中止犯的成立。因为根据这一观点中止犯是以社会危害性的减少为理由，从谦抑性原则考虑而确立对中止犯减免处罚的。

二、利用其他因素阻止了结果发生

（一）德、日的相关研究

中止行为原则上要求必须是行为人亲自实施。但不以行为人单独实施为必要，行为人可以借助包括被害人在内的第三者。对此，学者们基本上没有不同意见。但允许在多大程度上借助第三者的力量?

对此，德国学者有不同意见，而日本的判例与通说的观点则基本一致。[①] 1937 年 6 月 25 日大审院的判例明确指出不要求行为人独立地防止结果的发生，但是提出了“行为人至少应付出与自己独立防止结果发生同等程度的努力”的要求。[②] 这就是中止犯的所谓“真挚的努力”的问题。那么，在什么样的情况下能够认为行为人付出了与自己独立防止结果发生同等程度的努力，则并不是很明确。德、日学者一般会根据以下不同情况分别加以讨论。

---

① ［日］木村静子：《中止犯》，载日本刑法学会编：《刑法讲座》（第 4 卷），有斐阁 1963 年版，第 29 页。

② ［日］《大审院刑集》第 16 卷，第 998 页。

第一，中止者利用了第三者帮助性的行为。例如，行为人基于杀意重伤被害人，然而被害人身高体重，行为人无法将其送往医院，于是叫来自己的哥哥帮忙一同将其送到医院抢救，从而避免了被害人死亡结果的发生。这里，行为人为了挽救被害人的生命，让其哥哥帮助的行为就属于利用了第三者帮助性的行为。对此，学者们认为，犹如正犯实施正犯行为时，即使利用了帮助者也不能否定其正犯性一样。因此，行为人的中止行为即使利用第三者帮助性的行为，也不应否定其中止行为的性质。

第二，中止者与第三者一起实施类似共同正犯式的中止行为的场合。例如，行为人对他人房屋放火，此后为了灭火而与第三者协力，共同将火扑灭的就是如此。学者们认为，在共同正犯中，即使没有实施全部的实行行为，但只要亲自实施一部分实行行为就应肯定其正犯性。同样，就中止者与第三者共同实施防止结果发生的行为而言，即使中止者只实施了防止结果发生的一部分行为，也应当承认其行为是中止行为。例如，德国学者拉克纳（Lackner）就认为，为了阻止结果"行为人与第三者协力的场合，行为人必须如同正犯（共同正犯、间接正犯）那样支配全部事实。仅仅是帮助尚不足够"。[①] 奥托也认为，"行为人与第三者协力的场合，结果的阻止必须如同正犯、共同正犯或间接正犯那样能够归责于他"。[②] 不过，比照共同正犯处理也存在例外的情况，即类似继承的共同正犯那样的中止。例如，行为人在实施灭火行为之前，已经有第三者在实施灭火行为，行为人只是加入其中的情况。对此，应否定行为是基于"真挚的努力"，行为人的灭火行为不是中止行为。因为引起既遂结果发生危险的是行为人，因此其消灭这一危险也必须因其

① ［德］Lackner/Massen, Strafgesetzbuch, 21. Aufl.. 1995, S. 169, Rn. 19 b.

② ［德］Otto, Grundkurs Strafrecht, Allgemeine Strafrechtslehre, 4. Aufl., 1992, S. 249.

而起。

第三，中止者对第三者实施了类似于教唆的中止行为的场合。例如，行为人对某座建筑物安装了定时炸弹，此后基于后悔而驾车返回现场意图取出炸弹，但因塞车无法在炸弹爆炸之前到达，为了阻止爆炸发生，行为人于是打电话给警察请其排除炸弹。这种情况与上述第一种、第二种情况不同，即行为人并没有直接参与防止结果发生的行为。

对于上述情况能否肯定是中止行为，在德国存在肯定说与限制肯定说两种主张。例如，李斯特主张肯定说认为，“即使在第三者实施决定性的协力的场合，只要是由行为人的努力所引起的就可以视为‘他自己的活动’。例如，行为人为了给被毒杀者解毒而呼叫医生的场合就是如此”。[①] 此外，霍斯特·施罗德也认为，“法律虽然要求行为人自己的活动，但并没有说他要独立实施行为，只是要求结果的避免能够归功于本人的努力。只要满足了这一前提即使是第三者的行为也足够”。[②] 不过，也有学者持限制肯定说，如韦塞尔斯（Wessels）认为，“在借助于他人的场合，阻止所为的完成，至少要作为‘行为人的功业’归责于他”。[③] 此外，日本的判例、通说也要求“行为人至少应付出与自己独立防止结果发生同等程度的努力”。

（二）我国学者观点的介评与笔者的观点

关于既遂结果因其他因素的利用而不发生的问题，即行为人阻止既遂结果发生的行为与结果的未发生之间不存在因果关系时，是否应肯定中止犯的成立，我国学者中也存在肯定说与否定说的对

① ［德］v. Lisit/Schmidt, Lehrbuch des deutschen Strafrechts, 26. Aufl., 1932, S. 317f.

② ［德］H. Schröder, Horst, Grundprobleme des Rücktritt vom Versuch, Jue 1962, S. 305, Rn. 31.

③ ［德］Wessels, Strafrecht, Allgemeiner Teil, 24. Aufl., 1994, S. 199.

立。例如，有学者认为，行为人虽然采取了防止既遂的犯罪结果发生的积极措施，但是实际上该犯罪结果未发生是由于其他原因所致，则不能认定为犯罪中止，而应认定为犯罪既遂或者犯罪未遂。但对行为人防止犯罪结果发生所做的努力可以作为从宽情节在量刑时予以考虑。[①] 也有学者认为，对于这里的因果关系，不能机械地理解为行为人完全依靠自己的力量避免了危害结果的发生。事实上，除了非暴力性犯罪以外，在大多数暴力性犯罪案件中，凭犯罪者一人之力，往往很难防止犯罪结果的发生，因而常常需要他人的协助。在这种情况下，只要犯罪人真心实意地想放弃犯罪，并且确实为犯罪结果的发生采取了力所能及的措施，即使有他人的帮助，也不影响其犯罪中止的有效性。例如，在故意杀人案件中，在将被害人造成重伤之后，唯有医生才能挽回其垂危的生命。此时，只要犯罪人能够及时将被害人送往医院抢救，即使被害人转危为安是由于医生的治疗，也无碍于行为人犯罪中止的有效性。[②] 还有学者直接指出，对于上述情况，刑法应该对其予以与中止犯等同的评价，而论之以准中止犯。[③] 因此，我国学者中要求将准中止立法化的呼声越来越高。

笔者不能同意上述否定说的观点。首先，既然既遂结果没有发生，那么认定成立既遂是没有道理的。但是，如果仅仅因既遂结果的未发生是行为人利用其他因素所致，而无视行为人为防止既遂结果发生所做积极真挚的努力，将其与未遂同等对待是不合理的。因为尽管从客观上考察，未遂与中止都表现为既遂结果没有发生，但是两者在主观上存在实质的差别，未遂犯主观上是希望与追求既遂

① 高铭暄、马克昌主编：《刑法学》（上编），中国法制出版社 1999 年版，第 283 页。

② 马克昌主编：《犯罪通论》，武汉大学出版社 1999 年版，第 474 页。

③ 赵秉志主编：《犯罪总论问题探索》，法律出版社 2003 年版，第 473 页。

结果发生的，只不过因为行为人意志以外的原因导致结果没有发生。而中止犯主观上则是反对和排斥既遂结果发生的，这可以从行为人阻止结果发生的行为中体现出来。因此，同样是未发生结果，未遂与中止的主观心态并不一样。对于上述因其他因素介入而导致既遂结果未发生的情况，如果能够肯定行为人付出了与自己独立防止结果发生同等程度的努力，就应认为符合中止犯的成立条件。

另外，对上述不能犯与中止的竞合问题，如果认为只要行为人实施了真挚的中止行为，即使结果本来就不可能发生，也应肯定中止犯的成立的话，那么就同样应该肯定上述情况的中止犯的成立。因为从行为人的角度考察，行为人均实施了真挚的中止行为，不同的是前者既遂结果未发生，是因为原本就不可能发生，而后者则是介入因素所致。笔者认为，这两种情况基本相似。从因果关系上看，后一种情况甚至较前一种情况更具认定中止成立的可能性。因为前者是可以完全否定因果关系的，而后者在多数情况下并不能完全否定因果关系。例如，行为人利用第三人的协助共同灭火的情况。因此，如果肯定前者中止犯的成立，就没有理由否定后者。

笔者认为，因其他因素介入而导致结果未发生的情况，真正应该讨论的问题是如何判断行为人是否付出了与自己独立防止结果发生同等程度的努力，而不是关注因果关系的有无。对此，上述德、日学者解决这一问题的思路和结论，笔者认为是可以借鉴和肯定的。对于前两种情况的分析以及结论，笔者完全赞同。但是对于第三种情况，即中止者对第三者实施了类似于教唆的中止行为情况下的中止问题，笔者认为可以进一步展开讨论。

在行为人对第三者实施了类似于教唆的中止行为的情况下，要肯定中止的成立，笔者认为应满足以下两个条件：第一，只能是在第三者实施比行为人自己亲自实施对消除既遂结果发生的危险具有更高可能性的情况下，即必须是第三者与行为人在对危险消灭的影响力上存在质的差异。例如，双方出于普通人与专家的关系，或者行为人离犯罪现场较远，而第三者就在现场附近能够立即实施中止行为等。第二，在被委托的第三者要求行为人协助时，行为人必须响应。例如，在第三者是专家时，在根据专业的判断需要行为人协助时自然会提出要求，这时行为人必须积极响应。如果判断认为没有行为人协助的必要时，行为人也不得随意地实施行为。根据上述观点分析前述的设例，首先，由于行为人除了委托第三人之外没有其他能够消灭危险的方法，所以满足了第一个要件。如果警察提出了协助的要求。例如，要求提供炸弹正确的位置、拆除的方法等信息，行为人真诚地响应了，而且既遂结果没有发生，就应认为是中止。因此，只要满足了上述两个要件，即使行为人将中止行为委托给第三者实施，也应被视为中止。

笔者之所以认为满足上述两个条件就可以肯定中止的成立，其理由在于：如果考虑到刑法的主要任务是法益保护的话，在让第三者实施比行为人亲自实施对消除既遂结果发生的危险具有更高可能性的场合，即第三者实施避免结果发生的可能性更高的情况下，如果一味地强调行为人必须亲自实施，就有违刑法法益保护这一任务。因此，上述设例应肯定中止犯的成立。此外，从对中止犯减免处罚的根据来考察这一问题，也能出现相同的结论。因为行为人在没有其他选择，而第三者实施避免结果发生的可能性更高的情况下，行为人对第三者实施了类似于教唆的中止行为的场合，可以说明行为的社会危害性的减少；另外，根据之前笔者主张的谦抑说，也是可以肯定的。

第三节　与有效性相关的特殊问题

一、准中止犯问题

（一）准中止犯的概念与特征

1. 准中止犯的概念

关于准中止犯的概念，学者们的表述各不相同。台湾地区学者林山田认为，“惟在例外情况下，行为人对于防止结果的发生已有真挚的努力，只是因为被害人自己或第三人的行为，先于行为人的中止行为，有效地阻止结果的发生，或因行为在本质上自始即不可能发生犯罪结果的不能未遂，而使结果的不发生与行为人的中止行为之间不具有因果关系，对于这种特殊的情况，自宜另当别论，学说上针对这个问题乃提出准中止犯的概念，以资解决。”① 目前，我国大陆学者对准中止犯的概念问题并未做深入研究，从现有不同论者对准中止犯的表述看，观点各不相同。例如，有论者表述为：“行为人自动中止犯罪行为，并作出了足以防止犯罪达到既遂的真诚努力，但犯罪未能达到既遂并非由于行为人的努力，或者行为人的行为从性质上根本不可能达到既遂，但行为人并不知情，而作出了足以防止其主观认定的犯罪达到既遂的真诚努力时，刑法对其予以与中止犯等同的评价，而论之以准中止犯。”② 也有论者认为，“所谓准中止犯，是指行为人自动中止犯罪行为，并作出了足以防止犯罪达到既遂的真挚努力，只是犯罪未达到既遂是由于其他因素所致而与行为人的中止行为不具有因果关系，对此予以与中止犯同等评价的制度。”③ 还有论者将准中止犯界定为：“在犯罪行为实行终了之后犯罪结果发生之前，行为人自动实施了阻止犯罪结果发生的行为，但是犯罪结果没有发生并非由行为人行为而是由于行为人意志以外的原因所致的犯罪未完成形态。”④

笔者认为，上述对准中止犯概念的表述均存在一定的问题。准中止犯应该包括以下三种情况：一是犯罪结果的未发生是由于被害

---

① 林山田：《刑法通论》（上册），台湾大学法律系 2002 年增订八版，第 436 页。

② 赵秉志主编：《犯罪总论问题探索》，法律出版社 2003 年版，第 473 页。

③ 张平著：《中止犯论》，中国方正出版社 2005 年版，第 230 页。

④ 袁彬：《犯罪中止研究》，中国政法大学 2003 年硕士学位论文。

人或第三人的行为所致；二是行为人的行为本身自始就不能发生犯罪结果；三是犯罪结果的未发生是由于自然事实所致。例如，行为人基于放火的故意，点燃媒介物而目的物尚未独立燃烧时，因悔悟而决定中止犯罪，于是赶紧去取灭火器试图将火扑灭，但在行为人拿灭火器刚喷出一点时，突然一场暴雨及时把火扑灭了。本来没有这场暴雨，行为人用灭火器也可将火扑灭。但是，林山田先生的概括很明显仅包含前两种情况，但是如果前两种情况都可成立中止，将第三种情况排除是没有理由的。而对于大陆论者的第一种观点，笔者认为存在两个问题，其一，没有明确准中止只能存在于积极的中止类型中，即行为人的中止行为表现为积极的防止既遂结果发生的行为。其二，没有包括上述第三种情况。第三种观点也存在两个问题。一是由于我国刑法理论通说认为，实行未终了阶段，中止行为有时也要求是积极的作为。因此，以实行终了之后犯罪结果发生之前来概括准中止的时空性，容易形成误解。二是将其他的介入因素概括为"由于行为人意志以外的原因"，这是不准确的。实际上对于具体介入因素，在很多情况下，行为人主观上是有认识的，而并非都是行为人意志以外的原因。相比较而言，第二种观点较为准确，但是也存在不足。首先，同样是没有明确准中止只能存在于积极的中止类型中。其次，将准中止犯的表述最终归结为是一种制度，笔者认为并不合适。准中止犯可以在两个意义上使用，一是指准中止犯；二是指犯罪停止状态。

鉴于以上分析，笔者认为台湾地区修改后的"刑法"第27条对准中止的界定是准确的。即结果之不发生，非防止行为所致，而行为人已尽力为防止行为者。因此，我们不妨参照这一规定，结合大陆刑法理论的具体情况，将准中止犯表述为：既遂结果未发生，并非因防止行为所致，但因行为人作出了足以防止既遂结果发生的真挚努力，可予以与中止犯同等评价的情况。

2．准中止犯的特征

准中止犯与中止犯既有联系也有区别，主要反映在特征上，两者既具有一些共同的特征，也有各自能够反映其差别的本质特征。而根据上述笔者对准中止犯概念的界定，作为准中止犯，它应该具有以下特征：（1）只能存在于积极中止的类型中，即行为人的中止行为表现为积极的防止既遂结果发生的行为。（2）中止行为在主观上应具有自动性。这方面与中止犯的要求相同。（3）中止行为必须具有真挚性。例如，明明自己可以去买解毒药，由于觉得路远而指使他人去买，尽管同样阻止了被害人死亡结果的发生。但是，笔者认为，这种情况下不能成立中止。（4）中止行为基于一般人的判断，在没有介入因素的情况下理应可以避免既遂结果的发生。（5）既遂结果未发生并非行为人的防止行为所致。

（二）准中止犯立法之必要性探讨

1. 准中止犯的立法例

在一些国家和地区，准中止犯的概念不仅得到了刑法理论上的认可，而且还通过立法在刑法中得以确认。例如，《德国刑法典》第24条规定："（1）行为人自愿地使行为不再继续进行，或主动阻止行为的完成的，不因犯罪未遂而处罚。如果该行为没有中止犯的努力也不能完成的，只要行为人主动努力阻止该行为的完成，即应不予刑罚。（2）数人共同实施同一行为的，其中主动阻止行为完成的，不因犯罪未遂而处罚。如果该行为没有中止犯的努力也不能完成的，或该行为没有中止犯停止以前的行为也会实施的，只要行为人主动努力阻止该犯罪完成的，即应不予刑罚。"[①]《奥地利联邦共和国刑法典》第16条第2项规定："应受刑罚处罚的行为的实施或结果不是因为行为人的行为而未发生，但行为人主动且真挚努力阻止行为的实施或避免行为结果的发生，不处罚。"[②] 日本

① 徐久生、庄敬华译：《德国刑法典》（2002年修订），中国方正出版社2004年版，第11页。

② 徐久生译：《奥地利联邦共和国刑法典》，中国方正出版社2004年版，第6页。

1974 年改正刑法草案第 24 条第 2 款规定："行为人作出了足以防止结果发生的努力时，即使由于其他情况使得结果没有发生的，也与前项同样处理。"①

我国澳门地区的刑法典第 23 条第 2 款规定："防止犯罪既遂或防止结果发生之事实虽与犯罪中止人之行为无关，但犯罪中止人曾认真作出努力防止犯罪既遂或防止结果发生者，犯罪未遂不予处罚。"② 而修改后的我国台湾地区"刑法"于 2006 年 7 月 1 日起施行，其第 27 条规定："已着手于犯罪行为之实行，而因己意中止或防止其结果之发生者，减轻或免除其刑。结果之不发生，非防止行为所致，而行为人已尽力为防止行为者，亦同。前项规定，于正犯或共犯中之一人或数人，因己意防止犯罪结果之发生，或结果之不发生，非防止行为所致，而行为人已尽力为防止行为者，亦适用之。"对于本条第 1 款后半段增设准中止犯的规定，使之也能减轻或免除其刑，是参考了上述德国刑法典的立法例。之所以对中止犯规定的条文进行修正，其理由是："为鼓励犯罪人于结果发生之前尽早改过迁善，中止犯之条件允宜放宽。"③

笔者认为，在上述立法例中较早且较全面地规定准中止犯的是《德国刑法典》。尽管台湾地区"刑法"的修改效仿了德国的立法例，但是，较之德国刑法典的相关规定，台湾地区"刑法"的规定则显得较为具体和明确。马克昌教授认为，台湾地区"刑法"的修改均体现了刑法的与时俱进，应当予以肯定评价。④

---

① ［日］平野龙一：《刑法总论 II》，有斐阁 1975 年版，第 337 页。

② 马克昌：《中国内地刑法与澳门刑法中犯罪未完成形态比较研究》，载《武汉大学学报》（人文社会科学版）2000 年第 1 期。

③ 马克昌：《我国台湾地区刑法修正述评》，载《中国刑事法杂志》2005 年第 4 期。

④ 马克昌：《我国台湾地区刑法修正述评》，载《中国刑事法杂志》2005 年第 4 期。

2. 准中止犯立法必要性之分析

由于我国刑法中没有准中止犯的相关规定，因此随着肯定上述准中止的情形可以成立中止犯的学者越来越多，要求在刑法修改时增设准中止犯规定的呼声也越来越高。例如，有论者是在论述我国中止犯的立法完善的问题时提出增设准中止犯的建议，理由是：尽管现行立法中没有准中止犯的概念，凡符合准中止犯构成要件者只能构成犯罪未遂，但这种立法是不科学的，它忽视了犯罪中止与犯罪未遂这两种犯罪停止形态在犯罪意志上的根本区别，而机械地将犯罪中止归于犯罪未遂形态中。准中止犯虽然介于两种犯罪停止形态之间，但从其构成要件看，更接近于犯罪中止，而不是犯罪未遂。将其硬性归入犯罪未遂之列，无法体现刑法对改邪归正的犯罪人应有的鼓励，也不利于促使犯罪人在实行行为完成之后采取积极措施避免可能的犯罪既遂结果发生。[①] 有论者基于以下五点理由认为，在刑法中应设立准中止犯的制度：（1）伦理道德根据。认为刑法对准中止犯给予同中止犯相同的评价与法律的“弃恶扬善”这一伦理道德基础是分不开的。（2）刑法适用均衡性的要求。准中止犯制度的设立有利于纠正这一不合理现象。（3）准中止犯的中止行为与犯罪既遂结果的未发生之间具有观念上的因果关系。正因为存在这种观念上的因果关系。才使行为人受到肯定的评价和宽宥。（4）现代刑法科学归责的要求。如果将与犯罪未遂主观构成特征明显不相符合的准中止犯以未遂论处，违反了主客观相统一的科学归责原理。（5）符合中止犯制度的立法精神。[②] 而有的论者则直接指出，由于我国刑法中没有规定准中止犯，因此对于我国现实生活中存在的准中止犯情形只能以未遂犯论处。这不能不是我国刑

---

① 参见赵秉志主编：《犯罪总论问题探索》，法律出版社 2003 年版，第 489 页。

② 参见张平著：《中止犯论》，中国方正出版社 2005 年版，第 235 ~ 240 页。

法的一大缺憾。因此，我们建议，在我国刑法进行再修订时，应对此作出明确规定。[①]

笔者认为，上述论者主张在刑法中增设准中止犯的规定主要是基于以下两点原因：首要原因也是最重要的原因，即我国刑法对于中止犯的成立，要求中止行为与既遂结果的不发生之间具有因果关系。由于准中止的情形不符合中止犯的这一条件的要求，但是又认为对此应做中止犯处理。另外，由于我国刑法对准中止的情况应如何处理没有作出明确规定，而理论界对此争议较大，尽管以前的通说主张将准中止的情形做未遂处理，但是现在越来越多的学者提出准中止犯与中止犯的情形更接近，而与未遂犯的区别较大，因而以中止犯认定效果更好。

笔者认为，因果关系并非中止犯的成立要件，如同刑法上的因果关系只是说明危害行为与危害结果之间是一种客观的、自然的联系一样，中止犯中的因果关系也只是说明行为人的中止行为与既遂结果的未发生之间的一种关联性，这种客观的关联性本身并不能反映中止犯成立的本质内容。如果过分强调因果关系的必要性，会给某些具体问题的论证带来麻烦，甚至会出现理论上的混乱。另外，笔者同意张明楷教授对我国刑法第 24 条的解读，他认为，刑法第 24 条要求“有效地防止犯罪结果发生”，这表面上要求中止行为与结果的没有发生之间存在因果关系，事实上是要求犯罪结果没有发生，要求行为人采取有效的措施、作出真挚的努力。[②] 因此，笔者认为，无论从刑法规定上还是理论上，中止犯的成立并非以中止行为与既遂结果的未发生存在因果关系为必要。也就是说，只要行为人采取有效的措施、作出真挚的努力，而且根据一般人的判断，行为在不存在其他介入因素时，理应可以使既遂结果不发生，即使中止行为与结果的没有发生之间没有因果关系，也能成立中止犯。

---

① 袁彬：《犯罪中止研究》，中国政法大学 2003 年硕士学位论文。

② 张明楷著：《刑法学》，法律出版社 2011 年版，第 345～346 页。

如果上述观点可以成立，那么就无须在刑法中增设准中止犯的规定，而只需对我国刑法第24条重新进行解释就可以解决准中止犯的问题。但是，笔者又认为，鉴于我国刑法理论对准中止的问题所采观点分歧较大，而对刑法第24条的理解已经形成了较为固定的结论，即中止犯的成立要求中止行为与结果没有发生之间必须存在因果关系，因此通过重新解释来改变现状的可能性是很小的，在这种情况下，在刑法中增设准中止犯的规定还是十分有必要的，这不仅涉及单独犯中止成立的问题，还涉及共犯如何处理上述准中止情形的问题，因而有必要在立法上进一步明确。

二、结果已发生能否成立中止问题

关于结果已发生还能否成立犯罪中止的问题，我国学者也鲜有论及。因为我国刑法已明确规定中止犯的成立必须具有有效性条件，即作为犯罪的既遂结果没有发生，如果既遂结果已经发生，就没有必要讨论中止犯的成立问题了。但是，实践中存在这么一种情形，即行为人为防止既遂结果的发生做了积极而真挚的努力，但是结果仍然发生时，应如何处理？笔者认为，在没有任何介入因素的情况下，尽管行为人为防止既遂结果的发生作出了积极真挚的努力，但仍未能阻止结果的发生，就说明中止行为不具有有效性，当然应否定中止犯的成立。值得研究的是在存在其他介入因素的情况下，如果结果发生了，应该如何处理。

由于其他因素的介入而导致了结果的发生，具体有三种情况：一是介入了第三者的行为。例如，行为人以杀人的目的将被害人砍伤，但是伤势没有对生命构成威胁。行为人基于悔悟及时将被害人送往医院进行伤口处理，不料在去医院的途中，由于司机的违章驾驶而导致被害人的死亡。二是介入了被害人的行为。例如，行为人放火烧毁被害人的房屋，点火后心生悔悟，于是取灭火器灭火，此时被害人基于骗取保险金的目的，阻止行为人实施灭火行为而最终导致房屋被烧毁。三是特殊自然事实的介入。例如，行为人将被害人砍成轻伤，基于悔悟及时将被害人送往医院进行伤口处理，但是医院的处理室在五楼，行为人与被害人一同乘电梯上楼时，由于电梯出现严重故障，钢缆断裂导致被害人死亡，行为人也摔成了重伤。

(一) 德、日的研究现状

德、日关于其他因素的介入导致了既遂结果的发生这一问题的讨论也不多，主要集中在基于被害人的介入行为而导致了结果发生的情况。

关于被害人对行为人的中止予以拒绝、妨害时应否承认中止犯的问题，德国一般是肯定中止犯的成立，但是对具体在何种情况下应该肯定，理论上存在三种不同的观点：一是认为在被害人故意妨害或拒绝行为人的中止行为时。① 二是对方没有合理的理由拒绝中止或积极妨害中止行为时。② 三是被害法益能由对方处分时。③ 此外，在这些场合，将已经发生的结果不归责于行为人而承认中止犯的成立，是直接适用关于中止的第 24 条的规定④还是需要类推适用，⑤ 理论上也有分歧。

日本学者町田行男认为，无论被害人是否有权处分被侵害法益，只要妨害行为是故意实施时，就应承认中止犯的成立，相反，

---

① ［德］H. Schröder, Horst, Grundprobleme des Rücktritt vom Versuch, Jue 1962, S. 82, 1. Sp

② ［德］Jakobs, Strafrecht, Allgemeiner Teil, Studienaufgabe, 2. Aufl., 1991, S. 752, Rn. 20

③ ［德］Maurach/Gössel / Zipt, Allgemeiner Teil, Teilband, 2. 7. Aufl., 1988. S. 81, Rn, 95.

④ ［德］Otto, Grundkurs Strafrecht, Allgemeine Strafrechtslehre, 4. Aufl., 1992, S. 252.

⑤ ［德］Jescheck, Lehrbuch des Strafrechts. Allgemeiner Teil, 4. Aufl., 1988, S. 429.

在过失的情况下就应否定。并就此做了如下分析：①

首先，如果被侵害的是被害人有处分权的法益，被害人故意地拒绝、妨害中止行为，那么可以认为行为人成立中止。因为如果作为权利者的被害人拒绝维护其法益的行为，那么就可以认为他放弃了自己的权益。在实践中可能发生被害人基于宗教的理由拒绝治疗行为（特别是输血）。由于刑法不允许被害人通过他人的介入行为来处分自己的生命（德国刑法第 216 条、日本刑法第 202 条），但是却并不禁止自己亲自处分（德、日两国都不处罚自杀）。在这里被害人因自己想死而拒绝行为人的救助行为，尽管行为人试图通过中止行为避免被害人死亡结果的发生，但是由于被害人的阻止行为，使得行为人的中止行为无法避免结果的发生。町田行男认为，尽管引起被害人死亡的危险不是来自本人而是来自行为人，但是行为人阻止之后的危险存续是以被害人为起因的（没有他的阻止危险就不会存续），这与本人亲自引起死亡危险的情况没有实质的区别。因而上述情况可以被认为是权利者自己对生命的处分，因而应承认中止犯的成立。但是，对于过失地妨害中止行为的情况，如被害人不小心打碎了行为人递来的解毒剂瓶子，就不能承认中止。因为在这种场合只要不能认为被害人有阻止中止行为（维持法益的行为）的意思，那么他就没有拒绝对自己法益的保护，即没有放弃法益。

其次，如果被侵害的是被害人没有处分权的法益，而被害人故意地妨害中止行为又应如何处理呢？例如，甲以烧毁乙家为目的，对邻接乙家的仓库放火，此后后悔打算灭火，但不料乙却基于想获取保险金而希望自家烧毁，因而阻止甲的灭火行为。这时，乙虽是可能会被烧毁房屋的被害人，但现住建造物放火罪是公共危险罪，他对本罪的保护法益并没有处分权（他自己的房屋已经投保）。因

---

① ［日］町田行男：《中止未遂的理论》，现代人文社 2005 年版，第 153 ~ 154 页。

而，乙对中止行为的妨害不能认为是放弃自己的法益。然而，这里的乙的妨害行为可以认为是企图利用甲所制造的危险实现自己的犯罪（以获取保险金为目的烧毁自家）。因此，在乙实施妨害行为之后，防止他家房屋烧毁的义务就从甲转移到乙，此后甲并没有中止的义务。因而应承认其成立中止未遂。但是，如果乙的妨害行为属于过失行为，如乙因不懂灭火器的操作，损坏了甲使用的灭火器，那么不能成立中止犯。因为在这种场合，乙并不是为了阻止甲的结果阻止行为而实施妨害行为，因而防止烧毁的义务并没有由甲转移到乙。

（二）我国学者观点的介评与笔者的观点

我国刑法理论对上述问题的讨论也存在两种不同的观点。一种观点认为，行为人虽积极为防止结果发生之行为，但因果关系的自然进行致使结果仍然发生时，则不成立中止犯。但是，对于在因果关系中出现了其他介入因素而导致犯罪结果发生的，在行为人已尽到真挚努力的前提下，也一概认为成立既遂。这里的其他介入原因包括第三人的行为、被害人的行为与特殊的自然事实。通说认为，当行为已经造成了既遂结果时，虽然行为人尽到努力以防止结果发生，但犯罪既遂形态已经形成，即行为人追求犯罪结果发生的意志在前，防止结果发生意志在后，而后者又不能将前者有效排除，以犯罪既遂论更符合主客观统一的原则。并认为这样做不仅不会出现量刑畸重，可将行为人的努力作为量刑情节加以考虑，而且不会使中止成立过滥，从而保证中止制度设立的价值。① 另一种观点认为，如果犯罪人在犯罪结果发生之前确实采取了积极的预防措施，而且这些措施在正常情况下足以防止犯罪结果的发生，但是，由于第三者的介入，使本来能够避免的犯罪结果未能避免。对这种情

① 赵秉志：《海峡两岸犯罪中止形态比较研究》，载《法制与社会发展》1997 年第 5 期。

况，则不能令犯罪人对所造成的结果承担刑事责任。[①]

笔者认为上述第一种观点仍有商榷的余地。主要是结论过于绝对。对于上述第一种情况，笔者对于否定中止犯的成立没有异议，但是对于第二种情况也一概否定中止的成立，笔者认为是不合理的。因为尽管存在其他介入因素，但是这里关注的仍然是中止行为本身是否理应可以阻止既遂结果的发生，也就是行为人的中止行为在一般人看来应该是可以阻止结果发生的。例如，行为人以杀人的故意用刀将被害人砍伤，但并非是危及被害人生命的重伤，在行为人将被害人送往医院救治的途中，由于出租车司机的违章驾驶导致车祸致被害人死亡。这种情况下，如果没有出租车司机的违章驾驶这一因素的介入，行为人将被害人送往医院救治的行为，在一般人看来是可以阻止被害人死亡结果发生的。再加上被害人死亡的结果是由介入因素造成的，即出租车司机的违章驾驶导致行为人先前的犯罪行为与既遂结果的发生之间的因果关系中断。进一步而言，被害人死亡的结果不是行为人先前的犯罪行为造成的。在这种情况下，让行为人承担故意杀人既遂的责任是不合理的，且有客观归罪之嫌，恰恰是违反了主客观相统一的原则。

笔者认为，从行为人着手杀人行为到既遂被害人死亡结果发生的整个过程中，中止行为与其他介入因素均对因果关系的进程有影响，只不过中止行为是属于行为人意志以内的，而其他介入因素是行为人意志以外的，且中止行为的影响在前，介入因素的影响在后。在中止行为开始实施，其后的介入因素如果没有中断行为人先前的犯罪行为与结果的发生之间的因果关系，就说明结果的发生与行为人先前的犯罪行为之间仍然存在因果关系，也说明了阻止结果发生的行为并不足以消灭行为人先前的犯罪行为所产生的既遂结果发生的危险，因此可以否定中止犯的成立。例如，行为人以杀人的故意用刀将被害人砍成危及生命的重伤，行为人将其送往医院抢救

① 马克昌主编：《犯罪通论》，武汉大学出版社 1999 年版，第 474 页。

的途中，由于出租车司机的违章驾驶导致车祸致被害人死亡。如果不介入司机的行为，行为人也会因伤势过重在到达医院之前死亡。在这种情况下，司机的介入行为并未导致因果关系的中断，而行为人将被害人送往抢救的行为，在一般人看来是不能避免结果发生的，所以可以否定中止犯的成立。

综上所述，笔者同意第二种观点的结论，但是第二种观点在论证上比较简单。笔者认为，既然行为人阻止结果发生的行为与其他介入因素均对因果关系的进程有影响，那么就不能只考虑一种影响。因此，对于存在其他介入因素而导致犯罪结果发生的情况，笔者认为，不能一概而论，应具体情况具体分析。具体而言，应从两个方面考察：一是行为人为阻止既遂结果的发生所作出的积极的、真挚的努力，并且在没有出现其他介入因素的情况下是可以防止既遂结果发生的。二是作为其他介入因素必须导致行为人先前的犯罪行为与结果的发生之间的因果关系中断。

综上所述，笔者不同意上述德、日学者对被害人对中止的妨害的分析。问题的关键并不在于被害人是否有权处分被侵害法益，或者妨害行为实施是出于故意还是过失。其实无论被害人是否有权处分被害法益，或者妨害行为实施是出于故意还是过失，行为人都有可能成立中止犯。对于德国学者的观点，笔者同意町田行男博士的分析。关于町田博士的观点，笔者认为，在妨害行为是过失的情况下，仍有可能成立中止犯。关于这一点，笔者的上述设例就可以说明，因而不再赘述。

第七章 共犯的中止与脱离

第一节 共犯中止概述

一、共犯中止的立法概况

刑法关于中止犯的立法原则上是以单独犯为模式来加以规定的。如果是数人共同故意实施犯罪，那么其中止应秉持什么原则，是否与单独犯的中止条件完全一致，抑或是否有必要为共犯中止设置不同的成立条件？这些问题都值得进一步研究。

（一）国外的立法现状

是否在规定单独犯的中止成立条件之后，再对共犯中止作出专门性规定，各个国家对此问题的处理存在差异。一种做法是，仅对单独犯的中止进行规定，共犯中止的问题则由理论和实务界参照单独犯的规定来进行理解和把握。典型的如《日本刑法典》，其第 43 条规定："已经着手实行犯罪而未遂的，可以减轻刑罚，但基于自己的意志中止犯罪的，应当减轻或者免除刑罚"[①]，并未专设共犯中止的条款。韩国刑法的规定方式也是如此。

另一种做法是对共同犯罪的中止问题作出了专门规定。如《德国刑法典》第 24 条第 2 款规定："在数人共同犯罪中，其中主动阻止犯罪完成的，不因未遂而处罚。如该犯罪没有中止犯的行为

① 张明楷译：《日本刑法典》，法律出版社 1998 年版，第 21 页。

也不能完成的，或犯罪的未遂与中止犯以前参与的行为无关，只要行为人主动努力阻止该犯罪完成，应免除其刑罚。”第 31 条规定：“一、具有下列情形之一的，不依第 30 条处罚：1. 自动放弃已着手教唆他人犯重罪，并消除他人犯罪的既存危险的；2. 自动放弃自己犯重罪的计划的；3. 接受他人的犯罪请求或与他人约定实施重罪后，能自动阻止犯罪结果发生的。二、犯罪不是因为中止犯的行为而不发生的，或犯罪虽已发生而与中止犯以前参与的行为无关，如其主动努力阻止犯罪完成的，免除其刑罚。”①

《奥地利联邦共和国刑法典》第 16 条规定：“（1）行为人主动放弃应受刑罚处罚的行为的实施，或者，如数人共同行为的，阻止他人实施应受刑罚处罚的行为，或者主动避免应受刑罚处罚的行为结果发生的，正犯或共犯不因未遂而处罚。（2）应受刑罚处罚的行为的实施或结果不是因为行为人的行为而未发生，但行为人主动且真挚努力阻止行为的实施或避免行为结果的发生，不处罚。”②

《西班牙刑法典》第 16 条第 3 项规定：“多个主体共同实施犯罪的，对于放弃已经开始行为，以及真实、明确、确定地阻止或试图阻止其行为造成的结果的一个或者多个主体，免除其刑事责任。但已实施的行为已构成犯罪或过失罪的，应承担刑事责任。”③

《芬兰刑法典》第 5 章第 2 条规定：“1. 如果犯罪人基于自由意志，已经中止犯罪，或者阻止了犯罪法定构成结果的出现，该未遂行为不具有可罚性。2. 如果犯罪涉及几个共犯人，犯罪实施者、煽动者或者教唆者只有在其成功地使其他参与者也中止犯罪或者能

---

① 参见徐久生、庄敬华译：《德国刑法典》，中国法制出版社 2000 年版，第 50 页。

② 徐久生译：《奥地利联邦共和国刑法典》，中国方正出版社 2004 年版，第 5 ~ 6 页。

③ 潘灯译：《西班牙刑法典》，中国政法大学出版社 2004 年版，第 6 页。

阻止犯罪法定构成结果的出现或者是采用其他方式已消除了其本人行为在既遂犯罪中的效果时，才能因犯罪人中止了犯罪和消除了犯罪结果而被免除刑事责任。3. 除了第1款和第2款的规定之外，未遂行为不具有可罚性，如果虽然犯罪并未既遂或者未引起犯罪法定构成结果的出现并非由于犯罪实施者、煽动者或教唆者的原因，但其已经自愿地且认真地试图阻止该犯罪的既遂或者该结果的发生。4. 如果依照第1款至第3款的规定，未遂行为不具有可罚性，但是该未遂行为同时构成了其他的既遂犯罪的，则该犯罪是可罚的。”①

《俄罗斯联邦刑法典》第31条在规定单独犯的中止成立条件之后，进而规定：“……4. 组织犯和教唆犯，如果及时向权力机关报告或者以其他方式阻止实行犯将犯罪进行到底的，不负刑事责任。如果帮助犯采取了他所能采取的措施以阻止犯罪的实施，则不负刑事责任。5. 如果本条第4款所规定的组织犯和教唆犯的行为未能使实行犯终止实施犯罪，则法院在处刑时可以将他们所采取的措施视为减轻刑罚的情节。”②

比较上述两种立法方式，可以得出如下结论：第一，无论刑法是否对共犯中止问题作出规定，共犯中止的条件与单独犯中止的条件实质上并无差异；第二，由于共犯存在教唆犯、帮助犯、组织犯、实行犯等不同类型，因而其中止条件呈现出较为复杂的状况，刑法对此作出专门规定更有利于司法实务的认定；第三，多国刑法对于教唆犯、帮助犯、组织犯、实行犯的中止成立条件作了详尽且有区别的规定；第四，共犯中止的法律后果视各国关于单独犯中止法律后果的不同而有很大差异。例如，在德国、奥地利是一律不处罚；日本、韩国是减轻、免除处罚。

---

① 肖怡译：《芬兰刑法典》，北京大学出版社2005年版，第21页。

② 黄道秀译：《俄罗斯联邦刑法典释义》，中国政法大学出版社2000年版，第70页。

（二）我国的立法现状

我国刑法在共犯中止的问题上采取了与日本、韩国较为相似的处理方式，即只在总则中对单独犯的中止条件作出规定，而没有对共同犯罪的中止问题作出明文规定。

不过，我国澳门地区刑法典与台湾地区“刑法”则对共犯中止问题进行了专门规定。如澳门地区刑法典第 24 条规定：“如属由数行为人共同作出事实，其中因己意防止犯罪既遂或防止结果发生之行为人之犯罪未遂不予处罚，而其中曾认真作出努力防止犯罪既遂或防止结果发生之行为人之犯罪未遂，即使其他共同犯罪人继续实行犯罪或使之既遂，亦不予处罚。”① 我国台湾地区“刑法”第 27 条规定：“已着手于犯罪行为之实行，而因己意中止或防止其结果之发生者，减轻或免除其刑。结果之不发生，非防止行为所致，而行为人已尽力为防止行为者，亦同。前项规定，于正犯或共犯中之一人或数人，因己意防止其结果之发生，或结果之不发生，非防止行为所致，而行为人已尽力为防止行为者，亦适用之。”

如前所述，是否在刑法中规定共犯中止并不会对共犯中止的成立条件产生根本性影响。共犯的中止仍是中止的一种类型，因而其必须符合中止犯的基本条件。只是由于共犯在人数及行为分工上有自己的特点，在法律未作明确规定时会更容易导致理论和实务上对于其成立条件的理解产生分歧。

二、共犯中止的成立条件

我国刑法第 24 条第 1 款规定：“在犯罪过程中，自动放弃犯罪或者自动有效地防止犯罪结果发生的，是犯罪中止。”如前所述，构成中止犯，需要有中止行为并具备时间性条件、自动性条件和有效性条件。共犯的中止同样需要具备这些条件。

---

① 赵国强：《澳门刑法总论》，澳门基金会 1998 年版，第 92 页。

（一）时间性条件

与单独犯一样，共犯的中止可以发生在犯罪预备到犯罪既遂结果发生之前的整个过程中。在德、日等国，由于中止是未遂的一种，因此只能发生在犯罪着手之后，我国刑法在这一点上与其有明显的区别。换言之，我国共犯的中止问题可以发生在实行行为着手之前。

（二）自动性条件

成立中止，必须是行为人“自动”放弃犯罪或者“自动”有效地防止犯罪结果发生。自动性是中止犯与预备犯、未遂犯等犯罪形态区分的关键标志。关于自动性的理解，笔者在前文中已经有专门论述，即只要行为人在主观方面能够证明是由反规范的意思向法所承认的意思转化时，就可承认其自动性。它包括对自己先前行为的否定评价、行为人反规范意思的弱化、中止的意思是被刑法推定为适法的意思三个方面的内容。这一理解同样适用于共犯中止自动性的认定。

（三）客观性条件

中止不仅是内心状态的转变，还必须在客观上有中止行为。中止行为具有不同的类型，其中彻底性是对不作为的中止行为的要求，而真挚性则是对作为的中止行为的要求。

（四）有效性条件

我国刑法对中止犯的成立条件明确规定了必须具有有效性，即既遂结果没有发生。在单独犯罪中，有效性的认定较为容易。但在共同犯罪中，部分犯罪人放弃了自己的犯罪行为，甚至努力阻止其他共犯人完成犯罪，但最终犯罪结果仍然发生，此时是否具备有效性，在学术界存在激烈的争论。

第一种观点被称为整体中止说。该观点认为，既然共同犯罪行为具有整体性特征，那么其犯罪中止的有效性也只能以整个共同犯罪最后是否达到完成状态来确定，个别共犯意图中止犯罪，必须在停止自己犯罪的同时，迫使其他共犯停止实施共同犯罪行为或有效地防止共同犯罪结果发生，倘若没有产生这种效果，共同犯罪终已完成时，个别共犯的犯罪中止就不能成立。[①]

第二种观点被称为个别中止说。该观点认为，共同犯罪行为虽具有整体特征，但实际上是由每个共犯的独立行为组合而成的，其中个别共犯自动停止自己的犯罪，就同共同犯罪完全脱离了联系，之后与其他共犯的行为就不再有关联，因此其自动停止犯罪就应被视为犯罪中止，换言之，共犯只要停止自己的行为即可成立犯罪中止，而不论共同犯罪最后发展程度如何。[②]

第三种观点被称为主犯例外说。该观点认为除主犯外，其他共犯中止的有效性，应以行为人力所能及的范围为限；如果努力阻止其他共犯继续实行犯罪，但因能力有限而阻止无效的，仍可成立犯罪中止。对于主犯，则应以防止犯罪结果的发生作为成立中止的条件。[③]

第四种观点被称为因果关系切断说。该观点认为，共犯中止的有效性，应以其是否有效地切断自己以前的行为与危害结果之间的因果关系来确定，如果个别共犯以自己消极或积极的行为确实已切断其以前的犯罪行为同以后的危害结果之间的因果关系的，即使共同犯罪的危害结果最后由其他共犯促成发生，亦能成立中止犯。[④]

第五种观点被称为共同犯罪行为解体说。该观点认为，判断共犯中止有效性的标准是中止者必须使自己的行为与整体的共同犯罪行为解体，即主观上切断与其他共犯之间的共同故意联系，客观上抵消自己先前行为对共同行为所起的合力作用，使之消除对犯罪形

---

① 参见马克昌主编：《犯罪通论》，武汉大学出版社 1999 年版，第 594 页；陈家林著：《共同正犯研究》，武汉大学出版社 2004 年版，第 287 页。

② 参见吴波著：《共同犯罪停止形态研究》，上海人民出版社 2012 年版，第 203 页。

③ 转引自陈兴良主编：《刑法疑难案例评释》，中国人民公安大学出版社 1998 年版，第 48 页。

④ 参见张明楷著：《刑法学》，法律出版社 2011 年版，第 403 页。

成既遂的原因力。[1]

笔者认为，之所以存在上述五种观点的分歧，根源还在于将自动放弃自己的犯罪行为甚至努力阻止其他共犯人完成犯罪但未成功的情况认定为犯罪既遂，被一部分学者认为过于苛刻，因而主张针对共犯放宽有效性的要件。

但是，既然共犯中止也是中止的一种类型，那么当然应该严格适用中止犯的相关规定。针对共犯而特意放宽有效性的成立条件于法无据，于理不合。这是因为：第一，我国刑法并未对共犯中止问题作出专门的规定。这就意味着共犯中止仍被视为中止犯的一种类型而已，法律并未对其成立条件作任何宽松或拟制性规定。根据罪刑法定的原则，自然应当严格遵循刑法的规定来加以认定。可以类比的是日本刑法理论的理解。日本关于共犯中止的规定与我国刑法类似，日本学者也认为，“在全体共同者任意地中止了其犯罪时，或者共同者中的一部分人任意地阻止了其他共同者的共同实行或者阻止了结果的发生时，就成立共同正犯的中止犯。由一部分人的中止行为而中止犯罪或者阻止了结果的发生时，其中止者虽然成立中止犯，但是，对此感到意外的其他人则是障碍未遂。而且，即使共同者中的一部分人任意地中止了犯罪行为，但是，其他人实现了犯罪时，也不能认为中止者是中止犯”。[2] 可见，这是法律的必然推论。第二，共犯的性质决定共犯中止的成立条件。共同犯罪是二人以上共同故意犯罪。主观上，各共同者之间相互鼓励、相互支持，客观上各人的行为相互配合、相互利用，形成一个有机联系的整体。在这个整体中，每个行为人的行为都是共犯行为的一部分，都要对整体的共犯行为及其结果承担责任。

---

① 以上五种观点转引自陈兴良主编：《刑法疑难案例评释》，中国人民公安大学出版社 1998 年版，第 48 ~49 页。

② ［日］大塚仁著：《刑法概说（总论）》，冯军译，中国人民大学出版社 2003 年版，第 294 页。

不过，这并不意味着笔者赞成作为我国通说的整体中止说。整体中止说虽然合理地认识到共犯的整体性特征，但缺乏更细致的考察。我国刑法实行的是罪责自负原则，这一原则对单独犯抑或共犯都是同等适用的。在共同犯罪中，之所以行为人要对他人的行为及结果承担责任，是因为自己的行为与他人的行为形成一个有机联系的整体，从而作为整体对最终的犯罪结果承担责任。换言之，自己的行为对于其他共犯人的行为及结果具有原因力，所以需要承担罪责。如果行为人切断了自己的行为对他人行为及结果所起的影响力，从而与最终发生的结果之间并无因果关系。那么此时客观上所发生的结果就不再能够被视为行为人行为的后果，也就不能归属于他。这样，行为人就完全可以满足中止犯“未发生犯罪结果”这一有效性的条件，就应当被认为成立犯罪中止。

所以，从结论上说，笔者赞成的是第四种观点因果关系切断说。这一观点其实是借鉴了后述共犯脱离的理论。需要说明的是，从逻辑上看，因果关系是实行行为与结果之间的引起与被引起关系，那么当我们判断某个行为与结果之间是否有因果关系时，只能够得出其具有或者不具有因果关系这两种结论，不可能认为有因果关系中途又被切断了。换言之，因果关系只有存在或者不存在的问题，不存在因果关系途中被切断问题。这样看来，因果关系切断说未必是表述最精确的学说。但该说所表达的真正含义是，行为人切断了自己的行为对于其他共犯的行为与结果的因果促进力，即不再作为共犯的一员为整个共同犯罪的实现做“贡献”。这种动态意义上的“因果关系”、“因果力”应该是客观存在而为人们所认可的概念。因此，虽然基于约定俗成的习惯，我们沿用因果关系切断说的表述，但其“因果关系”的含义不同于认定意义上的“因果关系”。

鉴于切断自己行为与共犯结果之间的因果力是非常困难的，所以整体中止说在大多数场合下所得出的结论与笔者所坚持的因果关系切断说并无差别。但毕竟不能排除行为人切断因果关系的情形，更重要的是我们必须对“犯罪结果”做精细化把握，而这点是整体中止说力所不及的。个别中止说完全无视共同犯罪与单独犯罪的区别，忽视了共犯行为之间相互关联、相互作用的事实，不符合我国刑法对中止犯有效性的规定要件，因而为笔者所不取。主犯例外说虽然意识到在犯罪中起主要作用的主犯成立中止的条件更应当严格把握，却没有细究这种严格把握的根源。主犯在共同犯罪中所起的作用大，实质上意味着他的行为对于其他人的行为以及最终的犯罪结果具有更大的作用力，因而要消除这种原因力更为困难。由于其他共犯人也完全可能存在没有切断与最终结果之间的原因力的情况，而结果一旦发生，就可以归责于与他有因果关系的行为人，因而不能认为主犯以外的共犯人未阻止结果发生也成立犯罪中止。至于共同犯罪行为解体说，与因果关系切断说其实同属共犯脱离理论中的学说，逐步被借鉴到中止犯的认定问题上来。共同犯罪行为的解体自然意味着行为人对于解体后的结果无须承担责任。从这个意义上说，该说的结论不存在问题。但是，如何判断共同犯罪或共犯行为的解体？归根到底还是需要行为人切断自己的行为对其他共犯行为及结果的心理以及物理上的影响力。所以该说在具体标准的把握上最终还得回归到因果关系切断说之上。既然如此，不如直接采用因果关系切断说。

第二节 具体共犯类型中止的认定

一、共同正犯中止的认定

共同正犯是指二人以上共同故意实施刑法分则所规定的犯罪构成客观方面行为的犯罪形态。[①] 共同正犯在我国也被称为共同实行

① 参见陈家林著：《共同正犯研究》，武汉大学出版社2004年版，第33页。

犯或者简单共同犯罪。

如前所述，对共同正犯的中止也应当根据刑法的规定，按照中止犯的要件加以认定。具体而言，当共同实行犯罪的共同正犯各行为人均自动中止犯罪或自动有效地防止犯罪结果的发生，那么全体成员均成立中止犯，这是最简单明了的情形。

问题在于，共同正犯是数人共同实行犯罪，完全可能存在有人愿意中止犯罪而有人不愿意的情况。此时核心的问题还在于能否满足中止犯有效性的要件，即阻止了犯罪结果的发生或者切断了自己行为与最终发生的结果之间的因果关系。所以，在只有部分人愿意放弃犯罪时，应视情况认定中止犯的成立与否。

第一，当共同正犯的行为人中一人或数人在共同实行犯罪过程中自动放弃犯罪，并且劝说其他共同实行者放弃犯罪，其他共同者接受劝说，放弃犯罪、防止犯罪结果发生，全体成员均成立中止犯。

第二，在共同犯罪过程中自动放弃犯罪的行为人劝说其他共同实行者放弃犯罪无效，转而采取防止措施，避免了危害结果发生，则自动放弃犯罪者构成犯罪中止，其中止行为对于其他不愿中止犯罪的人而言属于意志以外的原因而未达既遂，成立未遂犯。

第三，在共同犯罪过程中自动放弃犯罪的行为人，基于各种原因并未对其他共同实行者进行劝说，但采取防止措施避免了危害结果发生，此时自动放弃犯罪者构成犯罪中止，其他共同实行者成立未遂犯。以以下案件为例：2002 年 6 月 6 日，被告人王某帅纠集被告人邵某喜预谋实施抢劫。当日 10 时许，二人携带作案工具在北京密云县某处骗租了杨某驾驶的小型客车。途中，经王某帅示意，邵某喜用事前准备的橡胶锤猛击杨某头部数下，王某帅用手猛掐杨某颈部，致杨某昏迷，随后劫得杨某驾驶的汽车以及其他财物，共计价值人民币 42000 元。二人见杨某昏迷不醒，遂谋划用挖坑掩埋的方法杀人灭口。杨某假装昏迷，趁王某帅寻找作案工具而不在现场之际，哀求邵某喜放其逃走，邵某喜同意掩埋时挖浅坑少掩土，以便杨某事后逃走。王某帅返回后，邵某喜并未告知其杨某已清醒。当日23时许，二人将杨某运至掩埋地，邵某喜向王某帅说自己一个人埋即可，按照与杨某的约定挖坑埋土。二人离开后，杨某逃出，经鉴定，杨某为轻伤。[①] 此案中，邵某喜的行为可以评价为“自动有效地防止了犯罪结果的发生”，应成立故意杀人罪的犯罪中止；而王某帅则应成立故意杀人罪的犯罪未遂。可见，共同正犯中中止的成立并不需要行为人将自己中止犯罪的意图传达给其他行为人。

第四，如果自动放弃犯罪的人虽然竭力阻止其他共同者继续犯罪，但最终仍未能阻止危害结果发生，那么只要行为人并未切断自己的行为与最终结果之间的因果影响力，那么全体成员仍成立既遂犯，但在量刑时应对有中止行为者酌情从轻。

值得研究的是，通常情况下，共同实行犯罪的一部分人单纯离开犯罪现场的行为不能构成中止，这一点不存在争议。例如，数人共谋抢劫并一起对被害人实施暴力行为，中途一人反悔离去，其他人继续实施犯罪行为并夺取了财物，离去的人不能成立中止犯。但这一结论是否存在例外呢？一部分学者认为，在亲手犯的场合，只要本人停止自己的犯罪行为就可以成立犯罪中止，并不以制止其他亲手犯继续实行犯罪为必要。[②]

这一问题的产生源于对共同正犯“部分实行全部责任”的理解。由于共同正犯是数人共同实行犯罪，各行为人相互利用、补充他人的行为，使自己的行为与其他人的行为成为一体并导致构成要件结果的发生。因此，即使只是分担了一部分实行行为的行为人，也要对共同的实行行为所导致的全部结果承担责任。这就意味着共

① 参见陈兴良等主编:《人民法院刑事指导案例裁判要旨通纂（上卷)》，北京大学出版社2012年版，第351~353页。

② 陈兴良著:《共同犯罪论》，中国人民大学出版社2006年版，第372~373页。

同正犯中只有一人的行为既遂，全部行为人就都构成犯罪既遂。不过，有学者主张对“部分行为全部责任”的范围作出限制，认为该原则只适用于定罪，而不是量刑的原则。“‘部分实行，全部责任’……只是‘从质上解决了共同正犯的罪责问题，即刑事责任的有无问题。但仅仅如此是不够的，在此基础上，我们还必须从量上解决共同正犯的罪责问题，即刑事责任的大小问题。’‘根据共同犯罪的基本原理，各共同犯罪人，在共同犯罪故意和共同犯罪行为的范围内，应对共同犯罪结果承担刑事责任……这是一项定罪原则，与量刑无关。’而犯罪的既遂与未遂是法定量刑情节，必须在确定有罪的基础上方才予以考虑，因此，此二者并行不悖，根本不存在冲突。”① 据此，部分学者认为，共同正犯存在既遂与未遂并存的情况。至于哪些情况下存在既遂与未遂并存，一种观点认为，在亲手犯的情况下应承认既遂与未遂的并存；另一种观点认为，只有在各个共同实行犯的行为具有不可替代性的特殊情况下承认既遂与未遂的并存。② 这两种观点表述虽有差异，但指的都是诸如强奸、脱逃等性质的犯罪。认为只要本人停止自己的犯罪行为就可以成立犯罪中止的观点便由来于此。

笔者认为，共同正犯是行为人共同实施犯罪的实行行为，其行为相互利用、相互补充，进而使客体受到侵害或威胁。因此，共同正犯需要对所发生的结果适用部分行为全部责任原则。这是共同正犯的普遍适用原则，不应当有例外。将部分行为全部责任原则只视为定罪原则的观点是错误的。部分行为全部责任是共同正犯的法律效果。这里的“责任”当然不仅意味着责任的有无，也意味着责任的大小。换言之，共同正犯中不可能出现“既遂与未遂、中止

---

① 参见宋旭明、张琳：《刍议共同正犯中既遂与未遂的并存》，载《湖南省政法管理干部学院学报》2002 年第 2 期。

② 陈兴良著：《共同犯罪论》，中国人民大学出版社 2006 年版，第 362 页。

并存的现象”。

强奸、脱逃等犯罪虽然具有一定的特殊性，但在数人基于共同故意而共同实施的情况下，该行为就具有与单独犯罪不同的特点。即主观上由于共同故意的存在，强化了每个人犯罪的决心，客观上，每个人的行为可以互相配合，互相利用，从而有效地提高了犯罪成功的可能性。所以，任何一人行为的成功，都是共同行为人共同“努力”的结果，换言之，其他共同者的行为对行为成功者具有心理与物理上的因果影响力。因此，自然应对全体犯罪认定为既遂。否则，如果做区别对待的话，会产生明显的不合理现象。例如，A 帮助 B 实行某一亲手犯（或不可替代性）的犯罪（如脱逃罪、强奸罪），只要 B 的行为完成，A 也对此犯罪承担既遂责任；相反，如果 A、B 共同实行此种犯罪，结果只有 B 完成，而 A 未完成时，A 则只承担未遂的责任，根据刑法第 23 条的规定，应当比照既遂犯从轻或者减轻处罚。处罚时就可能导致罪刑不相适应。[①]

因此，对于所谓人身不可代替的犯罪，在认定既、未遂时仍需遵循“部分实行全部责任”的原则做一体性认定，不应该做特殊化处理。既然如此，在认定犯罪中止的成立与否时，也应当准确把握有效性的要件。在犯罪结果已经发生的情况下，不能因为行为人单独停止了自己的强奸、脱逃等行为而认定其成立中止犯。具体而言，“2004 年 4 月某日李某、张某、王某将被害人曹某（女）骗至某宾馆，进入以李某名义租用的客房。其后，3 人共同使用暴力将曹某控制，李某、张某让王某实施奸淫，王某见被害人曹某十分恐惧和害怕的样子，心生怜悯，借口不喜欢这种类型的女子，未实施奸淫行为，仅坐在一旁旁观。接着李某强行奸淫了曹某，而张某不

① 参见陈家林著：《共同正犯研究》，武汉大学出版社 2004 年版，第 283 页。

顾曹某哭泣，欲行强奸，但因生理障碍未能得逞。”① 在本案中，王某与李某、张某共同使用暴力控制被害人，而使奸淫行为更易于完成。这就说明王某的行为对李某、张某的奸淫行为有因果上的影响力，对强奸罪的完成起着重要的作用。王某后来的单纯停止继续实施奸淫的行为并没有切断其行为与结果之间的因果性，王某只是“中止”了自己的行为，而没有中止犯罪，故对王某不能认定成立犯罪中止。根据上述对共同正犯应采用部分实行全部责任的原则，王某应当承担既遂的责任。当然，王某的这种放弃继续实施奸淫行为的情节可作为酌定量刑情节予以充分的考虑。综上所述，本案中张某、王某也应承担强奸既遂的罪责。

二、教唆犯中止的认定

教唆犯是指故意教唆他人实施犯罪行为的人。在德、日刑法中，对教唆犯原则上采取限制从属性原则，即教唆犯的成立以正犯的行为符合构成要件且具有违法性为必要。“构成要件符合性以及违法性显示了行为的客观属性，如果不具备这两者就不会产生刑法介入的必要性。即使存在构成要件符合性但违法性被阻却的话，由于该行为并非违法，所以也不成为刑法禁止、抑制的对象……在这个意义上，正犯行为具备构成要件符合性及违法性，对于追究背后的具有因果性的共犯的‘第二次性’责任，是必要的。”② 现行德国刑法第 26 条规定教唆犯是教唆他人“故意实施违法行为”；第 29 条规定对共犯者“依其责任予以处罚，不考虑他人的责任。”十分明确地采用了限制从属性说的立场。据此，正犯如果不着手实行犯罪，教唆犯便不可罚，也就无所谓犯罪中止的问题。换言之，预备阶段的中止问题在德、日刑法中基本不加以讨论。

---

① 程红：《共同犯罪中部分行为人放弃是否构成犯罪既遂》，载《人民检察》2006 年第 6 期。

② ［日］山口厚：《刑法总论》，有斐阁 2007 年版，第 311 页。

同时，由于日本刑法规定犯罪中止以“已经着手实行犯罪”为前提，而教唆犯属于狭义的共犯，不可能具有犯罪的实行行为，即不可能着手实行犯罪。如果对法条进行机械性的理解，那么教唆犯便不存在中止问题。但正犯可以存在犯罪中止，而教唆犯则不能成立中止因而不能进行刑罚的减免，这显然不合理。为此，日本学者多认为教唆者在正犯实施犯罪后阻止其犯罪达到既遂时，成立中止犯，对此可以进行刑罚的减免。至于减免刑罚的根据，日本学者多认为是准用刑法第43条的但书（日本刑法第43条规定：“已经着手实行犯罪而未遂的，可以减轻刑罚，但基于自己的意志中止犯罪的，应当减轻或者免除刑罚”）。由于这是一种有利于被告的准用（类推适用），所以不存在违背罪刑法定原则的问题。不过，责任共犯论、违法共犯论和因果共犯论对于“准用”的理解不同。对于责任共犯论及违法共犯论而言，在正犯实施实行行为的时点，共犯的犯罪就已经终了。即使共犯者任意地阻止正犯完成犯罪，也应当不成立中止犯。因此，将第43条但书“准用”于教唆犯与帮助犯，是对其的扩张适用。[①] 而对于因果共犯论而言，由于正犯着手实行犯罪不意味着教唆者、帮助者的犯罪终了，所以阻止正犯者完成犯罪就构成教唆者、帮助者自己犯罪的中止。但是，由于刑法第43条是对正犯实行中止的规定，因而对教唆犯、帮助犯“准用”其规定。[②]

我国刑法对于教唆犯并未采取从属性原则。相反，刑法第29条第2款规定：“如果被教唆的人没有犯被教唆的罪，对于教唆犯，可以从轻或者减轻处罚。”这事实上承认了教唆犯的独立性。同时我国刑法对于中止犯的时间条件也只是规定为“在犯罪过程中”，并未排除预备阶段成立中止犯的情况。因此，在被教唆人并未着手实行犯罪的情况下，教唆者也完全有可能成立教唆犯，也就

① ［日］团藤重光：《刑法纲要总论》，创文社1990年版，第955页。

② ［日］山中敬一：《刑法总论》，成文堂2008年版，第956页。

有必要考虑其是否成立犯罪中止的问题。

教唆犯成立犯罪中止，完全应遵循中止犯的成立条件。具体而言，第一，在教唆犯实施教唆行为之后，被教唆人着手实行犯罪之前。教唆犯如果成功劝说被教唆者放弃实行犯罪或有效阻止其实行犯罪，则教唆者成立预备阶段的中止犯。有学者认为，“教唆犯实施教唆之后，在他人着手之前产生中止的意思，并将该意思传递给被教唆者的，原则上可以成立预备阶段的中止。但是，如果教唆的是重罪，或者教唆犯给予对方一旦事情成功即会获得报酬的承诺的场合，要成立犯罪中止，仅仅传达中止犯罪的意思给被教唆者，即使得到被教唆者的承诺，对于成立中止仍不足够，还必须在此之外采取告知被害人、撤回许诺、报告警方等措施来阻止被教唆人犯罪。”[①] 笔者认为，将犯罪区分为重罪与轻罪，分别论述其中止犯的成立条件，在我国缺乏法律的依据和理论的支撑。无论所教唆的是重罪还是轻罪，教唆者都必须阻止被教唆者实行或完成犯罪。认为如果是轻罪，便只需要教唆者将自己中止的意思传递给被教唆者即成立预备阶段的中止，这种观点不符合刑法对中止犯成立条件的规定。

第二，在被教唆者着手实行所教唆的犯罪之后，教唆犯必须劝说或阻止被教唆者继续实行犯罪，并有效防止犯罪结果发生。如果犯罪结果仍然发生，鉴于教唆行为对正犯行为所产生的心理上的影响力极难以消除，原则上教唆犯还是成立犯罪既遂，但其中止的努力可以作为量刑时酌定从宽的情节。例如，“甲承诺给乙 10 万元让乙杀丙，并先给了乙 5 万元。在距乙杀人还有 3 小时之际，甲突然产生后悔的意思，并打电话告诉乙不要杀丙。乙在电话里说了一声‘知道了’就挂断了电话。3 小时后，乙仍然杀死了丙，并要甲

---

① 周光权著：《刑法总论》，中国人民大学出版社 2011 年版，第 240 页。

支付另外 5 万元。”① 甲的行为显然不能成立教唆犯的中止。

三、帮助犯中止的认定

帮助犯是指故意帮助他人实施犯罪的人。一些国家和地区在刑法典中直接规定了帮助犯的概念。例如，《日本刑法典》第 62 条规定：“帮助正犯的，是从犯。”我国台湾地区“刑法”第 30 条第 1 款规定：“帮助他人实行犯罪行为者，为帮助犯。虽他人不知帮助之情者，亦同。”前苏联和现在俄罗斯的刑法典也对帮助犯有明文的规定。我国刑法并未明文规定帮助犯，但理论上一般认可帮助犯的概念。

成立帮助犯，需要帮助者具有帮助的故意与帮助的行为。“帮助犯即是帮助实行犯罪，所以帮助犯的成立，以有被帮助的实行犯的存在为前提，没有实行犯实行犯罪，就不成立帮助犯。”② 帮助犯的帮助行为可以分为物理上的帮助行为与心理上的帮助行为，在讨论其犯罪中止成立条件时也必须充分考虑不同类型帮助行为的差异。具体而言：

第一，在正犯着手实行犯罪之前。帮助犯要成立中止，需要撤销自己的帮助行为对被帮助者所具有的帮助效果。其中，如果是提供资金、凶器、钥匙等物理性帮助，一般而言撤回这种帮助，如收回资金、钥匙等即可成立中止。如果是提供了犯罪地点的图纸等技术性帮助，那么单纯地收回图纸并不能真正消除帮助行为的促进效果，此时需要帮助者说服或阻止被帮助者实行犯罪。如果提供的是激励等心理性帮助，则需要消除这种帮助对被帮助者心理的影响力。

值得注意的是，物理性帮助有时也会产生心理性帮助的效果。

---

① 周光权著：《刑法总论》，中国人民大学出版社 2011 年版，第 240 页。

② 马克昌主编：《犯罪通论》，武汉大学出版社 1999 年版，第 550 页。

此时，要成立中止，还需要帮助者消除这种心理性帮助的效果。“例如，T企图杀害妻子，向身为药剂师的朋友A求助，A向T提供了在活动实施后不留任何痕迹的毒药。其后，A回心转意，要求T返还毒药，并试图说服T放弃行为，T把毒药返还给A。但是，T从其他药店得到了该毒药，并实施了活动。在这种场合，虽然不存在对犯罪既遂的A的物理性因果贡献，但是，不得不说与A提供毒药相关（使用这种毒药）的建议对T的具体活动计划、活动实现产生了影响。”[①]此时，只能认为A的行为构成对既遂犯的帮助，而不能认为其成立犯罪中止。

第二，在正犯着手实行犯罪之后。帮助者要成立中止，不仅需要其自动停止帮助行为，还需要消除其行为对正犯行为的帮助效果。有观点认为，帮助犯提供帮助以后，欲中止犯罪，必须采取积极行动阻止他人继续犯罪或避免共同犯罪结果的发生。[②]笔者认为，由于帮助犯在共同犯罪中所起的作用只是辅助性的，其成立中止是否必须制止正犯继续实施犯罪行为或避免结果发生，不能一概而论，需要具体分析。从总的原则上说，帮助犯只要其撤回了帮助行为对正犯行为及结果的援助效力，就可以成立中止。由于帮助作用的不同表现形态，会使具体案件中帮助犯中止的条件不尽相同。例如，单纯提供犯罪工具的帮助犯，在正犯着手实行犯罪但还未来得及使用该工具时，索回工具并明确表示退出犯罪的，可以成立中止犯。如果正犯已经使用该工具使犯罪得以顺利进行，那么单纯索回工具并表示退出已经无法消除帮助行为的援助后果，此时需要帮助者阻止正犯继续犯罪或避免共同犯罪结果的发生。

① ［日］高桥则夫著：《共犯体系与共犯理论》，冯军、毛乃纯译，中国人民大学出版社2010年版，第220页。

② 参见姜伟著：《犯罪形态通论》，法律出版社1994年版，第201页。

第三节　共犯的脱离

一、日本的共犯脱离理论

共犯脱离理论来源于日本，我国近年来有关共犯脱离理论的讨论也受到日本刑法学的强烈影响，因而有必要对日本共犯脱离理论的内容及争议点进行简要的概括与评论。

（一）中止犯理论的救济说

日本的共犯脱离理论肇始于最高裁判所 1949 年的判例“九百日元案”。[①] 大塚仁教授则最先在理论上对共犯脱离问题进行系统研究。由于大塚仁教授不承认日本实务界非常流行的共谋共同正犯的概念，因而他将共犯脱离界定为实行犯着手实行后共犯中一部分人断绝与其他的共同者之间相互利用、补充的共同关系的情况。

大塚仁教授为何要提出这种理论呢？其目的是弥补日本中止犯

---

① 大致案情如下：被告人甲、乙经过共谋闯入丙家，乙用刀顶住丙，命令丙把所有的钱都交出来，甲当时也持刀威胁。丙的妻子说：“我们是教师家庭，没钱。”“只有学校的公款 7000 日元左右。”对此，甲说，“那种钱不要”，并对丙的妻子从衣柜里拿出 900 日元继续说：“这种钱也不要。我们就是因为没钱才来的。如果你们家也没钱的话，就不要了，你就只当我们拿走了，去给孩子买点衣服什么的。”然后又对乙说：“走吧！”说完便自己先出去了。3 分钟后乙从丙家出来，对甲说：“你这种菩萨心肠要不得！900 日元我拿来了，你这样可搞不到钱。”最后，甲与乙一起将抢来的 900 日元用于游玩。对此，名古屋高等裁判所审理认为，尽管甲没有拿走丙的妻子交出的 900 日元，但没有阻止而是放任乙抢走，并且与乙一道将 900 日元用于游玩，因此不构成中止未遂，进而判定成立抢劫既遂。但辩护人主张：甲已经劝说乙离开丙家，不要拿走 900 日元，这就已经是阻止了乙的抢劫行为，因而判定甲成立抢劫既遂过于严苛，应成立中止未遂，并向最高裁判所提出上告。最高裁判所认为，“只要没有阻止而是放任了共谋人乙的行为，就不能仅认定甲构成犯罪中止”，据此驳回了上告。

认定条件过严的缺陷。日本刑法第 43 条规定："已经着手实行犯罪而未遂的，可以减轻其刑，但基于自己的意志而中止犯罪的，应当减轻或者免除刑罚。"这就意味着中止犯是未遂犯的一种，以不发生既遂结果为必要。即使共犯中的一部分行为人任意并且真挚地实施了中止行为，但如果其他共同者完成了犯罪，那么这部分行为人也只能作为既遂犯加以处罚。大塚仁认为如此处理显得过于苛酷，因而主张对于虽然实施了中止行为，但不能认定为中止犯的人，认为可以将此行为作为从共犯关系脱离的行为，"比照"未遂进行减轻。"它们虽然都不能成为共同正犯的中止犯，但是，可以对其作为中止作出的认真努力予以评价，认为是脱离"。[①] 由此，"脱离"在共犯理论中开始具有重要的意义。本来，既然发生了犯罪的结果，就不可能是未遂，因此寻求将"脱离"比照未遂处理的根据是大塚仁建立"共犯关系脱离理论"的核心。

概括大塚仁教授提出的共犯脱离的理论，大致包括以下几方面的核心内容：第一，共犯脱离仅限于着手实行之后既遂之前；第二，共犯脱离分为虽做出了真挚努力但归于失败而最终发生了结果的情形，以及退出共犯关系得到了其他共同正犯认可的情形（限于处于被动或者消极地位者的退出）；第三，这两种情形下的成立要件分别为"作出真挚的中止努力"、"切断相互利用相互补充的关系（心理因果性）"；第四，共犯脱离的效果是，仅对脱离之前的行为承担罪责（准用障碍未遂）。[②]

（二）与中止犯不同层面理论说

大塚仁教授的理论提出后，在日本刑法学界产生了较大的影响，但也受到了不少质疑。平野龙一、西田典之、前田雅英等学者

---

① ［日］大塚仁著：《刑法概说（总论）》，冯军译，中国人民大学出版社 2003 年版，第 341 页。

② 参见王昭武：《共犯关系的脱离研究》，载陈兴良主编：《刑事法评论》（第 32 卷），北京大学出版社 2013 年版，第 102 页。

基于因果共犯理论，指出脱离者对所发生的结果没有因果的贡献，因而不成立既遂，这与切断“相互利用、补充关系”完全是同一含义。因此，“脱离”不具有特别的意义，不过是切断与结果之间的因果关系的一个契机而已。据此，他们提出“共犯因果关系切断说”来作为认定共犯脱离标准的学说。这样，共犯关系的脱离就并非是为了救济共犯中止犯的理论缺陷而具有独特意义的理论。共犯的处罚根据原本就在于共同行为者各自的因果的贡献，因果关系如被切断，对“脱离”者不能追究既遂的责任是一般的命题的内容之一，是很自然的结论。因此，共犯的中止与脱离之间的区别仅在于：要成立中止，除了有中止行为之外，还需要具有“任意性”，而脱离的场合则不需要具有“任意性”。因而，脱离的场合如果承认有“任意性”的话，即成立中止犯。“脱离理论发展到今天，已不再具有中止犯理论的‘救济对策’这一法律性格，其与中止犯理论处于不同理论层面，二者并无直接必然的联系。”①

根据共犯因果关系切断说，可以得出以下结论：第一，共犯脱离的问题不限于正犯着手之后，在正犯着手之前也完全可能存在共犯脱离的问题。第二，不同类型的共犯人，如教唆犯、帮助犯、共同正犯等，在具体认定因果关系是否切断时，需要个别化处理。

共犯因果关系切断说目前已经成为日本的通说，而大塚仁教授的中止犯理论救济说虽然得到野村稔、佐久间修等教授的支持，但基本已经属于少数说。不过，共犯因果关系切断说也面临一些质疑，如现实中发生的案件，其因果关系是否真的可以被切断，切断的标准如何确定，等等。学者们为此又提出了各种各样的修正理论。

此外，还存在一些不同于共犯因果关系切断说的学说。例如，共同意思阙如说认为，只要取消了与其他共犯之间的意思联络，共

---

① ［日］香川达夫：《刑法讲义（总论）》，成文堂1995年版，第421页。

犯关系就会解体，因而也就是共犯的脱离。[①] 又如，共犯关系解消说认为，必须解消既存的共犯关系才能认为是共犯关系的脱离。[②]

二、我国关于共犯脱离理论的争论

我国有关共犯脱离理论的讨论建立在借鉴日本相关理论的基础之上，因而日本刑法学的相关争议问题在我国均有体现。同时，由于我国刑法在中止犯及共犯的规定上与日本存在差异，因而有关共犯脱离理论的某些争论问题也带有我国的独特性。具体而言：

（一）共犯脱离理论的法律性质

有学者受到大塚仁教授的影响，认为共犯脱离理论属于对中止犯的救济理论。“应提倡共犯脱离作为中止犯理论‘救济对策’的肯定说。从刑事立法分析，在日本，如果中止理论可以解决全部的共犯关系解除问题，就没有必要叠床架屋提出所谓的共犯脱离理论。……共犯脱离的存在空间恰恰是日本刑法中止犯规定所不能评价之处，其意义也正是在于弥补中止之不足。在我国，刑法关于中止犯的规定同样存在着力有不逮之处。……我国刑法对于中止的自动性和有效性要求极严，即必须是行为人自动放弃犯罪或自动防止犯罪结果的发生，必须有效地防止了犯罪结果的发生，这导致我国刑法第24条同样存在适用难题。……正是为了解决上述问题，我国刑法理论才有必要讨论引进共犯脱离的理论。……共犯脱离理论天然具有弥补中止理论之不足的机能，否定此点是对共犯脱离理论自身意义的抹杀。最后，共犯脱离作为中止犯理论的‘救济对策’

① 参见［日］井上正治：《共犯与中止犯》，载平野龙一等编：《判例演习刑法总论》，有斐阁1969年版，第209页。

② 参见［日］大谷实：《刑法讲义总论》，成文堂2009年新版第3版，第473页。

说恰恰有利于确立独立的共犯脱离理论。”①

另一部分学者持与日本多数说相同的观点，认为“脱离理论的旨趣在于客观正确地评价脱离者的罪责；判断脱离者是否构成中止犯，这并非脱离理论的目的而只是其结果之一。因此，脱离理论虽始于中止犯的救济措施这一理念，但历经发展完善，虽不能说已完全不具有此机能，但其法律性格不再是所谓救济措施，而是与中止犯理论处于不同层面的独立理论。”②

（二）共犯脱离理论的作用范围

共犯脱离可分为正犯着手前的脱离与正犯着手后的脱离两个不同阶段，在日本是否承认正犯着手前的脱离尚存在争议。我国有学者在分析中日两国不同的立法状况之后，指出“在德日等国的具体法律环境下，不采用大塚仁将共犯的脱离局限于着手实行后的学说，而采用大谷实等学者的观点，认为从共犯关系成立之后到完成犯罪之前都可以成立共犯关系的脱离较为可取。因为德日等国将中止作为未遂的一种形态，局限于着手实行之后，这样如何处理着手前行为人自愿脱离的现象就成为问题。共犯关系脱离理论正好填补了这一空缺。我国刑法并未将中止作为犯罪未遂的一种类型，而是将其作为一种独立的犯罪未完成形态，这样中止犯成立的时空条件就广泛得多，且我国并不承认共谋共同正犯之成立，所以没有必要引入着手前脱离的概念……然而就着手实行之后的情况而言，如前所述，我国刑法对中止犯成立所设的条件比较严格，司法实践中不少确有悔改之意，放弃犯罪并真诚地希望阻止犯罪结果发生的人，因为最终仍然无法避免危害结果的发生，不能认定为中止犯。……笔者认为，在我国目前的立法条件下，有必要引入共同正犯脱离的

---

① 刘艳红：《共犯脱离判断基准：规范的因果关系遮断说》，载《中外法学》2013 年第 4 期。

② 王昭武：《我国“共犯关系的脱离”研究述评》，载赵秉志主编：《刑法论丛》（第 12 卷），法律出版社 2007 年版。

理论，将部分不能认定为中止犯的情况作为共同正犯脱离进行处理。”① 概括而言，这种观点认为我国应将共犯脱离理论限制在解决着手实行之后的问题。

另有学者则认为，共犯脱离可以发生在共犯关系的任何阶段，具体分为着手实行犯罪之前、着手之后既遂之前、既遂之后三个阶段。“第一，必须明确提出脱离理论的目的何在。笔者认为，日本刑法并非因为中止犯属于未遂犯的下位概念，并无预备阶段的中止犯规定才须假脱离理论来弥补，而是在结果已经发生之时，按照中止犯理论，脱离者只能是承担既遂之责，这对于脱离者过于严酷，概言之，其目的仅在于客观正确地评价脱离者的罪责。第二，正如前述，脱离理论具有独立的理论价值，与共犯中止属于完全不同的理论范畴，‘救济措施’已不再是其法律性格。第三，日本刑法通说认为，对预备阶段的中止行为仍可准照中止犯的规定，因而在实际运用中与我国刑法第 24 条的规定并无实质性差别。第四，在我国刑法中，预备阶段也存在脱离者虽付出了真挚的努力却未能阻止其他共犯着手犯罪或实现犯罪的情形，也有必要正确评价其脱离行为（不按犯罪处理或构成预备阶段的中止犯）。因此，对我国刑法而言，脱离理论仍具有解决着手前的中止问题的意义，着手前后均可成立脱离。”②

（三）共犯脱离的成立条件

关于共犯脱离的成立条件，有的学者认为，“脱离共犯关系要求具备以下要件：一是本人放弃共同犯罪的故意；二是本人中止自己的行为；三是为阻止其他正犯者的实行行为或防止结果的发生作出了真挚努力；四是在某些场合应让其他行为人知道自己脱离共犯

① 陈家林著：《共同正犯研究》，武汉大学出版社 2004 年版，第 295 页。

② 王昭武：《我国“共犯关系的脱离”研究述评》，载赵秉志主编：《刑法论丛》（第 12 卷），法律出版社 2007 年版。

关系。总而言之，共犯人必须切断自身参与的共犯行为与法益侵犯之间的因果联系或为切断因果关系作出了真挚努力，始有脱离共犯关系的存在。”①

也有的学者以共同正犯的脱离为例来论述共犯脱离的条件：“（一）主观基准条件：表达了脱离的意思并为其他共犯者所了解……首先，脱离者必须以某种方式表达了脱离的意思……其次，脱离者的脱离意思不一定是基于任意性……最后，脱离者的脱离意思必须得到其他共犯人的了解……（二）客观基准条件：停止了自己的犯罪行为且解除了共犯关系……第一，脱离者必须停止了自己的犯罪行为……第二，脱离者必须解除了与其他共（同正）犯人之间的共犯关系……（三）效果基准条件：规范考察是否遮断了物理与心理因果关系……”②

还有的学者认为，“是否成立共犯脱离，其标准只有一个：解消既存的共犯关系。是否需要真挚的努力、任意性等要件，应依具体情况而定，只要能达到解消既存的共犯关系，剩余共犯要继续实施并完成犯罪，只能基于新的共谋重新形成并不包括脱离者在内的新的共犯关系的程度即可，而不问是积极的脱离行为还是消极的脱离行为，也不问是基于任意性脱离意思还是被动性脱离意思。”③

三、共犯脱离理论在我国的实际价值

从以上介绍中可以看出，无论是日本还是我国的共犯脱离理论都呈现出非常错综复杂的理论状况，其中不乏错误与矛盾的认识。由此，有必要联系我国的法律规定对共犯脱离理论进行细致的梳理

---

① 赵慧：《论共犯关系的脱离》，载《法学评论》2003 年第 5 期。

② 刘艳红：《共犯脱离判断基准：规范的因果关系遮断说》，载《中外法学》2013 年第 4 期。

③ 王昭武：《我国“共犯关系的脱离”研究述评》，载赵秉志主编：《刑法论丛》（第 12 卷），法律出版社 2007 年版。

和分析。就结论而言，笔者认为共犯脱离理论并非中止犯的救济理论，有必要借鉴其合理性来完善我国关于共犯中止成立条件的理论。不过由于共犯脱离本身的难度，真正能够被认为属于共犯脱离的情况基本集中于最终能够成立中止犯的场合，其独立的实践价值极为有限。

（一）共犯脱离理论的法律性质

共犯脱离理论的产生，是为了弥补中止犯成立条件过严的缺陷，即作为中止犯的“救济理论”而出现，关于这一点各种观点均不否认。争议问题在于，随着人们对共犯脱离理论研究的深入，是否还应当坚持将其视为一种中止犯的救济理论。

肯定说强调，“共犯脱离理论天然具有弥补中止理论之不足的机能，否定此点是对共犯脱离理论自身意义的抹杀……共犯脱离作为中止犯理论的‘救济对策’说恰恰有利于确立独立的共犯脱离理论……在确立了‘救济说’的基础之上，则可以建立排除共犯中止的、独立的共犯脱离概念，以避免脱离理论的混沌化。‘救济说’正表明脱离理论不同于中止理论：脱离与中止适用的时间不同，二者在主观上的任意性或者自动性以及客观后果是否发生的有效性等要求不同。正是在不能认定为中止和未遂同时认定为既遂不妥的情况下，才产生了建立脱离理论的实际需求”。[①] 不过这种观点却存在以下一些缺陷：

第一，难以认为否定共犯脱离理论的救济性就抹杀了共犯脱离理论自身的意义。恰恰相反，共犯脱离理论在日本取得长足发展正是建立在否定其中止救济性的基础之上。无论是后来的“共同意思阙如说”、“共犯关系解消说”还是成为通说的“因果关系切断说”，都发展成为思路严谨、逻辑严密的理论。这些学说建构起一个不同于中止犯理论的独立理论，使得共犯脱离真正成为刑法理论

① 刘艳红：《共犯脱离判断基准：规范的因果关系遮断说》，载《中外法学》2013 年第 4 期。

中的专业范畴。从一点来看，对共犯脱离理论救济性的否定丝毫无碍于共犯脱离理论的树立与发展。

第二，将共犯中止与共犯脱离视为相互完全排斥的理论，是不可能完成的任务。论者主张建立排除共犯中止的、独立的共犯脱离概念，以避免脱离理论的混沌化，这一设想的初衷完全无可厚非。然而，由于共犯中止与共犯脱离在事实上存在重合部分，因而不可能毫不相干。例如，符合共犯中止条件的行为人，其行为毫无疑问切除或者说遮断了与结果之间的因果关系，否则其就不可能成立中止。当然，论者可能反驳说，中止成立的前提是结果未发生，而脱离成立的前提是结果已经发生。但是，问题的关键在于，已经发生的那个“结果”是否属于刑法归责意义上的结果。按照论者的观点，成立共犯脱离，就规范性地遮断了因果关系，那么此时由其他行为人所导致的结果就是无法归责于脱离者的结果。换言之，对脱离者而言，法律意义上的结果并未出现，如果其具备中止犯的自动性等条件，完全就应该成立中止。这正是日本和我国部分学者将共犯中止视为共犯脱离的“一种特殊表现形式”[①] 的原因。

第三，论者坚持共犯脱离理论的救济性，但在具体论述共犯脱离条件时，又基本采用的是“因果关系切断说”。众所周知，“因果关系切断说”是否定共犯脱离属于中止救济理论的代表性观点。论者观点前后显然矛盾。

基于以上认识，笔者认为，不应当将共犯脱离理论视为中止犯的救济理论，而应当承认两者处于不同的理论层面。

（二）共犯中止理论对共犯脱离理论的借鉴

共犯中止与共犯脱离是两个不同层面的问题。但行为人一旦脱离了共犯关系，所发生的结果不能归责于他，其又具有自动性，那么就应该成立共犯的中止。由此可见，共犯中止是共犯脱离的一种

---

① 参见王昭武：《我国“共犯关系的脱离”研究述评》，载赵秉志主编：《刑法论丛》（第 12 卷），法律出版社 2007 年版。

特殊情形。

我国刑法通说理论对于共犯中止的认定严格比照单独犯中止的条件，这当然正确。不过，无论是共犯还是单独犯，在认定有效性即既遂结果是否发生时，都必须注意到这种既遂结果并非物理意义上的一切结果，而是与行为人具有因果关系的、可归责于其的行为的结果。共同犯罪同样必须遵循罪责自负的原则。因而，如果行为人切断了自己的行为与结果之间的物理以及心理的因果促进力，那么对该行为人而言，就应该评价为“犯罪结果并未发生”，从而有可能成立中止。

如前所述，我国传统通说在共犯中止问题上忽略了上述重要问题，在发生犯罪结果的情况下一律否定所有共犯人中止的成立。这不但过于苛刻，而且让行为人对与自己行为无因果关系的结果承担既遂责任，也不符合罪责自负原则。因此，我国的共犯中止理论需要借鉴共犯脱离理论的核心内涵，完善“犯罪结果并未发生”的认定标准。这一问题在前面共犯中止中已有论述，在此不再赘述。

（三）共犯脱离的认定标准

关于共犯脱离的认定标准，理论上有各种各样的争议。笔者认为，所谓共犯脱离，从字面上看就是共犯人脱离了原来的共犯关系。因而其标准也就应当是行为人真正脱离了共犯关系，脱离后其他人的行为与结果与其无关。所以脱离者只对脱离前的行为与结果负责，而无须对脱离后其他人的行为及结果承担责任。从这个意义上说，笔者认同以下观点：“是否成立共犯脱离，其标准只有一个：解消既存的共犯关系。是否需要真挚的努力、任意性等要件，应依具体情况而定。”① 由于共犯是一种因果形态，要解消既存的共犯关系，只能是彻底切断自己的行为与其他共犯人的行为及结果之间的因果关联。基于这一思路，因果关系切断说就应该是共犯脱

---

① 王昭武：《我国“共犯关系的脱离”研究述评》，载赵秉志主编：《刑法论丛》（第12卷），法律出版社2007年版。

离的判断标准的最适合的具体化学说。对于因果关系切断说，有两点必须明确：第一，表述是否严谨的问题。在分析共犯中止问题时笔者已经指出，因果关系切断说的表述只是一种约定俗成，其“因果关系”的含义不同于认定意义上的“因果关系”。第二，一旦实施共犯行为，其对整个共同犯罪所具有的物理的因果力与心理的因果力是否可能被百分之百地去除？有学者据此主张所谓“规范的因果关系遮断说”，强调因果力是否去除或切断是规范的判断问题而非事实的认定问题。但是，只要对因果关系的认定不采用纯粹的条件说，那么因果关系的判断就必然是价值性的判断，德国的因果关系与客观归责理论以及日本的相当因果关系说概莫如此。因而强调所谓“规范的因果关系遮断说”属于无的放矢，既无实际意义，而且容易使人误认为因果关系中还有所谓“规范的因果关系”一说。

（四）共犯脱离理论的实践意义有限

在认定共犯脱离时，日本及我国学者都指出，需要根据不同的时间段、共犯人的不同类型，分别判断其是否切断了自己行为与其他共犯人之间的物理与心理的原因力。很多学者为此还设计了共犯脱离具体而精细的认定标准。①

从逻辑上看，既然共犯关系能够成立，当然也就可以解除。因此共犯脱离理论在逻辑上具有自洽性。但是，我们必须同时意识到“贼船易上难下”是个普遍规律，共犯关系一经成立，要解除这种关系就非常困难。

例如，对教唆犯而言，由于正犯的犯意是由其所引起，所以要认定教唆犯脱离共犯关系，需要认定正犯此后的行为与其再无关联。这在教唆犯实际阻止了正犯实施行为的情况下容易认定（整个共犯关系解体），但在其他情形下则难以成立。有学者认为，

① 参见王昭武：《我国“共犯关系的脱离”研究述评》，载赵秉志主编：《刑法论丛》（第12卷），法律出版社2007年版。

“就教唆犯而言，至少要达到让正犯一旦放弃因教唆行为而形成的犯意的程度，这样，即便正犯再度决意实施犯罪，那也是在认识到当初的共同犯意已经丧失，其所要实施的犯罪不再得到该教唆犯的支持的基础上，不得不基于自己的意思产生新的犯意（即便此新犯意与被教唆的犯意并无不同）。”①问题在于，教唆犯的成立只需要引起对方的犯意，并不需要其他意义上的支持对方犯罪。如果正犯再度决意实施犯罪，而且所实施的犯罪与原被教唆的犯罪具有一致性，就难以说教唆的心理作用被消除或切断了。如果所实施的犯罪与原被教唆的犯罪不具有一致性，那就属于刑法第 29 条第 2 款所规定的“被教唆的人没有犯被教唆的罪”的情况，原本就是单独教唆犯，无所谓共犯与共犯脱离的问题。教唆犯的脱离往往只有在教唆犯客观成立中止，对其具体条件进行判断时才具有现实的意义，其他情况下往往只具有理论上的可能性。

对共同正犯而言，脱离者必须主观上表达了脱离的意思并为其他共犯者所了解；客观上必须停止了自己的犯罪行为并实际切断了自己行为对结果物理与心理的原因力。在具体认定时，如果脱离者此前的行为已经对犯罪的完成起了相当大的促进作用，那么其要脱离共犯关系的条件会非常严格，事实上会与中止的认定条件无异。

对帮助犯而言，由于帮助者在犯罪中所起的作用一般较小，因而行为人只要撤回了自己的帮助行为对正犯行为物理与心理上的帮助效力即可。不过，实务中能够撤回自己的帮助行为对正犯行为物理与心理上的帮助效力的案件，基本上都会满足自动性等中止犯的条件，因而最终会按照中止犯加以处理。不成立中止而又被认为属于脱离的情况应当罕见。

综上，笔者认为，共犯脱离理论关于解除共犯关系的研究，对于我们思考共犯中止的成立条件尤其是有效性条件具有积极的意

① 王昭武：《我国“共犯关系的脱离”研究述评》，载赵秉志主编：《刑法论丛》（第 12 卷），法律出版社 2007 年版。

义。但除此之外，符合脱离的条件又不具有自动性等中止的条件的情况，在实务中应该不多见。总而言之，共犯脱离理论的实践价值较为有限。

我国不少学者在论述共犯脱离理论时，往往有意识地放松了脱离的具体条件，而得出不恰当的结论。例如，甲、乙在抢劫银行时突发地震，甲家人曾在地震中丧生，故甲对地震恐慌异常，一边叫着“发地震了、发地震了！”一边急速跑离了银行；因此地位于地震带，乙对此不以为意。乙趁人们混乱之际仍实施了抢劫行为。又如，甲、乙少量饮酒后决定殴打丁取乐。甲、乙对丁拳打脚踢几下之后，甲突发昏厥而倒地不醒。乙找来木棍继续殴打丁，直至其重伤。事后查明，甲系病理性醉酒导致的昏厥并致深睡。有学者认为这两案中甲都成立共犯关系的脱离。[①] 但此案中甲的行为对乙心理上的因果力是否被切断，是问题的核心。论者对此未做任何考察即断言共犯关系的脱离，未免草率。

更为严重的是，我国有的学者对某些案件，一方面认为其不具备中止犯的有效性条件，因而不成立中止；另一方面又认为其切断了与结果之间的物理及心理的联系，因而成立脱离。但是，如果脱离者的行为与最终结果之间已经没有因果联系，其已经脱离了原有的共犯关系，那么就应该认为其并未引起既遂结果，从而完全符合中止犯的有效性要件。论者在此就陷入了自我否定。例如，“薛某向赵某提议对在兰州市城关区赵的租住房中对张某（系赵打工的某汽配公司经理）实施抢劫。随后几天，赵向薛指认了张的住处，并告诉薛张的出行规律，还把薛为抢劫而购买的刀放在其出租屋中。后薛对张进行跟踪，对张住处情况进行了察看了解。赵因与张认识，不愿到张家中抢劫，两人协商未成，赵离开了兰州市回家。不久后，薛伙同丁某趁张不在家，进入张家实施抢劫，获现金、实

---

① 刘艳红：《共犯脱离判断基准：规范的因果关系遮断说》，载《中外法学》2013 年第 4 期。

物等共计人民币1.3万余元。作案后薛与丁分赃、挥霍。”该学者一方面认为，赵某“在成立中止的有效性这一客观条件上毫无争议地应予否定……其无法认定为犯罪中止”；另一方面又主张“基于前述主观基准与客观基准事实条件，再规范地考察赵是否遮断了与薛后来抢劫行为的物理与因果关系，赵仍然成立共犯的脱离……因此，从规范评价角度对赵宜认定为共犯脱离，而不能责令其与薛一起承担抢劫罪既遂的责任。考虑到赵参与了指认被害人并告知薛被害人的出行规律等犯罪预备行为，对赵宜以抢劫罪的预备犯罪定罪处刑。”① 此处存在的悖论是：如果能够认定赵某的行为遮断（切断）了与既遂结果之间的因果关系，那么此后薛某等人的抢劫结果就与其无关，赵某又具有自动性，其行为就符合预备阶段的中止条件。一方面认定为共犯脱离；另一方面又否定成立共犯中止，而问题的焦点却不在自动性条件的有无之上，这便是我国当前共犯脱离理论不少主张者观点的吊诡之处。

① 刘艳红：《共犯脱离判断基准：规范的因果关系遮断说》，载《中外法学》2013年第4期。

参考文献

一、中文参考文献

（一）著作

1. 马克昌著：《比较刑法学原理——外国刑法学总论》，武汉大学出版社 2002 年版。

2. 张明楷著：《外国刑法纲要》，清华大学出版社 2007 年版。

3. 陈家林著：《外国刑法通论》，中国人民公安大学出版社 2009 年版。

4. 马克昌主编：《犯罪通论》，武汉大学出版社 1999 年版。

5. 马克昌、莫洪宪主编：《中日共同犯罪比较研究》，武汉大学出版社 2003 年版。

6. 马克昌著：《马克昌文集》，武汉大学出版社 2012 年版。

7. 高铭暄著：《中华人民共和国刑法的孕育诞生和发展完善》，北京大学出版社 2012 年版。

8. 高铭暄、赵秉志编著：《新中国刑法学研究历程》，中国方正出版社 1999 年版。

9. 高铭暄主编：《刑法学原理》（第二卷），中国人民大学出版社 1993 年版。

10. 高铭暄、赵秉志编著：《过失犯罪的基础理论》，法律出版社 2002 年版。

11. 高铭暄、马克昌主编：《刑法学》，北京大学出版社、高等教育出版社 2000 年版。

12. 赵秉志著：《犯罪未遂形态研究》，中国人民大学出版社2008年版。

13. 赵秉志主编：《犯罪停止形态适用中的疑难问题研究》，吉林人民出版社2001年版。

14. 赵秉志主编：《刑法争议问题研究》（上、下），河南人民出版社1997年版。

15. 王作富著：《中国刑法研究》，中国人民大学出版社1988年版。

16. 陈兴良著：《本体刑法学》，商务印书馆2001年版。

17. 陈兴良著：《当代中国刑法新境域》，中国政法大学出版社2002年版。

18. 陈兴良著：《人民法院刑事指导案例裁判要旨通纂》（上、下卷），北京大学出版社2012年版。

19. 陈兴良著：《共同犯罪论》，中国人民大学出版社2006年版。

20. 张明楷著：《刑法学》，法律出版社2011年版。

21. 张明楷著：《未遂犯论》，法律出版社、成文堂联合出版1996年版。

22. 张明楷著：《刑法的基本立场》，中国法制出版社2002年版。

23. 刘明祥著：《刑法中的错误论》，中国检察出版社2004年版。

24. 李希慧著：《刑法解释论》，中国人民公安大学出版社1995年版。

25. 张平著：《中止犯论》，中国方正出版社2005年版。

26. 黎宏著：《刑法总论问题思考》，中国人民大学出版社2007年版。

27. 黎宏著：《刑法学》，法律出版社2012年版。

28. 黎宏著：《日本刑法精义》，中国检察出版社2004年版。

29. 周光权著:《刑法总论》，中国人民大学出版社 2011 年版。

30. 周光权著:《刑法学的向度——行为无价值论的深层追问》，法律出版社 2014 年版。

31. 陈家林著:《共同正犯研究》，武汉大学出版社 2004 年版。

32. 何鹏主编:《现代日本刑法专题研究》，吉林大学出版社 1994 年版。

33. 李海东著:《刑法原理入门（犯罪论基础）》，法律出版社 1998 年版。

34. 刘之雄著:《犯罪既遂论》，中国人民公安大学出版社 2003 年版。

35. 邢志人著:《犯罪预备研究》，中国检察出版社 2001 年版。

36. 史卫忠著:《行为犯研究》，中国方正出版社 2002 年版。

37. 薛瑞麟主编:《法大刑法学研究文集》，中国政法大学出版社 2002 年版。

38. 叶高峰主编:《故意犯罪过程中的犯罪形态论》，河南大学出版社 1989 年版。

39. 徐逸仁著:《故意犯罪阶段形态论》，复旦大学出版社 1992 年版。

40. 姜伟著:《犯罪形态通论》，法律出版社 1994 年版。

41. 高绍先著:《中国刑法史精要》，法律出版社 2001 年版。

42. 宁汉林、魏克家著:《中国刑法简史》，中国检察出版社 1999 年版。

43. 张晋藩主编:《中国刑法史稿》，中国政法大学出版社 1991 年版。

44. 吴振兴著:《罪数形态论》，中国检察出版社 1996 年版。

45. 鲍遂献著:《刑法学研究新视野》，中国人民公安大学出版社 1995 年版。

46. 吴波著:《共同犯罪停止形态研究》, 上海人民出版社 2012 年版。

47. 鲜铁可著:《新刑法中的危险犯》, 中国检察出版社 1998 年版。

48. 许玉秀著:《当代刑法思潮》, 中国民主法制出版社 2005 年版。

49. 柯耀程著:《变动中的刑法思想》, 中国政法大学出版社 2003 年版。

50. 蔡墩铭主编:《刑法争议问题研究》, 台湾五南图书出版公司 1999 年版。

51. 蔡墩铭著:《刑法总则争议问题研究》, 台湾五南图书出版公司 2001 年版。

52. 林东茂著:《一个知识论上的刑法学思考》, 台湾五南图书出版公司 2001 年版。

53. 林山田著:《刑法通论》(上册), 台湾 2008 年版。

54. 林山田著:《刑法通论》(下册), 台湾 2008 年版。

55. 林钰雄著:《新刑法总则》, 作者出版 2006 年版。

56. 甘添贵著:《刑法总论讲义》, 台湾瑞兴图书股份有限公司 1988 年版。

57. 韩忠谟著:《刑法原理》, 中国政法大学出版社 2002 年版。

58. 陈子平著:《共同正犯与共犯论》, 台湾五南图书出版公司 2001 年版。

59. 高仰止著:《刑法总则之理论与实用》, 台湾五南图书出版公司 1997 年版。

60. 柯庆贤著:《刑法专题研究》, 台湾三民书局 1998 年版。

61. 张灏著:《中国刑法之理论及实用》, 台湾三民书局 1980 年版。

62. 洪福增著:《刑法之理论与实践》，刑事法杂志社发行，1988 年版。

63. 陈朴生著:《刑法专题研究》，台湾三民书局 1988 年版。

64. [德] 弗兰茨·冯·李斯特著:《德国刑法教科书》，徐久生译，法律出版社 2000 年版。

65. [德] 汉斯·海因里希·耶赛克等著:《德国刑法教科书(总论)》，徐久生译，中国法制出版社 2001 年版。

66. [日] 小野清一郎著:《犯罪构成要件理论》，王泰译，中国人民公安大学出版社 1991 年版。

67. [日] 日高义博著:《不作为犯的理论》，王树平译，中国人民公安大学出版社 1992 年版。

68. [日] 野村稔著:《刑法总论》，全理其等译，法律出版社 2001 年版。

69. [日] 西原春夫主编:《日本刑事法的重要问题》(第二卷)，金光旭等译，法律出版社、成文堂联合出版 2000 年版。

70. [日] 大塚仁著:《刑法概说(总论)》，冯军译，中国人民大学出版社 2003 年版。

71. [日] 大谷实著:《刑法总论》，黎宏译，法律出版社 2003 年版。

72. [日] 高桥则夫著:《共犯体系与共犯理论》，冯军、毛乃纯译，中国人民大学出版社 2010 年版。

73. [日] 曾根威彦著:《刑法学基础》，黎宏译，法律出版社 2005 年版。

74. [日] 川端博著:《刑法总论二十五讲》，余振华译，中国政法大学出版社 2003 年版。

75. [日] 中山研一著:《刑法的基本思想》，姜伟等译，国际文化出版公司 1988 年版。

76. [日] 松原芳博著:《刑法总论重要问题》，王昭武译，中国政法大学出版社 2014 年版。

77. ［日］泷川幸辰著：《犯罪论序说》，王泰译，法律出版社 2005 年版。

78. ［德］冈特·施特拉藤韦特、洛塔尔·库伦著：《刑法总论Ⅰ——犯罪论》，杨萌译，法律出版社 2006 年版。

79. ［德］约翰内斯·韦塞尔斯著：《德国刑法总论》，李昌珂译，法律出版社 2008 年版。

80. ［德］克劳斯·罗克辛著：《德国刑法学总论》（第 1 卷），王世洲译，法律出版社 2005 年版。

81. ［法］卡斯东·斯特法尼等著：《法国刑法总论精义》，罗结珍译，中国政法大学出版社 1998 年版。

82. ［英］威廉姆·威尔逊著：《刑法理论的核心问题》，谢望原等译，中国人民大学出版社 2015 年版。

83. ［英］J. C. 史密斯、B．霍根著：《英国刑法》，李贵方等译，法律出版社 2000 年版。

84. ［俄］H. A. 别利亚耶夫等主编：《苏维埃刑法总论》，马改秀译，群众出版社 1987 年版。

85. ［俄］H. ф. 库兹涅佐娃、N. M. 佳日科娃主编：《俄罗斯刑法教程（总论）》（上卷），黄道秀译，中国法制出版社 2002 年版。

86. ［意］杜里奥·帕多瓦尼著：《意大利刑法学原理（注评版）》，陈忠林译评，中国人民大学出版社 2004 年版。

87. ［美］乔治·弗莱彻著：《刑法的基本概念》，王世洲等译，中国政法大学出版社 2004 年版。

88. ［美］安德鲁·冯·赫希著：《已然之罪还是未然之罪》，邱兴隆等译，中国检察出版社 2001 年版。

89. ［美］道格拉斯·N. 胡萨克著：《刑法哲学》，谢望原等译，中国人民公安大学出版社 2004 年第 2 版。

90. ［意］贝卡里亚著：《论犯罪与刑罚》，黄风译，中国大百科全书出版社 1993 年版。

91. [韩] 李在祥著:《韩国刑法总论》，韩相敦译，中国人民大学出版社 2005 年版。

92. 徐久生等译:《德国刑法典》，中国法制出版社 2000 年版。

93. 徐久生等译:《瑞士联邦刑法典》，中国方正出版社 2004 年版。

94. 徐久生译:《奥地利联邦共和国刑法典》，中国方正出版社 2004 年版。

95. 吴光侠译:《泰国刑法典》，中国人民公安大学出版社 2004 年版。

96. 金永哲译:《韩国刑法典及单行刑法》，中国人民大学出版社 1996 年版。

97. 张明楷译:《日本刑法典》，法律出版社 1998 年版。

98. 潘灯译: 《西班牙刑法典》，中国政法大学出版社 2004 年版。

99. 谢望原译:《丹麦刑法典与丹麦刑事执行法》，北京大学出版社 2005 年版。

100. 马松建译:《挪威一般公民刑法典》，北京大学出版社 2005 年版。

101. 黄风译:《意大利刑法典》，中国政法大学出版社 1998 年版。

102. 黄道秀译:《俄罗斯联邦刑法典》，中国政法大学出版社 1996 年版。

103. 刘仁文、王祎等译:《美国模范刑法典及其评注》，法律出版社 2005 年版。

(二) 论文

1. 韩忠谟:《西德关于未遂犯之新立法》，载台湾《刑事法杂志》第 15 卷第 6 期。

2. 翟唤霞:《中止犯之初步研究》，载台湾《刑事法杂志》

1995 年第 2 期。

3. 陈朴生:《中止未遂与未遂中止》, 载台湾《法令月刊》1987 年第 2 期。

4. [日] 牧野英一:《障碍未遂与中止未遂之区别》, 洪复青译, 载台湾《军法专刊》1952 年第1 期。

5. 郑善印:《中止未遂》, 载蔡墩铭主编:《刑法争议问题研究》, 台湾五南图书出版公司 1998 年版。

6. 林山田:《论中止未遂》, 载台湾《政大法学评论》1983 年第 28 期。

7. 卢映浩:《中止犯的成立》, 载台湾《台湾本土法学》2002 年第 36 期。

8. 徐育安:《中止犯》, 载台湾《法学讲座》2002 年第 11 期。

9. 许泽天:《掳人勒赎罪之构成要件与特殊中止犯》, 载台湾《法学讲座》2002 年第 4 期。

10. 蔡墩铭:《未了中止之行为》, 载台湾《军法专刊》1962 年第 3 期。

11. 泷川幸辰:《从犯与帮助行为之中止》, 洪复青译, 载台湾《刑事法杂志》第 3 卷第 5 期。

12. 陈朴生:《中止未遂与未遂中止》, 载台湾《法令月刊》1987 年第 2 期。

13. 马克昌:《中国内地刑法与澳门刑法中犯罪未完成形态比较研究》, 载《武汉大学学报》(人文社会科学版) 2000 年第 1 期。

14. 马克昌:《我国台湾地区刑法修正述评》, 载《中国刑事法杂志》2005 年第 4 期。

15. 吴振兴等:《犯罪形态研究纲要》, 载《法律与社会发展》2002 年第 4 期。

16. 张明楷:《中止犯中的“造成损害”》, 载《中国法学》2013 年第 5 期。

17. 李立众：《中止犯减免处罚根据及其意义》，载《法学研究》2008 年第 4 期。

18. 李兰英、林亚刚：《犯罪中止形态若干争议问题的再探讨》，载《法律科学》2002 年第 5 期。

19. 袁彬、冯景旭：《论我国共同犯罪中止理论以及完善》，载《法律适用》2004 年第 3 期。

20. 张宏：《犯罪未遂与犯罪中止竞合应以中止论处》，载《人民检察》1994 年第 4 期。

21. 袁彬、李旭：《中止犯处罚若干问题研究》，载《黑龙江省政法管理干部学院学报》2004 年第 3 期。

22. 范艳芹：《关于共同犯罪停止状态的几点思考》，载《黑龙江省政法管理干部学院学报》2001 年第 3 朝。

23. 童伟华：《共同正犯的部分中止问题研究》，载《石油大学学报》（社会科学版）2002 年第 4 期。

24. 陈世伟：《析我国犯罪中止中的"损害"》，载《云南大学学报》（ 法学版）2011 年第 1 期。

25. 赵秉志：《海峡两岸犯罪中止形态比较研究》，载《法制与社会发展》1997 年第 5 期。

26. 宣炳昭、叶良芳：《中国大陆刑法和澳门刑法中共同犯罪比较研究》，载《法律科学》2000 年第 1 期。

27. 王识开、许国鹏：《试论犯罪中止与犯罪未遂的本质区别》，载《当代法学》2001 年第 12 期。

28. 陈学宁：《内地刑法与澳门刑法中犯罪未遂形态比较研究》，载《山东警官高等专科学校学报》2001 年第 1 期。

29. 林国荣：《预备中止问题研究》，载《福建师范大学福清分校学报》2002 年第 4 期。

30. 朱本欣：《共同犯罪中犯罪未遂与中止的比较研究》，载《法学评论》2003 年第 3 期。

31. 刘艳红：《共犯脱离判断基准：规范的因果关系遮断说》，

载《中外法学》2013 年第 4 期。

32. 刘之雄：《共同犯罪中的犯罪终结形态辨析》，载《政法学刊》1998 年第 3 期。

33. 王志祥：《对犯罪既遂后能否成立犯罪中止的探讨》，载《法学论坛》1997 年第 1 期。

34. 褚耿芳：《共同犯罪未完成形态论》，载《河南商业高等专科学校学报》2002 年第 3 期。

35. 周光权、卢宇蓉：《犯罪加重构成基本问题研究》，载《法律科学》2001 年第 5 期。

36. 李涛：《一种特殊类型犯罪形态之研究》，载《人民检察》2002 年第 4 期。

37. 钊作俊：《投放危险物质罪两个争议问题之重解》，载《甘肃政法学院学报》2003 年第 6 期。

38. 陈勇：《关于危险犯既遂后主动排除危险状态行为的思考》，载《政法论丛》2002 年第 5 期。

39. 郑有荣、唐世涛：《论“危险状态犯”的犯罪形态问题》，载《甘肃政法学院学报》1994 年第 2 期。

40. 黎宏：《从一案例看未遂犯和不能犯的区别》，载《中国刑事法杂志》2001 年第 3 期。

41. 马荣春：《论个别共犯犯罪中止的有效性》，载《人民检察》1998 年第 7 期。

42. 周玮：《试论二人共同犯罪中止》，载《贵州民族学院学报》（哲学社会科学版）2002 年第 4 期。

43. 刘文军、徐凌云：《试论间接故意犯罪的未完成形态》，载《黑龙江省政法管理干部学院学报》2003 年第 2 期。

44. 吴俊：《犯罪中止的刑事责任问题》，载《吉林大学社会科学学报》1998 年第 3 期。

45. 魏东、李运才：《中止犯的处罚根据检讨》，载《江西公安专科学校学报》2005 年第 3 期。

46. 袁彬、华启和：《中止犯概念及在我国刑法中的倡导》，载《江西公安专科学校学报》2005 年第 3 期。

47. 赵辉：《论间接故意犯罪的中止》，载《中国刑事法杂志》2005 年第 1 期。

48. 王昭武：《我国“共犯关系的脱离”研究述评》，载赵秉志主编：《刑法论丛》（第 12 卷），法律出版社 2007 年版。

二、外文参考文献

（一）日文

1. 吉田敏雄：《未遂犯と中止犯》，成文堂 2014 年版。

2. 野泽充：《中止犯の理论的构造》，成文堂 2012 年版。

3. 町田行男：《中止未遂の理論》，現代人文社 2005 年版。

4. 山中敬一：《中止未遂の研究》，成文堂 2001 年版。

5. 黒木忍：《中止未遂の諸問題》，信山社 1989 年版。

6. 香川達夫：《中止未遂の法的性格》，有斐阁 1963 年版。

7. 山中敬一：《刑法総論》，成文堂 2008 年版。

8. 浅田和茂：《刑法総論》，成文堂 2007 年版。

9. 井田良：《刑法総論の理論構造》，成文堂 2005 年版。

10. 川端博：《現代刑法理論の構造と課題》，成文堂 2005 年版。

11. 川端博、前田雅英ほか：《刑法理論の展望》，成文堂 2000 年版。

12. 山口厚：《刑法総論》，有斐阁 2007 年版。

13. 山口厚、井田良、佐伯仁志：《理論刑法学の最前線》，岩波書店 2001 年版。

14. 大谷実：《刑法総論》（第 2 版），成文堂 2000 年版。

15. 大谷実、前田雅英：《エキサイティング刑法総論》，有斐阁 1999 年版。

16. 前田雅英：《刑法総論講義》，東京大学出版会 1998 年版。

17. 中山研一:《刑法総論》，成文堂 1982 年版。

18. 山口厚:《問題探究・刑法総論》，有斐阁 1999 年版。

19. 未道康之:《フランス刑法における未遂犯論》，成文堂 1998 年版。

20. 野村稔:《未遂犯の研究》，成文堂 1984 年版。

21. 大塚仁ほか:《大コンメンタール刑法》，青林書院 1989 年版。

22. 西原春夫:《刑法総論》（改订版）（上卷），成文堂 1993 年版。

23. 小野清一郎:《新訂刑法講義総論》，有斐阁 1948 年版。

24. 平野龍一:《犯罪論の諸問題（上）総論》，有斐阁 1981 年版。

25. 濱邦久:《未遂》，立花書房 1982 年版。

26. 阿部純二ほか:《刑法基本講座》（第 4 卷），法学書院 1992 年版。

27. 平場安治:《刑法総論講義》，有信堂 1952 年版。

28. 福田平:《刑法総論》，有斐阁 1984 年版。

29. 荘子邦雄:《刑法総論》，青林書院 1981 年版。

30. 中野次雄:《刑法総論概要》，成文堂 1988 年版。

31. 藤木英雄:《刑法の争点》，有斐阁 1987 年版。

32. 藤木英雄:《刑法講義総論》，弘文堂 1975 年版。

33. 井田良:《講義刑法学・総論》，有斐阁 2008 年版。

34. 植松正:《刑法概論 I（総論）》，勁草書房 1974 年版。

35. 中山研一:《概説刑法 I》，成文堂 1989 年版。

36. 木村亀二:《刑法講義》，有斐阁 1984 年版。

37. 宮本英脩:《刑法大綱》，弘文堂 1935 年版。

38. 団藤重光:《刑法綱要総論》，創文社 1989 年版。

39. 木村亀二:《刑法の基本概念》，有斐阁 1969 年版。

40. 斉藤誠二:《予備罪の研究》，風間書房 1971 年版。

41. 内藤謙:《刑法原論》,岩波書店 1997 年版。

42. 曽根威彦:《刑法の重要問題(総論)》,成文堂 2005 年版。

43. 曽根威彦、松原芳博:《重点課題刑法(総論)》,成文堂 2008 年版。

44. 奥村正雄:《イギリス刑事法の動向》,成文堂 1996 年版。

45. 金澤真理:《中止未遂の体系的位置付けに関する覚書——刑事政策説批判を出発点として》,《東北法学》第 16 号(1998)。

46. 金澤真理:《未終了未遂の意義——中止未遂の本質を踏まえて》,《法学》(東北大学)第 57 巻第 4 号(1993)。

47. 金澤真理:《中止未遂の成否——ドイツ連邦通常裁判所刑事部大法廷決定 BGHSt. 39. 221 を手がかりとして》,《東北大学》第 14 号(1996 年)。

48. 川端博:《中止未遂の法的性格(特集・刑法総論の新論点)》,《法学教室》第 137 号(1992 年)。

49. 川端博:《清水一成〈中止未遂における"自己ノ意思ニ因リ"〉の意義》,《法律時報》第 60 巻第 8 号(1988)。

50. 木村光江:《中止犯論の展望》,《研修》第 579 号(1996 年)。

51. 立石雅彦:《クラウス・ロクシン"着手未遂の中止について"》,《立命館法学》1976 年 1、2 号。

52. 内藤謙:《中止犯(1)(2)(3)》,《法学教室》第 110 号(1989 年)、112 号(1990 年)、113 号(1990 年)。

53. 虫明満:《優位法の中止未遂と劣位法による処罰》,《香川法学》第 10 巻 3 =4 号(1991 年)。

54. 城下裕二:《中止未遂における必要的減免について——根拠と体系的位置づけ》,《北大法学論集》第 34 巻第 4 号(1986 年)。

55. 城下裕二:《“予備の中止”について》,《札幌学院法学》第8卷第2号。

56. 末道康之:《フランス刑法における中止未遂について》,《慶応義塾大学大学院法学研究科論文集》第27号(1988年)。

57. 鈴木彰雄:《実行中止における第三者の関与》,《関東学園大学法学紀要》第2号(1991年)。

58. 鈴木彰雄:《謀殺の実行中止》,《比較法雜誌》第25卷第1号(1991年)。

59. 鈴木彰雄:《中止未遂の任意性》,《比較法雜誌》第26卷第2号(1992年)。

60. 鈴木彰雄:《未必的殺意がある場合の中止未遂》,《比較法雜誌》第27卷第2号(1993年)。

61. 鈴木彰雄:《中止未遂》,《比較法雜誌》第27卷第4号(1994年)。

62. 鈴木彰雄:《強姦の中止未遂》,《比較法雜誌》第28卷第3号(1994年)。

63. 曽根威彦:《中止の任意性》,《法学セミナー——》第36卷第4号(1991年)。

64. 曽根威彦:《中止犯における違法と責任》,《研修》第594号(1997年)。

65. 金澤真理:《中止未遂とその法的性格》,《刑法雜誌》第41卷第3号(2002年)。

66. 井田良:《中止犯》,《現代刑事法》第3卷第5号(2001年)。

67. 清水一成:《中止未遂における「自己ノ意思ニ因リ」の意義》,《上智法学論集》第29卷第2、3号(1986年)。

68. 木村光江:《中止犯の一考察》,東京都立大学《法学会雜誌》第39卷。

69. 木村静子:《中止犯》,日本刑法学会編:《刑法講座》

（第 4 卷），有斐阁 1964 年版。

70．平野龍一：《中止犯》，日本刑法学会編：《刑事法講座》（第 2 卷），有斐阁 1952 年版。

71．板倉宏：《中止犯》，阿部純二、板倉宏、内田文昭ほか：《刑法基本講座》（第 4 卷），法学書院 1992 年版。

72．西田典之：《共犯の中止について》，《法学協会雜誌》第 100 卷第 2 号（1983 年）。

73．大沼邦弘：《未遂犯の実質的処罰根拠》，《上智大学法学論集》第 18 卷第 1 号。

74．塩見淳：《中止の任意性》，《判例タイムズ》第 702 号。

75．斉藤豊治：《実行未遂と着手未遂》，平野龍一ほか編：《刑法判例百選 I 総論》，有斐阁 1991 年版。

76．奥村正雄：《未遂犯》，野村稔編：《刑法総論》，青林書院 1993 年版。

77．清水洋雄：《予備・陰謀》，阿部純二ほか編：《刑法基本講座》（第 4 卷），法学書院 1992 年版。

78．井田良、川端博：《中止犯論の現在と課題》，《現代刑事法》第 5 卷第 1 号。

79．岡本勝：《中止犯の現状と展望》，《現代刑事法》第 5 卷第 1 号。

80．中空壽雅：《中止犯の法的な性格と成立要件——行為無価値の立場から》，《現代刑事法》第 5 卷第 1 号。

81．山本輝之：《中止犯の法的な性格と成立要件——結果無価値の立場から》，《現代刑事法》第 5 卷第 1 号。

82．清水一成：《中止未遂に関する近時の判例の動向》，《現代刑事法》第 5 卷第 1 号。

83．金澤真理：《未遂の理論構造と中止未遂》，《理論刑法学の探究》（4），成文堂 2011 年版。

84．金澤真理：《中止行為の任意性について》，《山形大学法政論叢》2010年第47号。

85. 佐伯仁志:《未遂犯論》,《法学教室》第304号(2006年)。

86. 上嶌一高:《中止犯》,《法律時報》2013年第1号。

(二)德文

1. Ulsenheimer, Grundfragen des Rücktritts vom Versuch in Theorie und Praxis, 1976.

2. Jescheck, Lehrbuch des Strafrechts. Allgemeiner Teil, 4. Aufl., 1988.

3. Wessels, Strafrecht, Allgemeiner Teil, 24. Aufl., 1994.

4. Schmidhäuser, Strafrecht, Allgemeiner Teil, 2. Aufl., 1975.

5. Herzberg, Grund und Grenzen der Strafbefreiung beim Rücktritt vom Versuch, Festschrift für Lackner, 1987.

6. Otto, Grundkurs Strafrecht, Allgemeine Strafrechtslehre, 4. Aufl., 1992.

7. Krauß, Der strafbefreiende Rücktritt vom Versuch, Jus 1981.

8. Maurach / Gössel / Zipt, Allgemeiner Teil, Teilband, 2. 7. Aufl., 1988.

9. Heintschel – Heinegg, Versuch und Rücktritt, ZStW, Bd. 109, 1997.

10. Walter, Der Rücktritt vom Versuch als Ausduck des Bewahrungsdankens im zurechnenden Strafrecht, 1980.

11. Gössel, Über den fehlgeschlagenen Versuch, ZStW, Bd. 87, 1975.

12. Herzberg, Der Rücktritt mit Deliktsvorbehalt, in: Gedächnisschrift für H. Kaumann, 1986.

13. Herzberg, Grundprobieme des Rücktritts vom Versuch und überlegung de lege ferenda, NJW 1991.

14. Hippel, von Reinhard, Untersuchungen üder den Rücktritt von

Versuch,1966.

15. Jakobs, Strafrecht, Allgemeiner Teil, Studienaufgabe, 2. Aufl. ,1991.

16. Jakobs, Lehrbuch des Strafrechts, Allgemeiner Teil, 4. Aufl. , 1988.

17. Roxin, Das Schuldprinzip im Wandel, in: Festschrift für Arthur Kaufmann,1993.

18. Roxin, Zum Strafgrund der Teilnahme, in: Festschrift für Stree und Wessels, 1993.